KB252747

Re;Action

리액션

Re;Action

유일한 지음

생각
정원

책을 읽고 무릎을 쳤다. '리액션'은 단순한 '제스처'가 아니라 '전략적 행동'이다. 전략적 사고를 바탕으로 위기에 대처할 수 있는 스마트한 전략인 것이다. 책장에 꽂아두고 전략을 구상할 때 꺼내 읽는 책으로 권하고 싶다.

_**김인권** 현대홈쇼핑 사장

20년 동안 한결같은 우정을 쌓아온 친구이자 한국 HRD의 대표주자 중 한 분인 유일한 대표가 책을 냈다. 너무 기쁘고 행복하다. 오랜 세월을 통해 검증받은 병법서인 《36계》를 기업 상황에 접목한 그의 시도는 신선하고 매우 파워풀하다. 사면초가 상황에 몰려 있는 한국의 경영자와 관리자들이 이 책을 통해 돌파구를 찾을 수 있으리라 확신한다.

_**봉현철** 전북대학교 경영학부 교수, 액션러닝협회 회장

바람은 언제나 분다. 바람에 흔들리지 않고 피는 꽃이 그 어디에 있겠는가? 앞으로의 세상은 한치 앞을 내다보기 힘들고, 크고 작은 바람들은 우리가 이미 알고 있는 방법들조차도 무력화시킨다. 이 전쟁터 속 직장인들에게 유일한 대표는 '난센스'적인 상황들의 본질을 제대로 알고 '센스' 있게 행동할 것을 이야기한다.

_**황석기** 준오헤어 대표

위기 상황이라고들 한다. 위기는 대처하는 것이 아니라 아예 일어나지 않게 선제적으로 대응하는 것이 중요하다. 《리액션》을 읽으면 이러한 점을 새삼 깨닫게 된다. 급변하는 경영 환경에 슬기롭게 대처하고 불확실성을 극복하기 위해 회사 구성원과 리더들 모두가 반드시 읽어야 할 책이다.

_고동록 현대모비스 인재개발실 실장

직장인이라면 누구나 문제 상황이 어려울수록 보이지 않는 이면의 가치와 역학관계를 파악하려고 애를 쓴다. 유일한 대표가 몸으로 쓴 이 책에는 그간의 문제를 해결하고 위기를 극복했던 다양한 사례들이 제시되어 있다. 올바른 결정을 찾는다면 무엇보다 그의 분석과 해법을 들어볼 필요가 있다.

_양기훈 KGC 인삼공사 인재개발원 원장

생생한 기업 현장의 모습이 글 속에 살아 있다. '위기 - 문제 인식 - 분석 - 대응'의 구도로 이루어진 책의 흐름은 드라마 〈미생〉보다 더 흥미롭다. 조직의 성과를 창출하고 직장인의 역량을 높여야 하는 기업 HRD 관계자들이 반드시 읽어야 할 책이다.

_이영민 숙명여자대학교 HRD대학원 교수

전략적 사고와 행동
어떻게 할 것인가?

나쁜 일은 한꺼번에 찾아온다. 필자가 현대그룹에 있을 때의 일이다. 회사가 어려울 때 남들처럼 소속 회사로 복귀하지 않고 파견 회사에 남아 내가 맡은 일의 끝을 보기 위해 동분서주했었다. 그러던 중에 갑자기 위기가 다가오고 마치 장기판에서 외통수에 걸린 것처럼 아무런 대응도 못하고 있었다. 설상가상 집안에도 우환이 있어서 막막한 심정으로 한숨만 쉬고 있었다. 비교적 평탄한 삶을 살았던 필자에게 다방면으로 이런 위기가 몰아치다 보니, 어느 것 하나 방향을 찾지 못하고 갈팡질팡하던 중이었다. 이때 한 선배가 지나가는 길에 들렀다며 회사로 찾아왔다. 평소 존경하던 분이 찾아와 반갑기도 하고 마침 위로가 필요하기도 해서 소주잔을 기울이며 내 상황을 이야기했다. 현재 필자는 진퇴양난의 위기에 빠졌는데, 돌파하려고 애를 쓰면 쓸수록 더욱 깊은 늪에 빠지고 마는 딜레

마에 처했다고. 이야기를 하고 나니 속이 시원했다. 그러나 그것도 한순간. 선배의 침묵이 길어지면서 나는 왠지 창피했다. 불혹 후반의 나이에 그것도 대기업 상무라는 사람이 고작 '답이 없다'는 말이나 하고 있으니. 속사포처럼 내뱉은 말들을 다시 주워 담고 싶었다. 후회가 밀려드는 순간 선배는 침묵을 깨고 말을 던졌다.

"유 상무, 기형도 시인의 〈조치원〉이라는 시를 아나?"

"……."

"그 시에 이런 구절이 있어. '누구에게나 겨울을 위하여 한 개쯤의 외투는 갖고 있는 것.' 네가 처한 위기보다 더 걱정인 것은 네가 극도로 불안하다는 거야."

순간 나는 머릿속이 아찔했다. 선배의 눈에도 내가 극도로 불안해 보이는구나 하는 생각과 더불어 긴 겨울을 위한 나만의 외투라는 시구에 가슴이 먹먹해졌다. 생각해보니 20여 년간 직장 생활을 하면서 나 자신은 돌보지 않고 일에만 매진해왔다는 것에 전율이 느껴졌다. 회사를 위해, 가족을 위해 정말 치열하게 열심히 살아왔다. 하지만 위기를 극복할 만한 나름의 필살기를 미처 가지지 못한 채로 하루하루 직면한 과제에만 매달려온 하루살이 같은 자화상에 더럭 겁이 났다. 이 회사를 나가면 나는 무엇을 하며 어떻게 지내지? 종착점까지 아직 절반이나 남아 있는 삶을 어떻게 살아내야 할까?

필자는 깊은 탐색의 시간을 갖게 되었다. 절망으로부터 샘솟는 용기를 얻기 위해 많은 시간 동안 삶의 의미를 성찰하며, 닮고 싶은 선배들을 찾아다녔다. 나아가 액션러닝 코치 자격 덕분에 공공 기관을 비롯한 많은 기업과 미팅을 하고 관련 사람들을 만나면서 새로운 자신감을 얻게 되었다. 자신감이 쌓이다 보니, 새로운 조직도 만나고 컨설팅도 많아졌다. 더불어 대학 강의를 하면서 멘토로서 내가 가진 다양한 기업 현장 경험을 나누어줄 수 있었다.

그렇게 위기가 지나고 제2의 인생을 살면서 필자는 가끔씩 그때의 일을 떠올린다.

"그 당시에는 내게 닥친 위기가 왜 그렇게 아프고 힘들었을까?"

그 실체는 '불안'이었다. 우리는 언제 어떻게 될지 모르는 '불확실성의 시대'를 살고 있다. 예측할 수 없는 삶. 국가도 회사도 예외는 아니다. 1997년 IMF 금융위기 이후 그 사실을 뼈저리게 실감했다. 우리가 자랑스러워했던 회사가 일순간에 무너지고 평생 우리를 지켜줄 것이라 여겼던 국가도 부도 위기에 허덕였다. 이러한 불확실성의 시대가 던져주는 불안에 대해 우리는 새로운 인식을 가져야 한다는 생각이 들었다. 즉 불안에 '떨어야' 하는 것이 아니라 불안을 '떨쳐내야' 한다는 인식이 필요한 시점이다.

불안을 떨쳐내기 위해서는 아이러니하게도 불안에 익숙해져야 한다. 가정이든 직장이든 위기를 원하지 않지만 외부 변수로 인한 위기는 당연히 일어날 수밖에 없다는 것을 인식해야 한다. 우리의 의지와 상관없이 외부 변수는 항상 존재하며 시시때때로 나를 위협한다는 인식은 당연히 기본 전제가 되어야 하는 것이다.

그렇다면 불안을 어떻게 이겨낼까? 필자는 그 답을 '리액션'에서 찾았다. 리액션은 외부에서 쇼크가 찾아왔을 때 대처하는 방식이다. 위기 대처 방식은 코칭 기술이 발달하면서 다방면으로 연구되어왔다. 필자가 제안하는 프로세스는 다음과 같다.

첫째, 외부 변수로 인한 위기가 찾아왔을 때는 충분히 받아들여라. 위기의 원인은 어찌 되었든 당사자의 몫이다. 위기 상황을 받아들이지 못하면 더 큰 위기를 만들 수 있다. 우선 당면한 문제의 핵심을 충분히 받아들이고 이런 위기가 나에게 찾아온 이유를 충분히 파악한 후에 위기 지도를 그려야 한다. 위기 지도란 이제껏 살아왔던 방식을 바꿈으로써 또 다른 대안, 즉 자신의 필살기를 확보하는 것이다.

둘째, 문제의 원인을 철저히 분석한다. 문제 해결의 실마리는 특정 문제에 대한 분석에서 시작된다. 다양한 분석 툴을 이용해서 원인을 파악하고 해결책을 찾아내는 솔루션을 가지고 있어야 한다는 것이다. 그 솔루션을 얻기 위해서는 대단한 집중력을 발휘해서 피나는 노력을 해야 한다. 절실함을 토대로 합리적인 대안을 확보해야 한다는 말이다. 그러면 평화가 찾아온다. 수많은 전략적 사고와 도상 훈련, 즉 리허설을 거쳐야만 정신적 안위를 확보할 무기를 갖게 되는 셈이다.

그렇게 정리된 전략과 솔루션을 가지고 철저한 분석을 실행해야 한다. 사고의 프레임을 확보한 후에는 현재 상황에 대한 철저한 분석으로 다양한 대안을 모색하고 그중 가장 '강력한 대안'을 선택하여 실행해야 한다. 이것이 바로 리액션 과정이다. 외부 변수로 인한 위기는 언제든 찾아온다. 그런 위기를 다시 반복하지 않으려면 다양한 대안을 모색해야 한다. 필자는 이 책에서 위기의 다양한 사례를 이야기하면서 역장 분석, 비주얼 플래닝, 4각 기법, 만다라트 등 열여덟 가지의 툴을 제시했다. 이 툴을 다양하게 적용하면 조직에서 발생하는 이슈에 대해 합리적인 대안을 모색할 수 있다.

기업으로서는 현재의 이슈를 미리 예방하는 것이 최선이지만 나비 효과처럼 전혀 예측하지 못한 일로 위기에 직면하거나 사소한 부주의로 어려움에 직면하는 경우가 많다. 이럴 때 다시 응전하는 도전 정신, 그것이 바로 리액션이다. 다만 도전 정신은 단순히 의지가 아니라 문제를 풀어나갈 도구를 갖춘 전략적 사고와 전략적 행동으로 무장되어야 한다는 점을 강조하고 싶다.

이런 대안 찾기, 즉 리액션은 절대적인 것이 아니라 상대적인 것이다. 같은 문제라도 상황과 시간 그리고 장소에 따라 양상은 매번 다를 수밖에 없고, 따라서 리액션도 매번 바뀔 수밖에 없다. 그래서 '상대의 심리'를 이해하는 것이 중요하다. 필자는 성과 코칭을 10여 년간 하면서 동서양의 수많은 병법서를 정독하고 대안 분석 모형도 수백 개나 만들었다. 그러면서 한 가지 공통점을 발견했다. 상대의 전략을 무력화하는 최고의 대안은 '상대의 심리'를 제대로 파악하는 것이라는 점이다. 수많은 병법서를 획일화한다는 비판을 받을 수도 있지만, 필자가 보기에 상대의 심리를 읽지 못하는 전략은 백전백패했다.

상대의 심리를 읽고 역발상의 전략을 구사한 병법서들 중에 가장 권하고 싶은 책이 중국 병법서인 《36계》다. 고대 중국사에서 가장 혼란기였던 전국시대의 다양한 전략을 담고 있는 이 책은《손자병법孫子兵法》과 함께 중국인이 가장 아끼는 병법서다. 필자는 실제 기업에서 발생하는 문제들을 36계의 예화들과 접목시켜 이야기하면서 위대한 영웅들이 위기를 어떻게 돌파했는지를 간접적으로 보여주고자 했다.

《리액션》은 회사와 가정에서 갑자기 위기가 찾아왔을 때 어떻게 대처할지에 대한 다양한 사례와 전략을 담고 있다. 즉 '받아들임(인식)-날카로운 분석-다양한 대안 찾기-강력한 실행'의 프로세스를 적용해서 독자 스스로 대안을 탐색해볼 전략을 제시하는 실행 교과서라고 생각하면 좋을 듯하다.

"이럴 경우 어떤 대안을 가지고 해법을 강구해야 하나요?" 필자가 기업의 최전선에서 일하고 성과 코칭을 해온 25년 동안 여러 선후배 직장인들이 물어본 공통된 질문이다. 직장 초년생부터 팀장과 임원에 이르기까지 이 책은 현재의 이슈를 해결하기 위한 통찰력을 제공하고자 했다. 현재 자신의 이슈를 대입하며 책을 활용하면 좋은 발상이 나올 것이다. 더불어 그냥 한 번 읽고 마는 책이 아니라 생각이 궁할 때마다 다시 영감을 얻는 책이 되기를 바란다. 진정한 리액션의 도구로 읽혀지기를 간절히 소망한다.

목차 contents

1장

타인과 다른 가치를 만드는 힘

개인관리

차시환혼

격안관화

차도살인

Re;
Action

목표를 이루기 위해서라면 자존심과 고통을 이겨내야 한다.
순간의 이익에 다급해진 삶은
짧은 순간 영화로울 수는 있지만 오래갈 수 없다.
강렬한 의지로 목적을 향해 정진하는 자만이
위기를 기회로 탈바꿈시킨다.

"3퍼센트 미만의 사람만이 자신의 목표를 글로 정리한다. 그중에서 정리한 글을 주기적으로 읽고 검토하는 사람은 1퍼센트도 안 된다."

브라이언 트레이시Brian Tracy는 자신의 저서 《잠들어 있는 성공시스템을 깨워라》에서 상식을 깨는 통계를 이야기했다. 우리는 늘 수많은 플래너와 각종 시간관리 앱을 활용해 방향성을 잃지 않으려고 노력하는데 그런 노력이 아무 의미도 없다는 말인가.

개인, 즉 자신을 관리한다는 것은 자신이 원하는 것, 예컨대 장기적인 비전이나 이를 달성하기 위한 세밀한 목표에 따라 자신을 어떻게 통제하는가를 관리하는 것이라고 할 수 있다. 그렇다면 대다수의 사람들이 플래너와 시간관리 앱에 자신의 목표와 계획을 기록하며 살아가는데도 굳이 소수의 사람만이 목표를 글로 작성한다고 표현한 이유를 알 것 같다. 유추해보면 대다수의 사람들이 작성하는 목표는 구체적인 삶의 비전이 아니라 애매한 과시용 구호이기 때문이다. 극소수의 사람만이 성공이라는 문턱을 넘는 이유가 여기에 있지 않을까 생각해본다.

보다 큰 만족과 성공을 위해 지금 내가 하는 행동은 어떤 의미가 있을까, 그 영향은 무엇일까를 미리 생각해보는 것이 바람직하지만 필자를 포함해 대부분의 사람들은 현실에 스며들어 그대로 안주하려는 경향이 강하다. 한마디로 현실과 타협해버리는 것이다. 그들은 수없이 쏟아져 나오는 자기계발서에서 잠시 마음의 평화를 얻었다가 다시 현실에 안주하는 삶으로 돌아가는 범인凡人의 굴레를 벗어나지 못한다. 어찌 보면 참으로 인간다운 모습이다.

그러나 조직 생활이 일상이 되어버린 현대인에게 이런 태도는 때로 생존을 위협하기도 한다. 무인도에서 혼자 살아가는 자연인이 아닌, 조직과 연동된 개인은 실수와 나태 같은 것이 찾아오면 곧바로 조직에서 좌초되기 쉽다. 그래서 자기 자신을 관리해야 하는 것이다. 조직 안에서 자신의 모습이 바로 관리 대상인 것이다. 그렇다면 어떻게 관리해야 하나. 조직 안에서 나는 어떤 가치에 중점을 두어야 하는 것일까.

첫 번째는 자신의 의지다. 무엇을 이루고자 하는 의지는 조직 안에서 바라봐야 선명해진다. 자신이 속한 조직의 상황 변화나 위기로 성장할 수도, 축소될 수도 있다. 이러한 변화 앞에서도 중심을 흩트리지 않고 우직하게 한길을 걷는 것이 중요하다. 의지가 강한 사람들의 공통점은 강력한 목적 설정에 있다. 그들은 목적을 추구하기 위해 남을 두려워하지 않고 자신의 성과를 내며 보람을 찾는다. 제대로 목표를 설정하고 그것을 실현하고자 강력한 의지를 발현하는 것, 그것이 개인관리의 출발점이다.

두 번째는 '관찰'을 통한 자기 자신의 객관화다. 획일화된 정보와 단순한 채널을 통한 정보 획득은 편협한 주장만을 낳을 뿐이다. 다양한 채널로 객관적인 관찰 포인트를 확립함으로써 사물을 구체적이고 명확하게 보는 시각을 가지는 것이 개인관리의 핵심이다. 오판을 방지하는 정밀한 분석과 입체적인 판단력 등은 객관성을 확보해준다. 애매한 처신으로 우유부단한 면을 드러내는 순간 상대방의 신뢰를 잃을 뿐만 아니라 권력을 탐하고 남의 고통을 즐기는 사람에게 쉽게 무너질 수 있음을 기억해야 한다.

세 번째는 경쟁에서 이기는 것이다. 이 말은 경쟁에서 무조건 이기는 것을 의미하지 않는다. 병법서의 대명사인 《손자병법孫子兵法》은 싸우기 위한 책이 아니다. 싸우지 않고 이기기 위해, 즉 평화를 얻기 위해 저술한 책이다. 남을 짓밟고 올라서는 것이 무엇이 좋겠는가. 하지만 유난히 야심만만하고 지기 싫어하는 사람이 있기 마련이므로 싸움을 피하되, 실리는 얻는 것이 바로 개인관리의 핵심이다. 조직에서는 싸우지 않고 성과를 올릴 방법이 많다. 새로운 분야를 개척하거나 아무도 시도하지 않은 방법을 터득하거나 새로운 가치를 창출하는 등의 행동은 싸움이 불필요한 평화의 공간이다. 칭찬과 격려가 아낌없이 쏟아지고 그 분야의 전설이 되어 회자되는 것, 이것이야말로 진정한 승리다.

이렇게 세 가지가 조화롭게 무장되어야 효과적인 개인관리가 이루어진다. 일터에서는 끊임없이 자신을 위태롭게 만드는 이슈들이 등장한다. 상사, 조직, 환경 등의 방해로 의지를 불태울 동기가 바닥나거나 갑작스러운 사태들로 인해 방향성을 상실하는 일이 발생한다. 이렇게 개인관리를 요구하는 반작용들이 갑자기 나타나면 이를 극복하기 위한 리액션이 필요하다. 그래야 삶의 품질이 올라간다. 1장에서는 개인관리와 관련된 다양한 반작용을 극복하기 위한 사례와 스킬을 소개한다.

목표를 향해 우직하게 걷는다는 것의 의미

借屍還魂
차 시 환 혼

●

일을 하다 보면 난관에 봉착할 때가 있다. 여러 리스크를 염두에 두고 일을 진행한다고 해도 예상치 못했던 악재가 발생하는 것이 비즈니스다. 믿고 일을 맡겼던 후배가 급작스럽게 전직을 한다거나 혼신을 다해 준비한 사업 모델이 갑자기 회사의 조직 개편으로 홀딩되는 경우가 있다. 그나마 이 정도면 참고 일할 수 있다. 그러나 최고경영자가 바뀌면서 그동안 진행해온 사업이 전면 수정된다면 그때는 정말 두 손을 들 수밖에 없다.

도무지 답이 보이지 않는 문제에 빠져 허우적댈 때는 차라리 도망가고 싶은 마음마저 들기도 한다. 어쩔 수 없이 자존심을 꺾고 고개를 숙여야 하는 경우가 발생하거나 납득하기 어려운 지시를 받았을 때는 '이렇게까지 해서 일을 해야 하나'라는 자괴감에 빠질 때도 있다. 감당할 수 없을 것 같은 위기에 처했을 때, 쉽게 해결할 수 없는 문제가 발생했을 때 과연 이를 어떻게 타개할 수 있을까.

과하지욕袴下之辱이란 말이 있다. 비록 시정잡배의 가랑이 사이로 기어들어 가더라도 미래의 꿈을 위해 잠시의 치욕을 담대히 이겨낸다는 뜻이다. 이 말은 한漢나라 건국에 큰 공을 세운 한신韓信의 고사에서 유래한다. 한신이 한량으로 전전하던 젊은 시절, 백정과 시비가 붙은 적이 있었다. 당시 한신은 가난한 집안 형편 때문에 구걸로 생계를 연명했지만 마음속에는 큰 뜻을 품고 있었기 때문에 늘 칼을 차고 다녔다. 그 모습을 아니꼽게 보던 백정이 하루는 지나가는 한신을 붙잡고 모욕적인 말을 퍼부었다.

"네놈이 덩치만 큼직하게 생겨서 항상 허리에 칼을 차고 다니지만 사실 네놈은 겁쟁이일 뿐이야. 만약 사람을 죽일 용기가 있다면 어디 그 칼로 나를 찔러보아라. 죽일 용기가 없다면 내 가랑이 사이로 기어가야 해."

한신은 잠시 고민한 후에 말없이 백정의 가랑이 밑으로 기어들어 갔다. 순간의 자존심을 살리고자 살인자라는 오명을 쓰느니, 잠깐의 치욕을 참는 쪽을 택한 것이다. 우리에게 필요한 자세가 바로 한신의 담대함이다. 자존심 따위는 버려도 좋다는 이야기가 아니다. 미래의 성공을 위해 순간의 고통을 감내할 줄 아는 의지, 무엇이 더 중요하고 무엇이 덜 중요한지를 구분하는 판단력, 일을 해나감에 있어 이정표가 되어줄 뚜렷한 목표를 갖춰야 한다는 뜻이다.

김 대리는 왜 '용의 꼬리' 대신
'뱀의 머리'를 택했을까

100억 원이 넘게 투자된 대형 프로젝트의 책임을 맡아 파견을 나갔던 김 대리에게 본사로 복귀하라는 명령이 떨어졌다. 그는 고민에 휩싸였다. 좀더 안정적인 환경에서 일하는 것이 좋긴 하지만 책임자의 부재로 프로젝트가 흐지부지될까 염려됐던 탓이다. 프로젝트 기획부터 열과 성을 다했던 만큼 애정이 컸고 반드시 성공시키고 말겠다는 의지 역시 타오르고 있었다. 아무리 본사의 명령이라 해도 쉽게 따를 수 없는 이유였다. 하지만 약정한 기일 내에 복귀하지 않는다면 김 대리는 프로젝트를 관리하는 수행 기관으로 소속 회사를 옮겨야 했다. 개인의 안위냐 일의 성공적 마무리냐, 쉽게 결정할 수 없는 두 가지 선택을 놓고 근심에 잠긴 김 대리는 프로젝트의 리더 역할을 하고 있던 구 팀장과 대안을 탐색했다.

구 팀장으로서는 김 대리가 남아주기만 한다면 모든 인맥을 동원해서라도 프로젝트 발주사로부터 분사를 요청할 심산이었다. 프로젝트의 A부터 Z까지 깊이 관여하며 의욕적으로 매진하고 있는 김 대리가 있다면 적극적인 의견 개진이 가능했다. 하지만 김 대리가 본사로 돌아갈 경우 남은 사람들만으로는 분사는커녕 프로젝트를 마무리 지을 수 있을지도 불투명했다. 이런 상황을 알고 있었기 때문에 김 대리 역시 쉽게 마음을 정하지 못했다. 하지만 과장 승진을 목전에 둔 시점에서 더 이상 선택을 주저할 수도 없었던 그는 결단을 내린다.

김 대리의 선택은 '용의 꼬리'가 아닌 '뱀의 머리'였다. 그는 본사에서의 안정적인 삶보다는 분사된 회사에서 신명 나게 일하는 쪽을 택했다. 분명 위기 요인이 많았지만 그만큼 기회 요인도 많다는 판단이었다. 그는 구 팀장에게 다음과 같은 조건을 내세우며 분사 계획을 구체화시켰다.

첫째, 프로젝트를 수행하면서 만났던 본사 고 이사를 대표로 모시자는 제안이었다. 몇 번의 만남에서 그의 열정에 깊이 탄복했던 김 대리는 고 이사가 분사를 성공시킬 적임자라고 생각했다.

둘째, 분사 후 자신을 팀장급으로 대우해줄 것을 요청했다. 그의 연차를 감안할 때 본사에서라면 팀장은 언감생심이었지만 위기를 감수하고 분사에 동참하는 만큼 파격적인 대우를 요구한 것이다.

김 대리의 동참이 절실했던 구 팀장은 흔쾌히 조건을 수락했고 분사 계획은 일사천리로 진행되었다. 고 이사 역시 정년이 얼마 남지 않은 시점이었고 구조조정을 단행하던 본사 입장에서도 모양이 나쁘지 않게 임원 한 명을 내보낼 좋은 기회였던 것이다. 분사 이후 김 대리는 곧바로 팀장이 되어 자신이 실무 책임자로 진행하던 프로젝트를 성공적으로 완수했다. 또 이를 사업화하여 본사와 협력사에서 50여 명에 달하는 직원의 인건비를 감당할 만한 수주와 현금도 확보했다.

이렇게 김 대리가 승승장구하고 있을 무렵 본사의 경영 악화로 회사를 떠나게 된 동기와 선후배의 슬픈 사연이 간간이 들려왔다.

만약 김 대리가 일신의 안위를 좇아 본사 복귀를 선택했다면 그 역시 그들처럼 됐을지 모른다. 오랜 파견 생활로 본사의 인맥이 약했던 그가 구조조정의 쓰나미에서 살아남을 가능성은 희박했다. 그가 분사를 선택한 데도 이런 계산이 없진 않았을 것이다. 하지만 그보다 중요한 것은 자신이 시작한 일을 성공시키고 말겠다는 강한 목표의식과 책임감이었다. 자신의 일에 대한 애착과 소신 그리고 의지가 있었기에 안정된 직장을 스스로 만들고 지켜나갈 수 있었던 것이다. 바로 차시환혼 정신의 발로였다.

차시환혼은 '목표'에 방점을 찍는다

옛날 중국에 이현李玄이라는 도사가 있었다. 그는 우아하고 아름다운 외모를 지녔으며, 고고한 신선 같은 분위기를 풍겼다. 실제로 도에도 조예가 깊어서 인간계人間界와 선계仙界를 자유자재로 넘나들수 있었다. 어느 날 그는 잠시 육체를 떠나 신선들이 살고 있는 선계로 올라가면서 제자에게 당부했다.

"내 잠시 선계에 다녀올 테니, 내 혼이 떠나 있는 동안 육신을 잘 지키도록 해라. 만일 7일이 넘어도 돌아오지 않는다면 그때는 이미 신선이 되었다는 뜻이니, 나의 육신을 화장하거라."

이에 제자는 밤낮으로 혼이 떠난 스승의 육신 옆에서 자리를 지켰다. 그런데 이현이 선계로 떠나고 6일째 되는 날, 제자는 자신의 노모가 사경을 헤매고 있다는 소식을 전해 들었다. 스승의 명을 따르자면 육신을 지키고 있어야 하는데 그랬다가는 노모의 임종을 지키지 못하는 불효자가 되는 상황이었다. 스승의 명과 노모의 임종 사이에서 고민하는 제자에게 소식을 전하러 온 이가 조언했다.

"스승과 제자의 관계도 중요하지만 어머니와 자식의 관계가 더 중요하지 않습니까? 더군다나 스승이 이미 6일째 돌아오지 않으니 벌써 신선이 되었을지도 모릅니다. 신선이 되지 않았더라도 벌써 육신이 다 썩어서 다시 살아나기 힘들 것입니다. 그러니 차라리 어머니의 임종을 지키는 것이 좋을 것입니다."

이에 제자는 스승의 육신을 화장하고 자신의 집으로 돌아가서 노모의 임종을 지켰다. 그런데 7일째 되던 날 이현의 혼이 육신을 찾아 돌아왔다. 하지만 이미 자신의 몸은 불타 없어져버린 상황. 다시 살아날 길이 막혀버린 그는 갈 곳 없이 떠돌며 울부짖을 수밖에 없었다. 이현은 한참을 슬퍼하다 길 위에서 병들어 죽은 초라하고 늙은 거지의 시체를 보았다. 그는 갈등에 빠졌다.

거지의 시체를 빌려서라도借屍 혼을 되살려還魂 환생할 것인가. 하지만 그렇게 되면 기품 있던 외모 대신 초라한 거지의 몸으로 남은 생을 살아가야 한다. 그렇다고 그대로 있다가는 완전히 죽은 목숨이 되어 구천을 떠돌게 된다. 고심 끝에 이현은 일단 거지의 몸으로라도 환생해서 추후에 원래의 상태를 회복할 방안을 도모하는 것이 현명한 일이라 판단했다. 결국 그는 시체를 빌려 혼을 되살리는 차시환혼의 계로 다시 살아날 수 있었다.

화려했던 자신의 육체에 연연하지 않고 거지의 몸을 빌려서라도 새롭게 도전하며 훗날을 도모하는 차시환혼의 전략은 '왜 일하는가'라는 근본적인 질문과 맞닿아 있다. 차시환혼에서 중요한 것은 남의 시체를 빌린다는 방법이 아니다. 남의 시체를 빌려서라도 이루고자 하는 바, 즉 왜 그 시체를 빌리고자 하는가라는 목표에 방점이 찍힌다. 앞의 김 대리에게 육신은 자신이 추진하고 있던 프로젝트였다. 본사로 복귀하면 이를 제대로 마무리할 수 없다는 생각에 타인의 육신, 즉 분사라는 대안을 통해서라도 목표를 이루고자 한 것이다.

위기의 기업을 이끈 플라세보 효과

아무 약효가 없는 약이라도 환자가 특효약이라 믿으면 병세가 호전되기도 한다. 이른바 플라세보 효과Placebo Effect다. 위약 효과라고도 한다. 반대로 명약을 처방해줘도 환자가 이를 불신하면 노시보 효과Nocebo Effect로 인해 병세가 도리어 악화되기도 한다. 노시보는 환자가 의사의 능력을 무시하거나 그에 대한 신뢰가 약해서 과연 이 약이 통할까 하는 의구심을 갖게 되면 진짜 약을 복용하더라도 효능이 통하지 않는 현상을 말한다.

이는 조직관리에서도 마찬가지다. 아무리 열악한 상황에 처해도 긍정적으로 받아들이면 칠전팔기와 같은 불굴의 정신으로 위기를 극복할 수 있다. 하지만 이와 반대로 부정적으로 생각하기 시작하면 조직(구성원)은 결국 스스로 무너지고 만다.

최근 개인화 성향이 강해지면서 위험과 고통을 감수하기보다는 회피하는 조직 구성원들이 늘고 있다. 협력과 회사의 발전보다는 개인의 안위를 중시하는 분위기 때문에 조직이 변화를 추구하기 어렵고 위기에도 제대로 대응하지 못하는 경우가 많다. 그러나 김 대리처럼 의욕적이고 강인한 의지를 지닌 인재는 어떤 상황에서도 자신의 능력을 발휘해서 위기를 기회로 만든다. 이제부터 소개하는 하이마트의 성공 사례는 차시환혼의 전형적인 예라고 할 수 있다.

1990년대 중반까지 대우전자는 삼성전자와 LG전자에 이은 후발 주자로 시장에서 고전을 면치 못하고 있었다. 그러다 '탱크주의'라는 이미지로 시장에 새롭게 도전장을 던지면서 역전의 발판을 마련했다. 탱크처럼 튼튼한 제품을 만들겠다는 강력한 메시지로 대우전자는 시장점유율을 30퍼센트까지 끌어올리며 강력한 경쟁자로 떠올랐다.

그러나 이후 대우그룹의 갑작스러운 쇠락에 나락으로 빠져들고 만다. 조직은 판매 부문과 서비스 부문으로 쪼개졌다. 그중에도 특히 판매 부문 직원들은 '대우'라는 든든했던 간판을 떼어내고 '한국신용유통'이라는 생소한 이름의 조직으로, 떨어지지 않는 발걸음을 옮길 수밖에 없었다. 잘나가던 조직에서 승승장구하던 직원들은 줄

지에 이름 없는 회사에 소속됐다는 '신분 하락'을 받아들이기 어려웠다. 그래서 많은 직원들이 조직을 떠났다.

그러나 남은 사람들은 과거의 영광은 뒤로하고 혼신의 힘을 다해 어려운 상황을 극복하기 시작했다. 1999년 말 '하이마트'로 이름을 바꾼 회사는 직원들의 청약을 받아 주식을 나눠줬다. 이때 또 한 번 직원들의 행보가 갈렸다. 상당수의 직원들은 불투명한 회사의 미래 때문에 청약을 꺼렸다. 반면 회사의 미래에 희망을 걸기로 한 적극적인 사원들은 주머닛돈을 털어서 청약에 나섰고 일부 팀장급들은 집을 담보로 대출을 받으면서까지 주식을 구매했다. 회사가 살아야 자신이 산다는 결의, 회사가 반드시 성공할 수 있다는 희망과 믿음이 있었기 때문이다.

어렵게 출범한 조직은 1년 만인 2000년 종합전자제품 양판점이라는 새로운 유통 모델을 국내에 안착시키며 매출 1조 2000억 원을 기록하는 놀라운 실적을 냈다. 그 결과 2005년 어피니티 에쿼티파트너스가 액면가의 34배에 하이마트 지분 100퍼센트를 인수했다. 회사를 살리기 위해 대출까지 받아 살신성인의 자세로 투자했던 직원들은 그 후 엄청난 보너스로 보상을 받게 된 것이다. 회사와 직원의 믿음과 신뢰의 중요성을 알려주는 사례다.

높은 산 정상에 서서 눈앞에 펼쳐지는 정경을 보거나 남산 타워에 올라 서울 시내를 보거나 고도를 낮춘 비행기에서 도시의 모습을 한눈에 보는 것처럼 조망을 확보한다면 많은 것을 보는 데 매우 유리하다. 마치 비행기 조종간의 대시보드처럼 모든 계기판을 모아놓고 전체적인 상황을 감지하고 컨트롤하듯이 일을 한눈에 펼쳐놓고 볼 수 있다면 왜, 무엇 때문에 일하고 자신이 어떠한 수준에 올랐는지를 매우 효과적으로 확인할 수 있을 것이다.

1990년 일본능률협회가 개발해 도요타자동차가 실시하면서 확산된 비주얼 플래닝Visual Planning은 우리나라에서는 포스코가 사용하면서 널리 알려졌다. 비주얼 플래닝은 말 그대로 조직과 구성원들의 계획과 실행 사항을 드러내놓고 공유하는 것이다. 개인 플래너가 아닌 집단 플래너인 셈이다. 매일 아침 또는 퇴근 전에 자신의 계획 대비 수행 결과를 공유하는 시스템을 갖춘다면 매우 효과적으로 회사의 비전, 조직의 목표, 개인의 업무 수행 정도를 파악하고 서로 도우면서 대단히 성과 높은 조직력을 발휘할 수 있다. 이것을 수행하는 방법과 절차를 간단히 정리하면 다음과 같다.

1. 업무 단위의 리더는 구성원들 모두가 평등한 존재가 되도록 분위기를 조성해야 한다(숨겨진 또는 감추려고 하는 습성 타파하기).

2. 조직의 비전 또는 목표가 명확히 인식되도록 철저히 공유한다(조직과 개인이 지향하는 목표의 정합성을 이룸).

3. 구성원들과 합의한 보드Board를 디자인한다(타율적이지 않고 구성원들의 특성에 맞게 기록이 잘 이루어지도록 함).

4. 창의적 대안 창출의 장이 되도록 비난보다는 칭찬, 설명보다는 질문이 많아지도록 하며, 경청의 문화를 형성한다(진정한 소통의 채널).

5. 개인별 업무를 공유하기 위해 작성한 문구는 철저하게 구체적이어야 하고 수행 정도를 확인 가능하도록 소단위의 브레이크다운Break Down이 이루어지게 한다.

VP 보드의 구성 방법은 다음과 같다. 이를 구성원의 합의 하에 작업 단위(팀별)에서 만들어 활용한다면 매일 비전과 목표를 공유하며 업무를 수행함으로써 체계적으로 방향을 잡고 과업을 수행하게 된다.

VP 보드 구성 방법

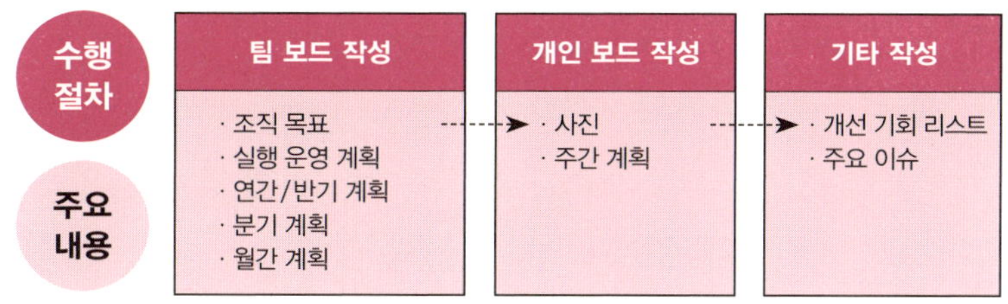

차시환혼은
고통을 이겨내는 기술이다

회사나 조직이 와해되어 자리를 잃게 되었을 때의 반응은 크게 두 가지로 나뉜다. 주저앉아 지나간 시절을 회상하며 눈물만 흘리는 유형과 훌훌 털고 일어나 어려운 상황에서도 새롭게 자신의 가치를 높이는 유형이 그것이다.

김 대리는 안정을 추구하기보다는 새롭게 자신의 가치를 높이는 선택을 통해 스스로 어려운 시기를 잘 극복하고 자신과 조직의 번영을 이루는 데 큰 역할을 해냈다. 그러한 가치의 실현은 조직과 개인의 비전을 확고히 한 덕분이다. 이현 역시 고귀했던 자신의 육체만 고집하다 거지의 시체마저 놓쳤다면 구천을 떠도는 귀신이 되었을 것이다. 하지만 이현은 과거에 연연하기보다 새로운 상황을 받아들이고 거지의 몸으로 부활했다. 마찬가지로 대우전자라는 대기업의 울타리가 무너지면서 생소하고 초라한 조직으로 내몰렸던 인재들 중에 과거에 집착하고 새로운 상황에 적응하지 못한 사람들은 주변인으로 머물다가 도태되었다. 반면에 조직의 변화와 위기를 극복하기 위해 적극적으로 나선 사람들은 우리사주로 무려 34배의 대박을 터뜨리며 화려한 보상을 받았다.

이처럼 조직의 상황 변화나 위기로 전에 비해 별 볼일 없는 조직에 속하게 되거나 하찮은 직책을 맡게 되는 일은 얼마든지 발생할 수 있다. 차시환혼은 목적 달성을 위해 수단과 방법을 가리지 않는 전략이 아니다. 목표를 이루기 위해서라면 자존심을 버리고 고통을 이겨내는 전략이다. 순간의 이익에 다급해진 삶은 짧은 순간 영화로울 수는 있지만 오래갈 리가 없다. 차시환혼의 내용처럼 강렬한 의지로 목적을 향해 정진하는 자만이 위기를 기회로 탈바꿈시킬 수 있다.

Re;Action

인사이트1_
차시환혼, 목표를 향해 우직하게 가라!

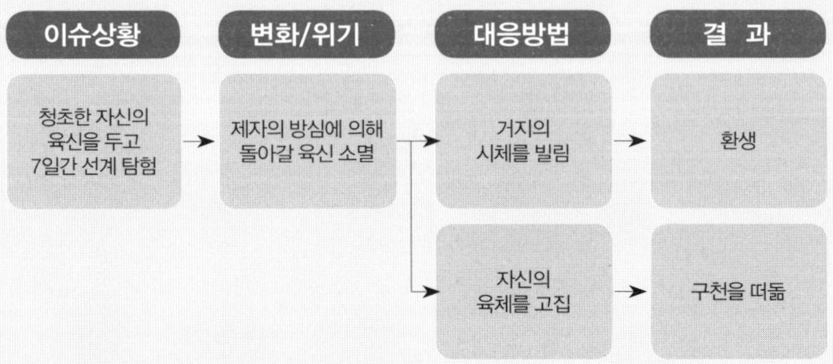

물 음	생각 정리하기
1. 이현에게 거지의 시체로 환생한다는 것은 어떤 의미였을까?	
2. 시체의 몸을 빌린 이현의 리액션이 현명했다고 말할 수 있는가? 그 이유는 무엇인가?	
3. 위기에 처했을 때 그 상황을 회피한 사례와 구차하지만 묵묵히 그 상황 속에서 미래를 준비한 사례를 각각 생각해보자.	

뱀의 머리를 선택한 김 대리의 성공 노하우

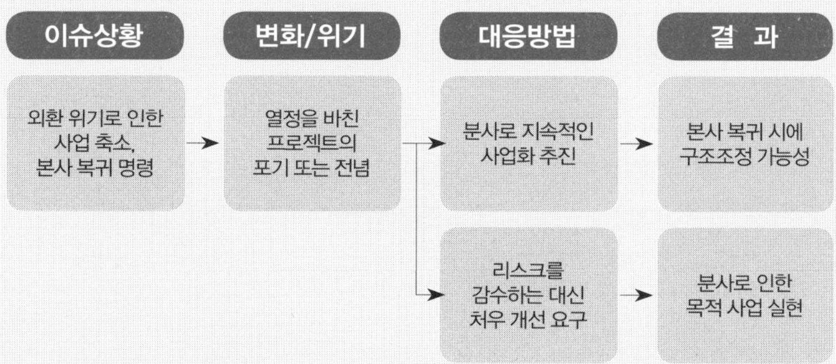

물 음	생각 정리하기
1. 뱀의 머리를 선택한 김 대리. 그는 프로젝트의 성공적인 수행을 위해 구 팀장에게 두 가지 조건을 요구했다. 그 외에 더 고려할 사항은 없었을까?	
2. 구 팀장은 어떤 능력을 갖춘 사람이었는가?	
3. 분사를 결정하는 과정에서 각 주체들(회사, 고 이사, 구 팀장, 김 대리)의 기회와 위험 요인에 대해 생각해보자.	

인사이트3_
하이마트가 주식 대박을 일으킨 사연은?

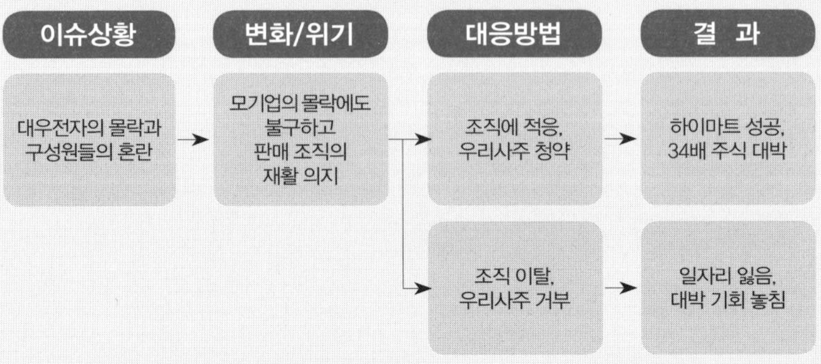

물 음	생각 정리하기
1. 판매 조직의 재활 과정에서 더 많은 직원들을 합류시키기 위해 고려했어야 할 가치들은 무엇이었을까?	
2. 이들이 결연한 행동을 일으킬 수 있었던 힘은 어떤 것이었을까?	
3. 자신이 소중하게 여기는 것은 무엇인가? 그것을 지키기 위해 어떤 리액션을 하고 있는가?	

왓칭의 시대, 눈치 '있는' 자와 '보는' 자의 차이

隔岸觀火

격 안 관 화

●

　　속담 중에 '고래 싸움에 새우 등 터진다'는 말이 있다. 톡 건드리면 터질 듯한 새우 앞에서 고래 싸움이라니. 정말 내 일이 아니었으면 하는 바람이다. 하지만 조직 생활을 하다 보면 어쩔 수 없이, 자기도 모르게 강자들의 힘겨루기에 얽히는 경우가 종종 있다. 한쪽 편에 서자니 다른 편의 분노를 살까 두렵고, 중립을 지키자니 이도 저도 아닌 애매한 처지에 놓일까 걱정스럽다. 이쪽저쪽 눈치만 보다가 '간에 붙었다 쓸개에 붙었다' 하는 기회주의자라는 낙인만 찍힐 가능성도 피할 수 없는 것이 현실이다.

　　비단 상사들 간의 힘겨루기가 아니더라도 회사 생활을 하다 보면 첨예한 대립의 한가운데 놓이는 경우가 발생하기 마련이다. 개발팀과 디자인팀의 의견이 갈려 프로젝트가 난항에 빠질 수도 있고 거래처와 자사의 입장이 판이하게 달라서 거래 자체가 수포로 돌아갈 위기에 처할 수도 있다. 한 치의 양보도 없이 팽팽한 대립이 이어지는 갈등 상황. 만약 여러분이 이러한 '고래 싸움에 낀 새우'의 신세가 된다면 어떻게 해야 될까? 이를 현명하게 극복하기 위한 무기가 바로 '눈치'다. 눈치라고 하니, 약간 부정적으로 보는 분들도 있겠지만 주관과 소신을 뚜렷하게 갖춘 분들이라면 눈치가 밥을 먹여주는 상황을 만들 수 있다. 눈치를 '보는' 사람은 주변의 의견에 휩쓸리다가 일을 그르치기 십상이지만 눈치가 '있는' 사람은 양쪽의 마음을 제대로 헤아려 모두를 아우를 대안을 찾아낼 수 있기 때문이다.

'고래 싸움에 낀 새우' 신세가 된 팀장의 사연

여기 하나의 사례가 있다. 어느 기업의 실제 상황이다. 정 상무는 이제 갓 임원이 된 박 이사가 눈엣가시라고 생각했다. 자신은 정말 각고의 노력 끝에 어렵게 임원을 달았는데, 자신보다 5년 늦게 입사한 그는 손쉽게 승진한 것이 마음에 들지 않았다. 능력이 출중하다면 모르겠지만 박 이사는 아첨과 아부로 사장의 환심을 사기 바쁜 '협잡꾼'에 가까웠다. 자신이 손해 보는 일은 절대 하지 않는 이기적인 태도로 협업에서 마찰을 일으키는 경우도 빈번했다. 그런 박 이사가 탐탁지 않았던 정 상무는 조 이사를 따르는 직원들과도 거리를 두고 있었다.

박 이사 역시 성격부터 가치관, 일하는 스타일까지 모두 다른 정 상무가 불편했다. 박 이사는 기획 업무와 사업 부문을 책임지는 비중 있는 역할을 맡고 있었는데, 사사건건 따지고 드는 정 상무 때문에 발목을 잡힌 것이 한두 번이 아니었다. 박 이사 입장에서 정 상무는 고지식하고 답답해 일을 그르치는 '방해꾼'에 불과했다. 그래서 중요한 회의 때는 사전에 우군을 만들어 유리한 상황을 조성하곤 했다. 상황이 이렇다 보니 사장과 회의를 할 때는 조선시대 파벌 싸움처럼 정 상무 편과 박 이사 편이 나뉘어 서로 물어뜯기 바빴다.

이렇게 기세등등한 고래들 사이에서 불쌍한 새우의 현실을 보자. 이른 나이에 팀장의 대열에 합류한 신나라 팀장. 그녀는 박 이사 관할의 개발팀 소속이었지만 정 상무가 이끄는 관리부와도 밀접한 관계를 맺고 있었다. 관리본부장을 맡고 있는 정 상무는 박 이사 팀에서 재무 관련 결재를 요청할 때는 괜히 딴죽을 걸면서 처리를 지연시키는 경우가 많았다. 실무자 시절부터 이런 상황을 지켜봐온 신 팀장은 정 상무와 박 이사 사이에서 중립적인 입장을 고수하면서도 두 사람 모두와 우호적인 관계를 유지하기 위해 노력했다.

그녀는 팀장이 되고 나서 낮에는 정 상무 팀과 최선을 다해 협업하고 퇴근 후에는 박 이사 팀과 술자리를 가지며 친목을 다지는 '이중생활'을 이어갔다. 박쥐처럼 보일 수 있는 행동에도 양 팀 모두에서 신뢰를 쌓은 것은 그녀가 징검다리 역할을 자처하며 문제가 발생할 때마다 손수 나서서 중재하는 수고를 마다하지 않았기 때문이다. 아무리 사이가 좋지 않다고 해도 함께 일할 수밖에 없는 상황에서 양쪽 모두와 원만한 관계를 유지하는 신 팀장은 꼭 필요한 존재였다.

그러던 어느 날 정 상무의 최측근인 최 부장이 박 이사의 측근인 양 과장에게 사무실에서 호통을 치는 상황이 발생했다.

"아니, 당신이 뭔데 함부로 의사결정을 하는 거야? 나는 허수아비로 보여? 회사가 껌이야? 당신, 누구 믿고 이래?"

양 과장이 관리부와 사전 협의 없이 하도급 회사를 결정한 것이 문제였다. 용역 수행 총비용에 대해서 관리부의 정식 결재를 받지 않고 일에 착수했던 것이다. 사실 이전까지는 시급한 사안이 있으면 구두 보고만으로 일을 진행하는 경우도 종종 있었다. 하지만 최근 내부적으로 하도급 관리가 까다로워진 것을 빌미로 관리부에서 크게 문제를 삼은 것이다. 물론 이번 기회에 정 상무 측의 힘을 키우려는 계산도 일정 부분 작용했다. 만일 일이 커지면 회사 규정 위반과 업체 유착 의혹으로 많은 풍파가 예상되는지라 박 이사 측은 긴장하지 않을 수 없었다. 박 이사는 상대측의 의도가 뻔히 보여 매우 불쾌했음에도 실수가 있었던 것은 부인할 수 없는 사실이었기 때문에 급히 신 팀장을 호출했다.

"자네가 최 부장과 관계가 좋지? 이번 사건이 공론화되지 않게 잘 무마해줬으면 좋겠네."

평소 양측의 의견을 현명하게 조율해온 신 팀장이었지만 이번 사건은 직접 나서기가 쉽지 않았다. 양 과장이 계약한 곳이 신 팀장이 소개한 업체였기 때문에 자칫하면 자신에게까지 불똥이 튈 수 있었다. 사내에서 윤리경영이 강화되면서 협력업체 유착이 의심될 때는 엄히 처벌하는 상황인지라 잘못 엮이면 자리를 보존하기 힘들 수도 있었다. 그렇다고 상사의 지시를 거스르고 혼자 발을 빼면 결국 내쳐질 수밖에 없는 노릇. 이러지도 저러지도 못하는 위기의 상황에서 신 팀장이 꺼내든 전략은 무엇이었을까.

격안관화는 '관망'이 아닌 '전망'의 전략이다

위기를 타개할 방법을 고심하던 신 팀장은 주특기인 '눈치'를 발휘하기 시작했다. 표면에 떠오른 이슈는 사전 협의 없이 진행된 계약이다. 하지만 그 기저에는 정 상무와 박 이사의 오랜 힘겨루기가 자리하고 있다. 이번 사건을 빌미로 주도권을 잡고자 하는 정 상무 측은 웬만해서는 일을 덮지 않을 것이다. 박 이사 측에서도 공식적으로 사과하는 것은 승기를 내주는 형국이라 쉽지 않다. 이런 양측의 첨예한 입장을 면밀히 파악한 신 팀장은 완전히 새로운 답을 내놓게 된다.

이전부터 신 팀장은 한 대형 고객사가 자사의 서비스에 불만을 품고 있다는 사실을 파악하고 있었다. 만약 계약이 해지되면 회사 경영에 엄청난 직격타를 입힐 수 있는 중요 고객이었다. 아직 공식적으로 입장을 밝힌 상황은 아니었기 때문에 그간 추이를 예의 주시하던 그녀는 바로 지금이 이를 공표할 시점이라고 판단했다. 신 팀장은 고객사의 담당 부장이 친한 대학 선배라는 것을 내세우며, 고객사에서 계약 해지를 고심하고 있다는 사실을 회사에 알렸다. 이후 상황은 완전히 바뀌었다. 좀처럼 화해하지 않을 것 같던 박 이사와 정 상무 모두 회사의 명운이 달린 사안을 해결하기 위해 서로 손잡고 고객사의 마음을 돌리고자 동분서주한 것이다. 일촉즉발의 상황까지 치달았던 사태는 그렇게 무마되었다.

결국 신 팀장은 해당 이슈에는 관여하지 않으면서도 슬기롭게 위기를 모면했다. 긴장 국면을 한발 뒤에서 한 번 더 살피고 다른 대안을 탐색해낸 그녀의 전략은 '격안관화'라고 칭할 수 있다.

격안관화는 직설적으로 풀이하면 '강 건너에서 불구경을 한다'는 뜻으로, 보통 어떤 사안에 깊숙이 개입하지 않고 멀리서 지켜보는 소극적인 행위를 지칭한다. 하지만 격안관화는 사태를 관망하다 어부지리漁父之利로 이득을 취하는 요행의 전략이 아니다. 그 어떤 전략보다 정교한 전략이라고 해도 과언이 아닐 정도로 안목과 판단력, 인내와 결단이 필요하다.

조조曹操는 격안관화의 전술을 가장 잘 활용한 인물이다. 조조에게 패한 원소袁紹의 아들 원상袁尙과 원희袁熙는 공손강公孫康에게 투항했다. 이들이 힘을 합칠 것을 두려워한 측근들이 즉시 공격할 것을 주장했지만 조조는 허락하지 않았다. 만약 지금 싸움을 벌이면 그들이 연합하여 맞설 것이나 그대로 두면 그들이 알아서 와해될 것이라는 판단에서였다. 얼마 지나지 않아 조조의 예상은 현실로 나타났다. 내분이 일어나 공손강이 원상과 원희의 목을 베고 제 발로 걸어와 항복한 것이다.

이렇게 격안관화는 눈앞의 상황 외에도 이와 얽힌 다양한 상황들을 고려하는 넓은 시야, 나설 때와 나서지 않을 때를 가늠하는 판단력 등이 정교히 맞아떨어져야 하는 전략이다. 팔짱을 끼고 '관망'하는 것이 아니라 촉각을 곤두세우고 '전망'해야 힘을 발휘하는 전략인 것이다. 비록 직접적인 개입이 아니어서 예측한 결과를 만들어내기는 어려울 수 있으나 상대를 주도면밀하게 관찰함으로써 힘을 비축한다는 점에서 가장 효율적인 책략이다. 신 팀장과 조조가 예리한 관찰과 판단으로 현상의 이면까지 전망한 것이 위기를 타개한 핵심 비결이었다. 상대의 마음, 형세 등을 빠르고 정확하게 읽어낸 신 팀장의 눈치는 오랜 관찰에서 비롯되었던 것이다.

오늘날의 청바지를
탄생시킨 '최소량의 법칙'

지금으로부터 160여 년 전에 청바지를 개발한 재단사의 이야기는 격안관화를 활용한 대표적인 성공 사례다. 재단사인 리바이 스트라우스Levi Strauss는 1850년대 미국 서부에 정착한 유대계 독일인이었다. 당시 금광 열풍이 몰아닥친 미국 서부는 일확천금을 노리는 사람들로 북새통을 이루었다. 리바이 스트라우스 역시 처음엔 다른 사람들처럼 금을 찾아 서부로 왔지만 돈에 눈먼 사람들로 인해 무질서와 폭력이 난무하는 현실에 환멸을 느끼고 곧 방향을 선회했다.

포장마차를 끌고 다니며 장사를 시작한 리바이 스트라우스는 바지가 너무 쉽게 닳아버리는 것에 불만을 가진 광부들이 많다는 사실을 발견했다. 그는 획기적인 사업 아이템을 떠올렸다. 포장마차의 덮개로 바지를 만들어 팔기로 한 것이다. 질기고 튼튼한 천으로 만든 바지는 거친 작업을 하는 광부들에겐 안성맞춤이었다. 이 바지가 광부들을 중심으로 날개 돋친 듯이 팔려나가자 리바이 스트라우스는 동업자를 구해 몇 가지 실용성을 가미한 뒤 특허를 냈다. 이 것이 청바지의 기원이 되었다. 그 후 청바지는 편리함과 자유의 상징으로 여겨지며 전 세계적인 붐을 일으켰다. 그의 이름을 붙인 브랜드 '리바이스'는 오늘날 청바지의 대명사로 통한다.

리바이 스트라우스의 성공 비결은 한발 뒤에 물러서서 세상을 살피며, 차후에 벌어질 변화의 요인을 정확히 예측한 데 있다. 그는 황금이라는 허황된 꿈을 좇아 구름처럼 몰려든 사람들 속에서 용의주도한 안목과 탁월한 사업가적 기질을 발휘하여 진짜 돈방석에 앉게 되었다.

한 가지 눈여겨볼 사실은 리바이 스트라우스의 관찰이 '최소량의 법칙'과 연관되어 있다는 점이다. 독일의 화학자 리비히Justus

Freiherr von Liebig가 주창한 최소량의 법칙은 식물의 성장 속도를 좌우하는 것은 넘치는 요소가 아니라 가장 부족한 요소라는 이론이다. 질소, 인산, 칼륨, 석회 중에 한 가지가 부족하면 다른 요소가 아무리 많아도 식물이 제대로 자라지 못한다는 것이다. 즉 최소량의 법칙의 핵심은 식물의 성장을 관찰할 때는 어떤 요소가 필요한지를 살피는 것과 더불어 무엇이 부족한지를 파악하는 것도 중요하다는 것이다. 리바이 스트라우스의 경우 역시 현실을 면밀히 관찰하는 데서 그치지 않고 사람들이 불편을 느끼는 점, 즉 부족한 것에 좀더 집중했다는 점에서 관찰과 최소량의 법칙이 시너지를 발휘한 사례라고 할 수 있다.

현상의 이면까지 꿰뚫는 '8괘의 관찰 프로세스'

격안관화의 책략에서 얻는 핵심적인 처세는 바로 관찰이다. 그렇다면 어떻게 해야 관찰을 잘하는 것일까. 그 방법에는 여러 가지가 있으나 《관찰의 기술》에 정리된 이론이 체계적이고 효과적이라서 옮겨보고자 한다.

이 책에 따르면 관찰은 매개적 관찰과 비매개적 관찰로 나눌 수가 있다. 매개적 관찰이란 망원경 같은 도구를 통해 보는 것이고 비매개적 관찰이란 특정한 도구 없이 육안과 직관으로 보고 판단하는 것이다. 어떠한 방식이든 상관없다. 모든 혁신의 근간이 되는 '관찰 프로세스'로 정교한 관찰력을 갖게 되면 자신만의 강력한 무기를 손에 쥔 것이나 진배없다.

관찰 프로세스는 통찰력을 이끄는 사고의 흐름을 지칭하는데, 여기에 태권에서 8단계의 품을 이루는 형태를 응용해 정리한 것이 이른바 '8괘의 관찰 프로세스'다. 영문 머리글자를 따면 '왓칭 watching'이라는 단어가 완성된다.

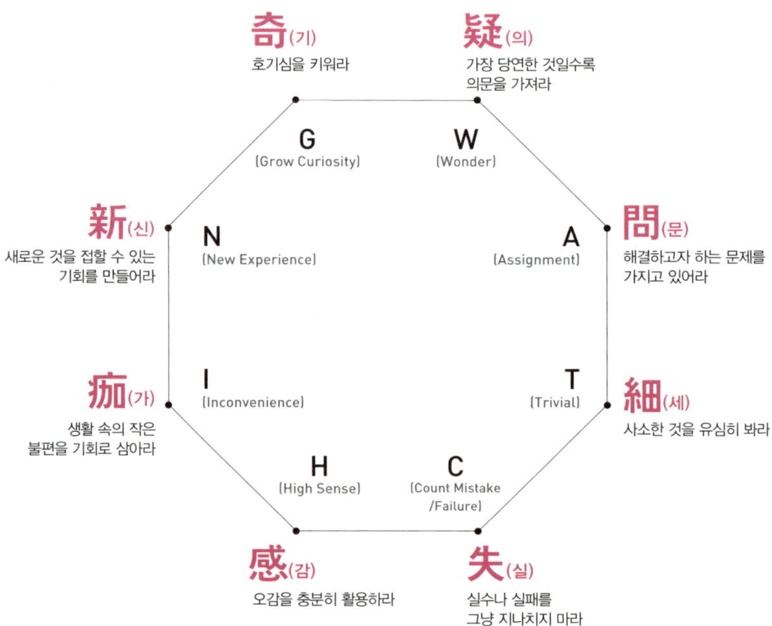

이렇게 여덟 가지 프로세스로 관찰의 습성을 키우면 격안관화의 책략을 활용할 훌륭한 도구를 갖는 것이며, 정확한 판단력으로 합리적 의사결정을 이루는 기초가 될 것이다.

관찰은 기술이 아니라 습관이다

격안관화와 비슷한 말로, 중국의 정치인들이 즐겨 쓰는 좌산관호투坐山觀虎鬪라는 속담이 있다. 산에 앉아서 두 호랑이가 싸우는 것을 구경한다는 뜻이다. 한 발짝 떨어져서 사태를 조망한 다음 행동을 취하는 것은 저우언라이周恩來와 마오쩌둥毛澤東의 정치철학이기도 했다.

어떠한 현상을 정밀하게 관찰하는 기술, 이것을 습성화하고 내재화하는 것이 누구에게나 허용되지는 않을 것이다. 관찰은 기술의 한 종류이지만 습관화되지 않으면 그 힘을 발휘하기 어렵다. 정세를 세밀하게 들여다보는 8패의 관찰 프로세스로 자각과 명확한 판단을 이루고 위기의 순간이나 중요한 의사결정의 순간에는 관찰로 얻은 지식과 정보를 활용한다면 아무리 불리한 상황이라도 타개할 방법을 찾을 수 있다.

Re;Action

인사이트1_
격안관화, 왓칭을 주목하라!

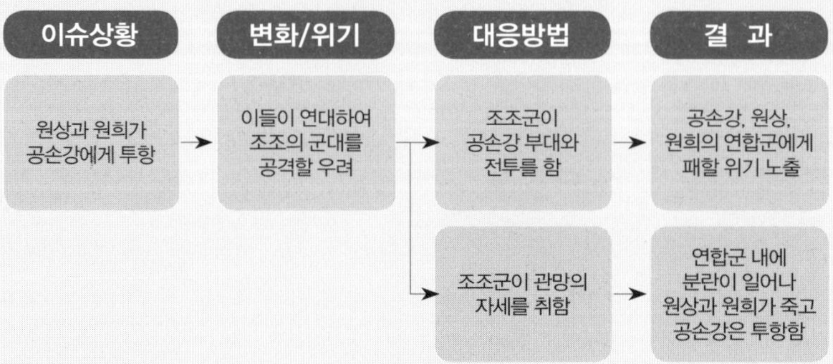

물 음	생각 정리하기
1. 원상과 원희가 공손강의 부대에 투항한 이유를 차시환혼의 측면에서 이야기해보자.	
2. 연합군이 조조군에게 패한 결정적인 이유는 무엇이었을까?	
3. 만일 조조의 예측이 빗나가서 연합군이 조조군을 공격하여 승리했다면 조조가 패한 원인은 무엇이라 이야기할 수 있을까?	

인사이트2_
'새우'가 된 신 팀장의 놀라운 위기극복 노하우

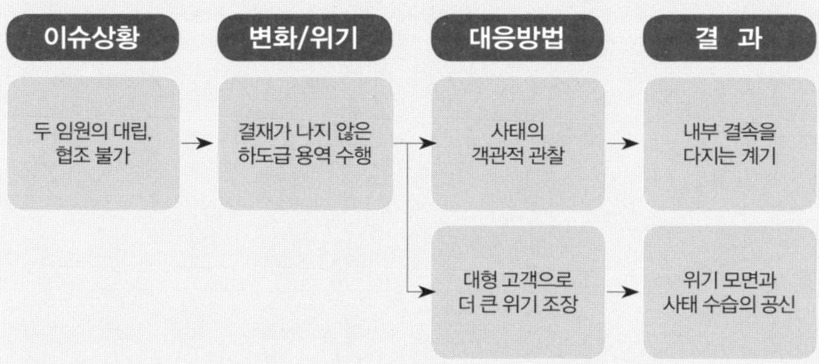

물 음	생각 정리하기
1. 신 팀장은 왜 어느 임원의 편도 들지 않았을까?	
2. 신 팀장의 행동을 '8괘의 관찰 프로세스'에 대입해보자.	
3. 더 큰 위기를 조장한 신 팀장의 리액션이 성공할 수 있었던 이유는 무엇일까?	

Re;Action

인사이트3_
리바이스 탄생의 핵심 비밀은?

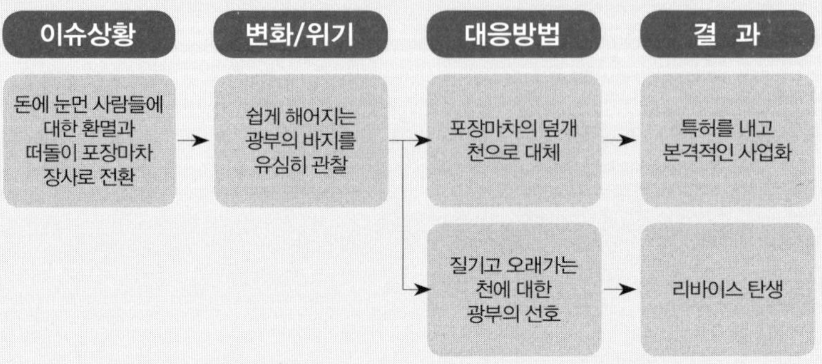

물 음	생각 정리하기
1. 리바이 스트라우스가 미국 서부에서 본 관찰과 전망은 무엇인가?	
2. 포장마차의 덮개를 청바지로 만드는 과정에 대해 최소량의 법칙을 적용해 이야기해보자.	
3. 리바이 스트라우스의 사례를 통해 왜 관찰이 습관이 되어야 하는지에 대해 논의해보자.	

고수는 어떻게 싸우지 않고 이기는가?

借刀殺人
차 도 살 인

●

모든 비즈니스맨에게 경쟁은 피할 수 없는 숙명이다. 회사 밖에서는 자사가 내놓은 제품과 서비스를 둘러싼 총성 없는 전쟁이 벌어지고, 안에서는 어느 팀이 중요 프로젝트를 맡고 누가 승진할 것인지를 두고 소리 없는 경쟁이 발생한다.

경쟁의 치열함과 살벌함은 《사기史記》에 등장하는 구절에서도 확인할 수 있다. 양웅불구립兩雄不俱立, 두 영웅이 함께 설 수 없으니, 반드시 어느 한쪽이 사라져야만 다른 한쪽이 살 수 있다는 뜻이다. 하지만 비즈니스 세계에서의 경쟁은 이러한 '제로섬'의 논리로만 설명하기에는 훨씬 복잡한 양상을 띤다. 비즈니스에서 대부분의 경쟁은 '단기전'이 아니라 '장기전'으로 펼쳐진다. 하나의 상품을 히트시킨다 해도 후속작이 따르지 않으면 도태되기 십상이다. 더불어 하나의 프로젝트를 성공시킨다 해도 이후에 괄목할 성과를 보이지 못하면 능력을 인정받을 수 없다. 기나긴 여정에서 어제의 적이 얼마든지 오늘의 동지가 될 수 있는 것이 현실이며, 피 튀기는 경쟁을 하다가도 의기투합해서 하나의 프로젝트를 성공시켜야 하는 상황이 빈번하게 발생한다.

결국 중요한 것은 '어떻게' 이기느냐다. 술수와 협잡을 동원해서 순간의 이기를 취함으로써 잠깐의 승리를 만끽할 수는 있지만 결코 이를 오래 지속할 수는 없다. 타사에 대한 네거티브 전략으로 승기를 쥔 기업은 언젠가 비슷한 방식으로 뒤통수를 맞을 가능성이 높다. 경쟁자에 대한 음해와 방해로 앞서 나간 사람은 그 과정에서 만들어진 무수한 적들의 공격을 피하기 어렵다.

이기되 적을 만들지 않는 것, 이것이 비즈니스 세계의 경쟁에서 성공하는 유일한 전략이다. 그렇다면 어떻게 적을 만들지 않으면서 승기를 움켜쥘 것인가.

내부의 분열을 잠재운
공문 한 통

IT회사에 근무하는 편 과장은 10년 차 베테랑으로 영업력을 인정받으며 수주 활동에서 남다른 성과를 자랑하고 있었다. 특히 5년

여간 공들여온 우량 고객업체의 고 차장에게 100억 원 규모의 IT인 프라 구축을 단독으로 수주하는 쾌거를 이루면서 회사 내부의 관심을 한 몸에 받고 있었다. 편 과장이 지휘하는 1팀의 구성원은 물론이고 내부에서 경쟁하던 2팀마저 낙수효과 Trickle Down Effect라도 얻고자 야단법석이었다. 모두가 조금이라도 자기 쪽으로 실적을 당겨오기 위해 혈안이 되었다.

그러다 상황이 예상치 못한 방향으로 흘러갔다. 2팀을 관장하던 장 본부장이 "비록 1팀이 수주했지만 조달할 물품과 공사 수행 업무가 더 많은 2팀이 프로젝트를 주도하고 1팀은 부분 수행하는 형태로 추진해야 효율성이 높다"고 주장한 것이다. 회사 입장에서는 프로젝트만 성공적으로 끝낼 수 있다면 어느 팀이 주도하든 크게 문제되지 않았다. 하지만 편 과장의 입장에서는 속된 말로 '죽 쒀서 개 주는' 상황이나 진배없었다.

편 과장은 1팀이 주도하겠다는 의사를 밝혔다. 자신이 오랫동안 고객업체와 접촉해온 만큼 그 업체가 원하는 방향을 잘 이해하고 효과적으로 일을 진행할 수 있다고 어필한 것이다. 그러자 장 본부장은 1팀을 관장하는 민 본부장이 갓 승진한 새내기 임원이며 자신의 후배라는 사실을 약점 삼아 민 본부장을 압박하기 시작했다. 편 과장은 회사 내의 첨예한 이해관계와 알력관계에 휩싸여 이럴 수도 저럴 수도 없는 진퇴양난의 상황에 빠져들고 있었다. 여러분이라면 어떻게 이 위기를 헤쳐 나가겠는가.

편 과장이 고심 끝에 강구한 해결책은 '정면돌파'가 아닌 '우회

작전'이었다. 업무의 효율성이라든지 수주의 기여도 등을 근거로 논리적인 주장을 펼친다 해도 장 본부장의 심기를 거스를 것은 자명한 일이었다. 당장 이번 프로젝트부터 서로 긴밀하게 협업해야 하는 팀의 리더와 척을 지는 것은 전혀 도움이 되지 않았다. 상대가 스스로 승복할 수밖에 없는 상황을 연출하는 것이 유일한 돌파구라는 판단 하에 편 과장은 발주사의 책임자인 고 차장을 설득하기에 이른다. 원활한 커뮤니케이션을 위해 모든 과정을 1팀 주관으로 하겠다는 공문을 만들어 보내달라고 제안한 것이다.

고 차장은 다른 회사의 업무 분장에 관여하는 것이 월권으로 비칠까 염려했지만 결국 창구 단일화가 업무의 효율성을 높인다는 편 과장의 의견에 동의했다. 더욱이 고 차장 역시 그간 다른 업체들과 일을 진행하면서 담당자가 바뀔 때마다 업무에 혼선을 빚어 곤혹스러웠던 것이 한두 번이 아니었다. 편 과장과는 5년 넘게 긴밀하게 논의하며 프로젝트를 구체적으로 함께 그려온 만큼 앞으로도 그와 소통하는 것이 업무의 누수를 막는 길임이 분명했다.

좀처럼 해결되지 않을 것만 같던 내부의 분열은 발주사의 공문 한 통으로 순식간에 잠잠해졌다. 어느 팀이 부족하거나 낫다는 판단의 잣대를 들이대 한쪽이 상처받고 잡음이 발생하는 상황도 벌어지지 않았다. 싸우지 않고도 원하는 바를 얻어낸 편 과장의 전략은 이른바 현명한 차도살인의 계책이라고 할 수 있다.

차도살인은 '싸움'이 아닌
'생각'의 기술이다

차도살인은 《안자춘추晏子春秋》에 나오는 안영晏嬰의 이도살삼사二桃殺三士에서 유래했다. 이는 복숭아 2개로 무사 3명을 죽인다는 뜻이다. '남의 칼을 빌려 사람을 해친다'는 뜻 때문에 '내 손에 피를 묻히지 않는다'는 책임 회피의 말로 비춰지거나 '목적을 달성하기 위해 수단을 가리지 않는다'는 악행의 의미로 받아들여지곤 했다. 하지만 차도살인의 진정한 의미는 '도'와 '살인'이 아닌 '차', 즉 '빌린다'에 담겨 있다. 이를 설명하기 전에 우선 유래가 된 고사를 살펴보자.

제나라 재상 안영은 젊고 빼어난 장수 사마양저司馬穰苴를 군대의 총사령관으로 점찍어두고 있었다. 하지만 정작 왕은 다른 3명의 노장老將들을 총애하고 있었다. 그들은 오만방자했다. 안영은 노장들의 고집과 횡포로 사마양저가 뜻을 제대로 펼치지 못할 것을 염려하여 그들을 물러나게 할 계획을 세웠다. 마침 귀한 사신이 방문하여 궁중에서 연회를 베풀었다. 안영은 이 연회의 공간에서 자신의 계획을 실행하고자 했다.

연회에 참석한 사람은 안영과 3명의 장수를 비롯하여 총 7명이었다. 그런데 안영은 일부러 7개가 아닌 6개의 복숭아를 왕과 사신에게 바쳤다. 제나라 왕과 사신은 각자 복숭아 1개씩을 먹고 하나는 재상인 안영에게, 또 하나는 사신을 수행해온 신하에게 권했다. 그리하여 복숭아 2개가 남았다. 안영은 신하들 중에 공이 큰 사람에게 남은 복숭아를 나눠주도록 제나라 왕에게 청했다. 왕은 몹시 난처했다. 남은 복숭아는 오직 2개뿐인데 그가 총애하는 장수는 3명이기 때문이다.

왕이 선뜻 마음을 정하지 못하고 주저하는 사이에 성미 급한 두 장수가 복숭아를 하나씩 집어 들고 먹기 시작했다. 그러자 남은 1명의 장수는 자신이 더 큰 공을 세웠음에도 왕에게 복숭아를 받지 못한 것이 수치스럽다며 광분하더니 스스로 목을 찔러 그 자리에서 죽고 말았다. 그제야 성급하게 욕심을 부린 자신들의 실책을 깨달은 두 장수도 염치없는 짓을 했다며 각기 칼을 뽑아 자결하고 만다.

사실 안영은 이미 세 장수가 각각 어떠한 특성을 지니고 있는지 철저히 파악하고 있었다. 세 사람 모두 왕으로부터 총애를 받고 있다는 공명심이 강했으며, 그만큼 자신이 더 총애를 받기를 갈구하고 있었다. 어느 한쪽으로 무게가 실리지 않는 상황이 불만스러우면서도 혹여 왕의 심기를 거스를까 싶어 겉으로는 우애와 단합의 힘을 과시하던 터였다. 세 장수의 오만방자함에 대한 우려가 들끓었지만 그들에 대한 총애가 깊은 왕에게 사실대로 고한다 해도 통할 리가 없었다. 그렇다고 안영이 그들과 직접 대적하기에는 힘도, 명분도 부족했다. 이에 그들의 공명심과 평소 불만을 자극함으로써 자멸을 유도하는 전략을 택했던 것이다.

즉 차도살인은 '싸움'이 아닌 '생각'에 방점을 찍은 전략이다. 경쟁에 있어 나의 위치와 내가 가진 능력과 자원 등을 냉정하게 분석하고 상황을 타개하기 위해 무엇이 필요한지를 적확하게 판단하는 전략인 것이다. 내 능력과 자원으로는 뜻한 바를 이룰 수 없다면 다른 사람에게서 그 방법을 구할 줄 아는 '열린 전략'이라고도 할 수 있다. 편 과장의 경우도 자신이 처한 현실에 대한 면밀한 판단이 있었기 때문에 문제를 해결할 방법을 외부에서 구할 수 있었던 것이다.

소로스는 어떻게
헤지펀드의 대부가 되었을까

오늘날 차도살인의 계책을 절묘하게 사용한 인물이 있다면 아마도 '투자의 귀재'로 통하는 '헤지펀드의 대부' 조지 소로스George Soros를 꼽을 수 있을 것이다.

1990년대 극심한 경기침체를 겪었던 영국은 유럽환율제도ERM를 채택했다. ERM은 유럽공동체EC 회원국 중 그리스를 제외한 11개국의 통화가치를 일정한 범위 안에서 고정시켜놓은 일종의 고정환율체계로, 회원국 간에 경제적 격차가 지속적으로 발생해 특정 환율을 유지할 수 없을 경우 평가절하나 평가절상을 가능하게 했다. 당시에는 독일이 통일하면서 서독이 동독에 과감한 투자를 하고 있었다. 독일은 마르크화 공급 급증으로 금리를 대폭 올렸고, 이로 인해 금리가 높은 독일 은행에 유럽 각국의 투자가 집중되고 있었다. 영국으로서는 파운드화 가치를 마르크화와 대등하게 유지해야 하는 어려움에 처한 상황이었다.

이러한 상황을 면밀히 읽어낸 조지 소로스는 이익을 올릴 방법을 간파했고, 곧바로 움직이기 시작했다. 그는 금융계와 언론사에 곧 파운드 가치가 절하될 것이라는 소문을 퍼트리는 동시에 다른 투자자들에게 파운드 절하 압력을 가중시키도록 영향력을 행사하면서 자신도 파운드 공매에 나섰다. 소문이 일파만파로 번져나가자 순진한 일반 투자자들은 앞다투어 파운드 공매를 서둘렀다. 이 일로 소로스는 약 15억 달러의 이익금을 벌어들였다.

증권가 루머에 약한 일반 투자자들은 소로스 같은 거물이 파운드를 공매했다는 사실만으로도 마음이 흔들렸다. 불안감은 엄청난 파운드 공매로 이어졌고 루머는 곧 현실이 되고 말았다. 파운드 가치는 땅으로 떨어졌고 결국 ERM은 붕괴했다. 외환시장의 불안을 틈타 조지 소로스가 운영하는 헤지펀드가 국제 무대에서 크게 주목받는 계기가 되기도 했던 이 사건은 소로스가 후광 효과Halo Effect로 대표되는 자신의 이미지를 이용해 막대한 수익을 거둬들인, 차도살인의 사례였다.

후광 효과란 어떤 사람에 대한 일반적인 평가가 그 사람의 특징적인 이미지로 확대되는 현상을 뜻한다. 과거의 성화聖畵들을 보면 성인들의 머리 위에 동그란 원이 있다. 그림 속의 인물이 누구인지 몰라도 동그란 원이 머리 위에 있으면 그를 성인이라고 판단하는데, 이것이 바로 후광 효과다. 즉 소로스는 '소로스라면 절대 손해 보는 선택은 하지 않을 것'이라는 일반인들의 기대치, 일종의 후광 효과를 이용해 막대한 이익을 취한 셈이다. 소로스가 재귀이론을 통해

'상호 의존적인 여러 가지 요소들이 같은 네트워크를 구성하면 개개 행동의 합이 전체를 만드는 동시에 전체가 개별 행동에 다시 영향을 미쳐서 그 방향성이 점점 강화된다'고 했듯이 그는 자신의 명성에 힘입어 대중의 전체적인 경제적 행동 패턴을 예측함으로써 많은 부를 축적할 수 있었다. 그 방법의 옳고 그름은 논외로 치고, 대중의 힘을 빌려 투자의 이익을 챙긴 소로스의 사례는 차도살인의 한 단면을 잘 설명해준다.

판세를 읽는 방법, 4각 기법

발주사의 공문으로 내부의 분열을 잠재운 편 과장, 세 장수의 심리를 역이용해 뜻을 이룬 안영, 대중의 힘을 빌려 막대한 이익을 거둔 조지 소로스. 이들의 사례에서 주목할 것은 상황에 대한 면밀한 분석이 해결책 마련이나 목표 실현의 기반이 됐다는 점이다.

차도살인의 전략을 완성하기 위해서는 문제에 다각도로 접근해야 한다. '4각 기법'은 현재의 상태를 아주 면밀하게 분석하는 경우에 적용하기 좋은 방법론이다. 문제의 발단, 즉 해결의 실마리를 찾기 위해서는 문제가 무엇이고 어떤 영향을 지니고 있는지를 분석하는 것이 매우 중요하다. 왜냐하면 그 분석에 기초해 대안 탐색을 행하는 우선순위나 방향을 설정할 수 있기 때문이다.

우선 노트 한 면에 4개의 사각형을 그려 넣고 좌측 상단 사각형에는 '사실', 좌측 하단 사각형에는 '영향', 우측 상단 사각형에는 '목표', 그리고 우측 하단 사각형에는 '목적'이라고 적어보자.

'사실'은 정확한 이슈를 규명하기 위해 팀원들과 가급적 세밀하게 사실들을 판단해 작성하는 것이 좋다. '영향'에는 사실에 따른 영향이 무엇인지를 나열하고 영향이 큰 것부터 작은 것 순으로 배열한다. '목표'는 가장 큰 영향 요인을 고려해서 이를 핵심 이슈화하고 그 이슈를 해결하기 위한 브레인스토밍 등 대안을 탐색한다. '목적'에서는 선택한 대안이 궁극적으로 이루고자 하는 목적에 부합하는지를 확인한다.

편 과장의 사례를 예로 들어 설명해보자. 편 과장은 오랜 시간

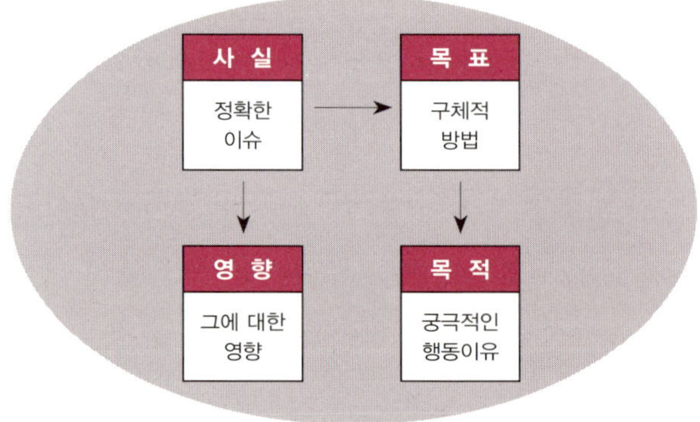

잠재적 고객인 고 차장과 긴밀한 논의를 진행한 끝에 결국 100억 원이라는 큰 매출을 확보했다. 그러나 다른 팀에서 편 과장의 팀보다는 자신들의 업무 수행이 많다는 이유로 실적을 넘기라는 압박을 받게 되었다. 이를 4각 기법으로 정리해보면 우선 '사실'은 현재 발생한 핵심 이슈, 즉 편 과장이 100억 원을 수주했으나 다른 팀에서 그 실적을 가로채려는 사건이 된다. 두 번째, 이러한 이슈의 '영향'으로는 다른 팀으로 주도권이 넘어간다면 현재의 경기 흐름상 1팀이 목표 미달성으로 인해 내년도에 다른 팀으로 흡수될 가능성을 예상할 수 있다. 세 번째, '목표'는 구체적인 행동 계획이다. 편 과장의 경우에는 '발주사로부터 주간팀 일원화'라는 공문을 받는 것을 목표로

4각 기법 적용

사 실		목 표
편 과장의 100억 원 수주 −내부의 실적 분쟁	2. '수주 일등공신'으로서 '팀 전체의 목표'까지 달성 →	발주처 책임자로부터 주간팀 일원화 획득, 경쟁팀으로의 실적 이탈 방지
	1. 외부 환경이 시장 축소 경향, 현재의 수주로 편 과장 팀 안정화 가능	3. 실적 확보로 1팀을 안정적으로 유지, 대형 수주로 인한 경험 축적
영 향		목 적
1팀이 회사 내 열세 (2팀으로 실적 이관 시 1팀 붕괴 위험)		편 과장 자신의 공로를 회사로부터 정당하게 인정받음, 소속팀의 안정적인 매출 확보로 결속된 팀워크 발휘

삼았다. 마지막으로 '목적'은 목표를 달성함으로써 얻게 되는 궁극적인 명분이다. 편 과장의 경우에는 '팀의 결속과 함께 대형 수주로 인한 경험 축적'으로 정했다.

한 가지 염두에 둬야 할 사실은 목적의 중요성이다. 만약 목적이 제대로 정립되지 않는다면 차도살인은 반쪽짜리 전략에 불과할 뿐이다. 경쟁은 비즈니스라는 큰 그림을 완성하기 위해 필요한 하나의 조각일 뿐이다. 이 경쟁에서 성공하든 실패하든 비즈니스는 계속된다. 차도살인을 적용할 때는 큰 그림을 함께 그리지 않으면 단 한 번의 작은 성공에만 만족해야 할지 모른다는 사실을 명심해야 한다.

차도살인의 계책으로 큰 줄기를 잡아보면 아래와 같다.

1. 상대방의 모순 파악

2. 나에게 피해를 주는 요소 분석

3. 숨은 의도 포착

4. 목적을 위해 경쟁관계라도 협력할 줄 아는 유연성

5. 큰 그림을 놓치지 않고 전략을 세우는 넓은 시야

차도살인은
윈윈의 전략이다

차도살인의 '도'는 칼 도刀이지만 이 사자성어의 유래가 된 '이도 삼살사' 고사에서 '도'는 복숭아 도桃를 쓴다. 두 가지 '도' 모두 소기의 목적을 달성하기 위한 방법을 뜻한다. 즉 차도살인의 핵심은 주변의 판세와 심리를 읽어내고 이를 잘 활용해서 내게 유리한 방법으로 돌리는 것이다. 더 나아가 차도살인 계책은 서로 돕는 길을 찾는 것이기도 하다. 수많은 사람들의 욕망이 얼기설기 얽혀 있는 비즈니스 세계에서는 홀로 정면 승부하기보다 같이 윈윈할 수 있는 아군을 찾는 것이 목표를 이루는 더 빠른 길이다.

그러므로 차도살인의 툴로 제시한 4각 기법에서 얻을 수 있는 시사점은 다음 네 가지다.

1. 상대방과의 이슈가 무엇인지 정확히 파악하여 공격의 무기로 삼는다.
2. '피해야 할 칼날'이 무엇인지 정확히 알아야 한다.
3. 어떤 방법이 목표를 달성하는 데 최적인지 명확히 설정한다.
4. 그 행위에 대한 목적이 무엇인지 궁극적인 방향성을 잃지 않는다.

Re;Action

인사이트1_
차도살인, 상대의 생각을 빌리는 노하우

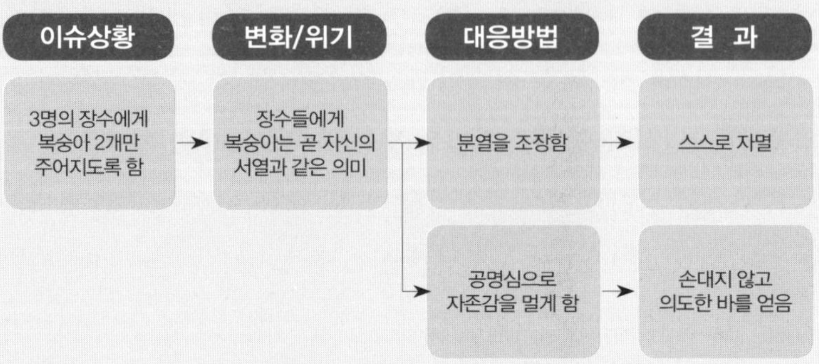

물 음	생각 정리하기
1. 세 장수의 결정적인 결핍은 무엇인가?	
2. 안영의 리액션을 4각 기법을 적용하여 이야 기해보자.	
3. 안영의 리액션을 8괘의 관찰 프로세스를 적 용하여 이야기해보자.	

인사이트2_
상사와의 싸움을 이겨낸 편 과장의 경쟁 노하우

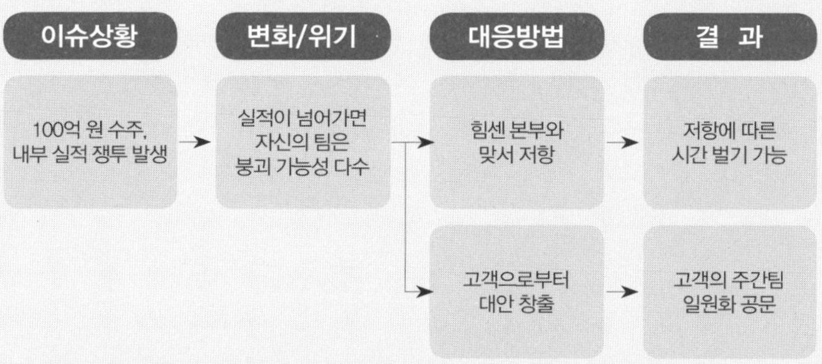

물 음	생각 정리하기
1. 편 과장은 고 차장과 장 본부장의 심리를 어떻게 이용했는가?	
2. 편 과장이 실적을 챙기려고 한 궁극적인 이유는 무엇인가?	
3. 자신의 노력에 비해 회사의 처우가 낮다면 어떻게 대응해야 하는가?	

인사이트3_
소로스는 어떻게 상대의 심리를 이용했는가?

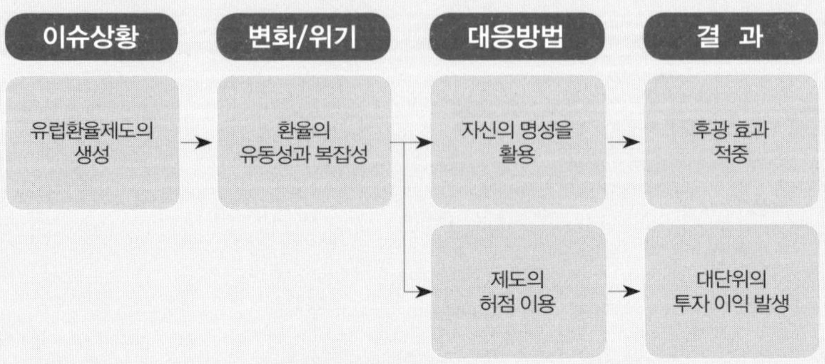

물 음	생각 정리하기
1. 소로스는 어떻게 원하는 것을 얻었는가?	
2. 소로스는 판세를 읽음과 동시에 판세를 만드는 힘을 지녔다. 판세를 만드는 역량에 대해 이야기해보자.	
3. 개인 혹은 조직이 어떻게 후광 효과를 창출할 수 있을지에 대해 논의해보자.	

2장

무엇을 버리고 무엇에 집중할 것인가?

전략관리

이대도강

무중생유

암도진창

Re;
Action

방법을 찾지 못해 한계에 봉착한 순간,
해결의 실마리가 보이지 않는 문제에 직면한 순간,
우리가 취할 수 있는 전략은 아예 그 문제에서 벗어나
새로운 관점에서 생각하는 것이다.
'담'을 넘어야 '답'이 보이는 법이다.

사람은 저마다 타고난 한계 용량이 있다. 생각이든 스트레스든 사랑이든 우리가 감당할 수 있는 양은 무한대가 아니라 한정되어 있다. 정해진 분량을 미처 채우지 못하는 사람이 있는가 하면, 그 양이 넘쳐서 장렬히 전사하는 사람도 있다. 어떤 일이 자신이 감당할 수준이라면 스트레스는 극복의 대상이지만 그 범위를 넘어서면 스트레스에 지배당하는 전이현상이 발생한다. 순간적으로 뇌는 오작동으로 반드시 문제를 일으킨다.

이는 평상시에 전략적 행동을 하지 못하는 것이 원인이다. 그렇다면 전략적 행동이란 무엇인가? 간단히 말하면 전략적 사고가 선행되는 행동이다. 필자가 코칭 과정에서 경험한 몇 가지 사례를 보자.

원천 기술 없이 영업력만 있던 회사와 영업력 없이 기술만 있던 회사가 합병했다. 합병의 목표는 더욱 큰 시너지를 내는 것이었다.

목표는 좋았지만 통합 이후 회사는 뜻밖의 몸살을 앓아야 했다. 두 회사의 직원들이 주도권을 두고 경쟁을 벌이느라 기대했던 시너지 효과가 전혀 나타나지 않았던 것이다. 한편 이와는 전혀 다른 결과를 보여주는 합병도 있다. 잘나가던 두 회사가 미래의 트렌드를 분석해보고 조직의 발전을 위해 서로의 강점을 위주로 결합을 이뤄낸 경우다. 이 회사는 내부에서 주도권 싸움을 벌이기보다는 시장을 공략할 발전적 대안을 찾아 함께 노력하는 모습이 두드러졌다.

두 회사 모두 합병으로 탄생했지만 그 안을 들여다보면 사정은 완전히 다르다. 첫 번째 회사의 경우 경영진이 비정상적인 상태에서 피로에 찌들어가는 반면 두 번째 회사는 신바람 나게 새로운 가치를 찾아 나서고 있다. 아마도 스트레스 정도를 측정하면 상당한 차이를 보일 것이다. 차이는 그뿐만이 아니다.

필자가 코칭을 하면서 느끼기에 두 회사 직원들의 마인드에도 큰 차이가 있었다. 첫 번째 회사에서는 개발팀과 영업팀 등이 서로 유기적으로 협력(cooperation)하지 못하고 각자 고유의 영역만 고수하느라 불만과 비난이 팽배했다. 반면에 두 번째 회사에서는 한 차원 높은 협력(collaboration)이라는 가치를 발휘하고 있었다. 가령 신제품에 브랜드 가치를 더해 합병 이전에는 없었던 다양한 버전의 제품을 만들어내는 식이었다.

결국 두 회사는 전략적 행동은 같으나 전략적 사고는 달랐다. 실무진이 합병을 위한 분위기를 조성하고 철저히 사전 준비를 해도 원했던 결과를 얻기는 힘들다. 예상치 못했던 돌발 변수가 언제 튀어나올지 모르기 때문이다. 따라서 전략적 사고에 이어 전략적 행동을 하기 전에 실무진이 자신의 직원이나 합병 상대와 전략적 대화를 충분히 나눠야 한다. 이것이 부족할 경우 조직은 조직대로, 개인은 개인대로 자신의 수용 범위를 넘어서는 스트레스에 시달려 결국은 무너질 것이다.

그래서 필자는 전략이라는 단어에 관리라는 요소를 결합하여 전략관리라고 표현했다. 우리는 흔히 마케팅 전략에 활용되는 다양한 도구를 통해 전략이라는 단어를 배운다. 그래서 전략이라고 하면 왠지 거대하고 대단하게 느껴질 것이다. 하지만 필자는 간단하게 생각한다. 즉 무엇을 버리고 무엇에 집중하느냐를 결정하는 선택의 문제라고 생각한다.

그런데 이런 선택은 어떻게 이루어져야 좋은가? 그것 역시 복잡하게 설명되지만 필자는 간단히 한마디로 정리한다. 바로 가장 가치 있는 것을 선택하는 것이 바로 전략이라고 말이다. 아래에 전략적 사고를 위한 세 가지 기준을 소개한다.

첫째, 가치 있는 것을 선택하라. 비교 대상 중에 보다 나은 것을 선택하는 것이다. 무조건 두 가지로 압축하는 습관을 들이면 도움이 된다. 조직에서는 여러 사람들의 의견을 모은 다음 이를 토대로 2개로 압축하고 그중에서 좀더 가치 있는 것을 선정하는 것이 효과적이다.

둘째, 새로운 관점을 획득하라. 문제 해결을 위한 개념 중에 문샷 싱킹moonshot thinking이라는 말이 있다. 요컨대 개선에 힘 쏟기보다는 달나라에 가는 것처럼 완전히 새로운 방법으로 사고를 전환하는 것이다. 잔뜩 꼬인 문제를 풀어내느라 힘을 빼기보다는 다른 시각으로 새로운 시도를 함으로써 더 큰 가치를 창조하는 것이다.

셋째, 오랜 '준비'를 통해 차별화된 대안을 제시하라. 일터에서 보면 대안 제시에 궁색한 사람들이 많다. 리더는 대안을 충분히 낼 수 있는 분위기를 조성해야 한다. 리더만이 아니라 모든 조직 구성원이 대안을 내야 그 조직이 살아난다. 주의할 점은 영혼 없는 대안이 아니라 진정성 있는 대안을 내야 한다는 점이다. 오랜 준비를 통한 진정성 있는 대안은 반드시 차별화된 대안이 된다. 진정성 있는 대안을 내기 위해서는 '자유분방, 비판 금지, 질보다 양, 타인의 의견에 편승'이라는 브레인스토밍 기법의 4원칙을 새겨두면 도움이 된다.

전략관리에서는 리액션, 즉 발상을 하고 아이디어를 정제해나가는 과정에서 서로 의견을 구해 발전시키는 것이 중요하다. 2장에서는 임원만이 아니라 조직 구성원 모두의 생존과 성장에 필수적인 전략관리에 대해서 살펴볼 것이다.

동시에 가질 수 없다면 무엇을 선택할 것인가?

李代桃僵
이 대 도 강

인생은 선택의 연속이다. 원하는 모든 것을 움켜쥘 수 있는 삶이란 많지 않다. 대부분 하나를 얻기 위해서는 다른 하나를 잃어야 한다. 사소한 예로, 자기계발을 위해 영어 학원에 등록하는 경우를 생각해보자. 달콤한 아침잠이나 퇴근 이후의 술자리는 포기해야만 영어 실력을 향상시키겠다는 목표를 이룰 수 있다. 살아가면서 만나는 수많은 갈림길에서 어떤 선택을 하느냐에 따라 삶의 질이 결정된다고 해도 과언이 아닌 듯하다.

특히 크고 작은 위기의 순간에 어떻게 대처하는가가 중요하다. 위기의 순간은 대부분 갑자기 찾아오기에 판단을 내리고 대책을 마련할 시간이 짧기 때문이다. 순간의 판단으로 위기를 기회로 만들 수도 있고, 재앙으로 만들 수도 있다.

그렇다면 우리는 어떤 선택을 해야 하는가. 무엇이 옳은 선택인가. 그 기준은 상황에 따라 달라지겠지만 '가치'를 최우선적으로 고려한다면 잘못된 선택으로 후회할 일은 많지 않을 것이다. 지금 무엇이 더 필요한가, 무엇이 더 중요한가라는 질문은 무엇이 가장 가치 있는가를 알려주는 나침반이다.

잘나가던 탁 부장, 갑작스러운 위기와 맞닥뜨리다

오늘도 월간 매출 목표를 점검하고 부족한 매출을 달성할 방법을 찾느라 골몰하고 있는 탁월한 부장. 그는 후배 사원들에게 신화와도 같은 존재다. 그는 차장급 이상만이 팀장을 맡을 수 있다는 오랜 관례를 깨고 과장 때 이미 팀장으로 보임받아 일하면서 괄목할 성과를 올렸다. 특히 회사가 경영난에 허덕일 당시 강력한 신상품으로 소방수 역할을 해낸 공로를 인정받아 최연소 부장에 올랐다.

이렇게 잘나가던 탁 부장에게 갑자기 큰 위기가 닥친다. 어느 날, 사장의 급작스러운 호출을 받은 그는 알 수 없는 불안감에 휩싸였다. 3개월 전에 탁 부장은 실적을 강화할 방안으로 영업대행사 활용 전략을 내놓았다. 시행 초기부터 기대 이상으로 실적이 급상승하면서 시의적절한 판단이었다는 평가와 함께 그는 어느 때보다도

화제의 주인공이 되었다. 하지만 마냥 기뻐할 수만은 없었다. 대행사가 본사의 지침과는 무관하게 오직 실적 확보에만 치중하면서 관리 부실 등 여러 문제가 불거지고 있었기 때문이다. '무슨 문제가 생긴 걸까?' 탁 부장은 이런저런 시나리오를 그리며 사장실 문을 두드렸다.

"영업대행사가 상품을 팔면서 부정한 방법까지 동원하는 바람에 관할 관청으로부터 중징계를 받을 것 같네. 과태료는 물론이고 사업권 취소까지 이야기되고 있다는군."

우려했던 일이 현실로 불거진 것이었다. 잘못되면 회사의 존폐까지 염려해야 할 커다란 위기 앞에서 탁 부장의 머릿속이 하얘졌다.

그 후 몇 개월이 흘렀다. 탁 부장은 애써 일궈놓은 사업을 사내 경쟁자인 간사한 부장에게 넘기고 자신은 간 부장이 엉성하게 관리했던 사업을 맡아 동분서주하고 있었다. 비록 문책성 업무 변경이었지만 탁 부장은 혼신을 다해 업무에 매진했고 이내 괄목할 성과들을 창출해냈다. 그리고 얼마 후, 사장이 다시 탁 부장을 호출했다.

"그룹에서 인사 문제 협의가 있었네. 아무래도 이전 사업부에서 불거진 문제에 대해 자네가 책임을 져야 할 것 같네."

비록 과거 그가 주도했던 사업이긴 하지만 이미 담당 사업 조직을 간 부장과 맞바꾼 상태였고, 엄밀히 따지면 영업대행사 부실 관리는 탁 부장에게 직접적인 책임이 있는 문제가 아니었다. 그런데 그 모든 책임을 자신에게 떠넘기다니, 탁 부상으로서는 받아들이기 힘든 결정이었다. 아마도 간 부장이 지난 몇 개월간 문제를 해결한 답시고 탁 부장이 키운 사업을 아예 포기하는 것으로 관련 부처와 협의한 모양이었다. 회사 내의 경영 평가 시즌에 사장의 안위를 지키고자 탁 부장을 희생양으로 삼은 것이다. 간 부장으로서는 문제도 해결하고 경쟁자도 제거하는 일타이피의 전략이었다.

결국 탁 부장은 구차하게 자리를 지키느니 명예롭게 퇴진하는 편이 사나이답다는 판단 하에 과감히 사표를 던졌다. 인사위원회에 조정을 요청해 일의 시시비비를 가리고 명예를 회복할 여지가 있었음에도 말이다. 그는 자신으로 인해 회사를 시끄럽게 만들고 직원들의 사기를 떨어뜨리고 싶지 않았다. 탁 부장은 몸 바쳐 일했던 조직의 안정을 위해 또 한 번 희생을 감수한 것이다. 그렇게 그는 자신의 희생이 가치 있게 인정되길 바라며, 또 간 부장과 협력을 이루지도, 싸워서 이기지도 못한 자신의 처세를 후회하며 퇴진했다.

이대도강은 '대탐소실'의 전략이다

살신성인의 정신으로 회사를 위해 자신을 희생한 탁 부장. 만일 그가 이대도강의 계책을 잘 활용할 수 있었다면 결과는 달라졌을 것이다.

중국 춘추시대 말기 제나라의 전성자田成子가 정권을 장악했을 때의 일이다. 별다른 명분 없이 사리사욕을 채우기 위해 왕좌를 차지했기 때문에 다른 제후들은 그를 인정하려 들지 않았고 백성들도 그를 신망하지 않았다. 게다가 조나라는 그가 왕권을 찬탈했다는 구실로 군사를 일으켜서 제나라를 침공했다. 이에 조정의 대신들이 머리를 모았지만 뾰족한 대책을 내놓지 못하고 혼란만 커지는 상황이었다.

전성자가 궁지에 처한 그때, 그의 형 원자元子가 동생을 위해 나섰다. 자신이 직접 신하들과 전장에 나가 모두 전사할 때까지 장렬히 싸우겠다고 제안한 것이다. 원자는 그것만이 나라를 구하고 왕위를 보전하는 길이라고 강조했다. 아무리 왕을 미워하는 사람들일지라도 왕의 혈육이 나라를 위해 목숨을 바친다면 마음이 돌아서리라는 주장이었다. 단순히 동생의 왕위를 지켜주기 위한 전략은 아니었다. 왕권이 강화되고 이를 중심으로 민심이 단결하지 않으면 전쟁에서 이기는 것은 불가능한 일이었다. 설사 이번 전쟁은 어떻게 넘긴다 하더라도 왕권이 불안정하면 또다시 비슷한 침략이 벌어질 가능성이 높았다. 원자는 자신의 목숨을 버림으로써 많은 사람의 목숨을 살리고자 했던 것이다. 전성자는 차마 형을 사지로 몰아넣을 수가 없어서 만류했다. 하지만 전성자 역시 현재의 난국을 타개하기 위해 그보다 적절한 묘책을 찾을 수 없었다. 결국 그는 형의 의견에 따를 수밖에 없었고 이내 출병을 허락했다.

얼마 후 원자와 그의 군사들은 조나라와 대적해 싸우다 모두 전사하고 말았다. 이 사실이 알려지면서 대신과 백성 사이에는 왕을 중심으로 힘을 합쳐서 적과 맞서야 한다는 여론이 형성됐다. 형을 잃은 왕에 대한 동정심 역시 왕권 강화에 힘을 실었다. 이처럼 민심이 왕권을 옹호하며 거세게 일어서자 위기감을 느낀 조나라는 곧 군사를 철수시켰다.

동생을 위해 자신을 희생한 원자의 전략이 바로 이대도강이다. 이대도강은 오얏 리李, 대신할 대代, 복숭아 도桃, 넘어질 강僵자로 이루어진 사자성어다. 말 그대로 오얏나무가 복숭아를 대신해 말라 죽는다는 뜻이다. 풀이하면, 작은 것을 희생해서 큰 것, 즉 전체의 이로움을 구해야 한다는 의미다. 물론 한 사람의 목숨을 결코 '작은 것'이라고 할 수는 없다. 하지만 원자의 입장에서 나라의 안전과 평화 그리고 백성들의 목숨에 비하면 자신의 목숨은 '작은 것'이었다. 이대도강 계책과 관련해서《손자병법》은 다음과 같이 말한다.

"지혜로운 사람은 이익과 손실의 양면을 생각한다. 그렇게 하면 일을 순조롭게 처리할 수 있다. 비록 손실을 입었다 할지라도 현명한 사람은 손실로 인한 뒤의 이익을 생각한다. 그렇게 하면 걱정할 것이 없다."

즉 이대도강의 핵심은 '희생'이 아니라 '이익'이다. 큰 것을 얻겠다는 정확한 목표가 있기에 작은 것을 내줄 수 있다는 뜻이다. 이른바 대탐소실大貪小失의 전략이라고 할 수 있다. 원자는 나라를 구하고 왕위를 보전하겠다는 전략적 목표를 구체적으로 세우고 그 실행 방안으로 '의도적 순국'을 택했다. 전성자는 원자의 목표를 공유하고 있었기 때문에 민심을 움직이고 나라를 안정시킬 계획들을 신속하게 실행할 수 있었다. 만약 원자가 목표를 분명히 세우지 않고 전쟁에 참여했다면 그의 죽음은 전장의 무수한 죽음 중 하나에 불과했을 것이다.

앞서 탁 부장의 선택이 안타까운 이유도 여기에 있다. 탁 부장은 회사를 위해 자신을 희생했지만 자신의 퇴사로 인해 정확히 어떤 이익이 발생할지에 대해서는 전혀 고려하지 않았다. 본인으로서는 회사를 위한 일이었지만 회사에서는 그저 잘나가던 임원의 쓸쓸한 퇴진, 그 이상도 이하도 아니었다. 목표의 부재가 그의 결단과 희생을 퇴색시켜버린 셈이다.

페이스북은 왜 성과 평가를 실시간으로 진행할까

페이스북의 창업자 마크 저커버그Mark Zuckerberg는 IT업계 역사상 가장 빠른 속도로 실리콘밸리의 성공 신화를 써내려가고 있는 주인공이다. '자유로워져야 한다, 단순해야 한다, 아름다워야 한다'는 기치 아래 설립된 페이스북은 전 세계적으로 SNS(소셜네트워크서비스) 신드롬을 불러일으켰다. 과연 무엇이 페이스북을 이토록 큰 성공으로 견인한 것일까.

페이스북은 이대도강의 계책을 제대로 구현해낸 회사다. 이것이 가장 명확하게 드러나는 부분이 성과관리 제도다. 페이스북의 성과관리 제도는 SNS세대 직원들에게 최적화된 방식으로, 게시글에 댓글을 달듯이 수시로 진행된다. 모든 직원에게 각자의 계정이 있고 팀원들은 자신들의 업무 진행 상황을 그때그때 짧은 글로 올린다. 팀장들은 이를 거의 매일 확인하며 "오늘 프레젠테이션, 정말 좋았어. 앞으로도 계속 그렇게 해", "그렇게 하면 문제가 생기지 않을까? 좀 다른 방법을 고민해볼까?" 같은 피드백을 댓글로 단다. 서로 주고받은 내용은 모두 그 직원의 계정에 저장된다.

사실 이런 제도의 도입에는 1990년대 이후 유행했던 1년 단위 다면평가에 대한 실망도 작용했다. 다면평가는 한때 〈포천〉이 선정한 500대 기업의 90퍼센트가 채택했던 제도지만 효과는 미비했다. 대부분 연말에 평가가 진행되다 보니, 평가 직전에야 발등에 불이라도 떨어진 듯이 매출을 올리고자 하는 상황이 벌어진 것이다. 더욱이 평가를 앞둔 달에는 모든 직원이 지난 서류와 행적을 뒤적이며 연간 성과보고서를 작성하는 바람에 다른 업무가 마비될 정도였다.

거의 매일 평가를 진행하는 페이스북의 제도는 연말에 한 번 연간 성과를 평가하는 기존의 제도에 비해 번거롭다. 하지만 실시간으로 평가되는 만큼 직원들은 자신들의 성과를 지속적으로 관리하며, 보다 높은 성과를 창출하기 위해 집중하게 된다. 자신이 하고 있는 일이 어떤 평가를 받고 있는지, 지속적으로 확인할 수 있기 때문에 문제점을 개선하고 보완하는 것도 효과적이다. 또한 모든 성과평가가 공개된다는 투명성 덕분에 직원들이 평가 결과를 흔쾌히 수용할 수 있다.

성과 평가 제도의 목표는 당연히 더 좋은 성과다. 성과를 향상시키는 것이 목적이지 평가 자체가 목적이 아니다. 그런 면에서 페이스북은 목표 설정과 업무 성과 향상이라는 본연의 목표를 달성하기 위해 불필요하게 시간이 오래 걸리고 복잡한 방식을 과감히 버렸다. 매일 평가해야 한다는 번거로움은 보다 큰 목표를 위해 얼마든지 감수할 수 있는 희생이었다. SNS를 활용한 목표 설정과 피드백은 결국 성과 향상으로 이어졌고 페이스북은 SNS업계의 선두 주자로 거침없는 행보를 이어가고 있다.

가치 있는 선택을 위한 도구, 역장분석

이대도강을 제대로 구현하기 위해서는 결국 무엇이 중요하고 가치 있는지를 판단할 수 있어야 한다. 또한 중요하고 가치 있는 것, 즉 목표를 이루기 위해 무엇을 버리고 무엇을 취할 것인지를 정확히 가늠할 수 있어야 한다. 이미 국내에서도 많이 사용하고 있는 역장분석Force Field Analysis 기법은 여러 이슈가 얽힌 경우 판단을 내리는 데 도움이 되는 도구다.

역장분석은 사회심리학자 쿠르트 레빈Kurt Lewin이 최초로 개발해서 일반 기업에까지 전파된 기법이다. 목표 달성에 긍정적인 힘(도와주는 요소)과 부정적인 힘(방해하는 요소)을 나누어 정리하는 것이 포인트다. 기회 요소와 방해 요소를 한눈에 파악할 수 있으며, 또 그

것들의 상대적인 크기나 중요도도 쉽게 가늠할 수 있기 때문에 무엇을 버리고 무엇을 취할지를 결정하는 데 유용한 도구다. 앞서 원자가 문제를 해결한 방식을 역장분석으로 살펴보면 이렇다.

이슈(목표) : 왕위 찬탈에 대한 거부감 불식과 민심 회복	
도와주는 힘(요소) (+)	방해하는 힘(요소) (−)
1. 조나라의 침공으로 위기 의식 발생 2. 나라의 위기를 우려하는 신하와 백성	1. 현재의 왕을 부정하는 사람들 2. 모반을 획책하는 세력 3. 왕권 약화

한 가지 눈에 띄는 사실은 조나라의 침공이 도와주는 힘으로 분류됐다는 것이다. 이는 왕권이 강화되어 왕을 중심으로 민심이 모여야만 나라를 안정시킬 수 있기 때문이다. 즉 당장은 조나라의 침공이 나라의 안정에 방해가 되는 요소이지만 이를 잘 이용하면 오히려 왕권을 강화시켜서 훗날의 침공을 미연에 방지할 수 있기 때문에 기회 요소로 분류한 것이다.

이렇게 목표를 적은 다음 그 목표에 도움이 되는 요소와 방해가 되는 요소를 명확하게 정리하고 나면 어떤 판단을 내릴지도 분명해진다. 한 가지 유의할 점은 도와주는 힘과 방해되는 힘을 정리할 때는 각각의 중요도와 비중을 고려해서 순위를 매겨야 한다는 것이다. 단순히 일렬로 나열하면 우선순위를 파악하기가 어렵기 때문이다.

이대도강 계책의 핵심에 역장분석의 사고법을 대입해 최상의 목표를 실현하는 도구로 삼아보자. 숙고할 문제를 스케치하듯이 정리하는 습관을 들이면 매우 효과적으로 대안을 만들어낼 수 있을 것이다.

선택의 시작은
목표 설정이다

인생이 탄탄대로일 수 없다. 위기 없이 성공하는 경우도 없다. 살면서 맞닥뜨리는 수많은 난관을 슬기롭게 극복하기 위해서는 어떤 선택을 내리는지가 중요하다.

앞의 고사에서 원자는 전성자의 안위와 국가 안정이라는 목표를 명확히 설정했고, 이를 위협하는 위험 요소를 자신이 안고 쓰러지는 방법으로 목표를 달성했다. 이처럼 상황별로 목표를 정확히 설정해야 그 목표를 달성할 방법을 찾아낼 수 있다. 마찬가지로 페이스북은 성과를 효율적으로 높인다는 성과관리의 본질적인 목표를 인지하고 이를 위해 기존의 업무 평가 시스템을 과감하게 혁파했다.

비즈니스에서 목표 설정 항목은 다양하다. 매출액이나 순이익 같은 업적 목표와 이러한 업적 목표를 달성하기 위한 활동 목표가 있다. 하지만 어떤 목표든 진정한 의미를 이해하고 조직의 목표와 팀의 목표 그리고 개인의 목표를 동기화해야 한다는 점은 동일하다. 적절하고 올바른 목표 설정은 성과 향상을 위한 선결 과제이기 때문이다.

목표는 단순한 구호가 아니다. 기업이 생존하기 위해 반드시 필요한 도구이며, 기업을 성공으로 이끄는 전략이다.

Re;Action

인사이트1_
이대도강, 선택의 순간 가치를 생각하라!

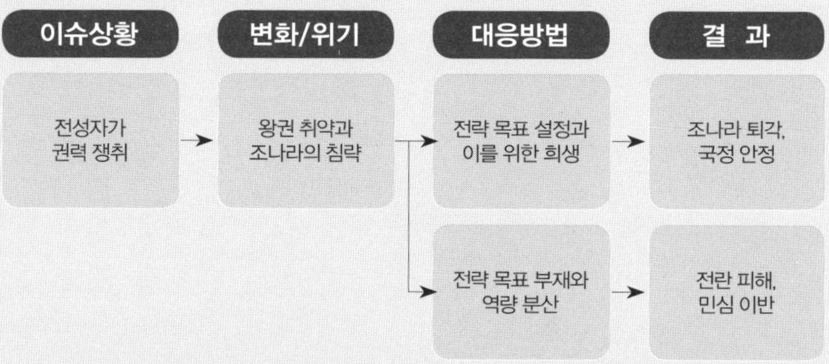

물 음	생각 정리하기
1. 전성자가 원자의 계획을 거부할 수 없었던 이유는 무엇인가?	
2. 조나라는 왜 퇴각을 했는가? 제나라를 침략한 조나라의 입장에서 역장분석을 해보자.	
3. 명확한 목표 설정으로 인한 대탐소실의 사례들을 이야기해보자.	

Re;Action

인사이트2_
위기에 빠진 탁 부장, 그는 왜 잘못된 선택을 했을까?

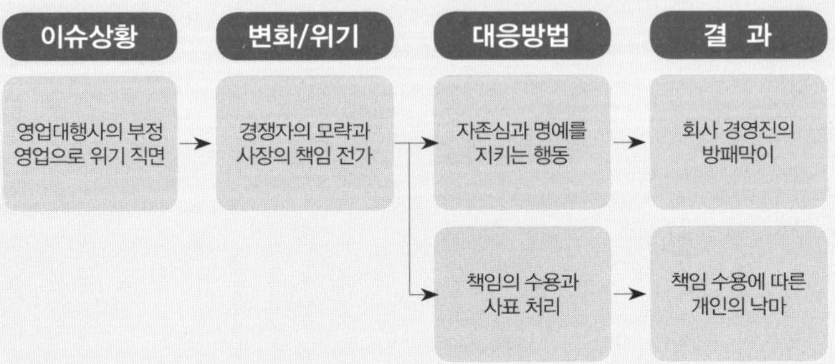

물 음	생각 정리하기
1. 탁 부장의 희생이 아쉬운 이유는 무엇인가?	
2. 수습에 급급한 회사의 결단이 정당한 것인지에 대해 이야기해보자.	
3. 탁 부장의 사례를 역장분석을 통해 이야기해보자.	

페이스북이 SNS업계의 선두 주자가 된 이유는?

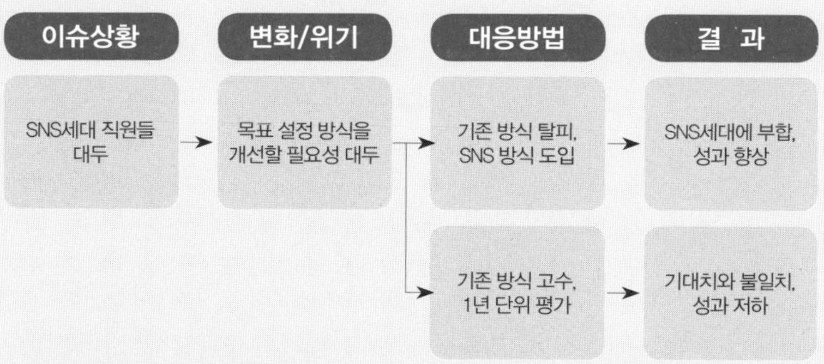

물 음	생각 정리하기
1. 페이스북의 성과 평가 제도는 왜 혁신적인가?	
2. 페이스북의 성공 사례를 4각 기법과 역장분석을 통해 다양하게 적용해보자.	
3. 페이스북의 성과 평가 제도를 적용할 수 있는 타 분야는 무엇이 있을지 논의해보자.	

'담'을 넘어야 '답'이 보인다

무 중 생 유

골프를 치는 사람들이 흔히 하는 말로 힘을 빼는 데 3년이 걸린 다고 한다. 골프를 잘 치려는 욕심으로 몸에 힘이 들어가면 오히려 공을 잘못된 방향으로 보내기 쉽다. 욕심을 버리고 마음을 비우고 힘을 빼야만 공을 원하는 거리만큼 원하는 방향으로 보내는 경지에 이를 수 있다는 것이다.

일이 딱 그런 것 같다. 성공시키겠다는 욕심, 잘해내겠다는 의지 에 사로잡히면 정작 해법을 찾기 어려운 경우가 있다. 지금 맡고 있 는 업무에만 집중하다가 그 틀에 갇히는 것이다. 어떤 문제에 봉착 했을 때는 그 문제 밖에서 사고할 줄 아는 유연함이 필요하다. 때론 '담'을 넘어야 '답'이 보이는 법이다. 담 안에서만 문제를 해결할 방법을 찾는 것은 '우물 안 개구리'로 일하는 것과 다르지 않다.

방법을 찾지 못해 한계에 봉착한 순간, 해결의 실마리가 보이지 않는 문제에 직면한 순간, 우리가 취할 수 있는 전략은 아예 그 문제에서 벗어나 새로운 관점에서 생각하는 것이다.

건축의 '건' 자도 모르는 현장 감독관

1990년대 중반의 일이다. 건축을 전혀 모르던 나 대리는 연건평 1만 평이 넘는 교육 시설을 짓는 책임 실무자로 일하게 되었다. 관련 지식도 경험도 전무한 그가 현장의 감독관이라니, 당연히 많은 문제와 잡음이 끊이지 않았다. 우선 의사결정부터 쉽지 않았다. 나 대리는 현장에서 사용하는 용어들이 낯설다 보니, 보고를 받아도 무슨 뜻인지 이해하기가 힘들었다. 현장 실무자들은 보고조차 알아듣지 못하는 나 대리를 업신여기며, 그를 잘 따르지 않았다.

이런 악조건 속에서도 나 대리는 대한민국에서 가장 멋진 기업 연수원을 만들어보겠다는 포부로, 낮에는 현장을 뛰어다니고 밤에는 책을 파고들었다. 하지만 건축시공 경험이 많은 현장 소장을 비롯해 대다수의 사람들은 공사 기간을 단축하고 공사비를 절감해서 이익을 최대화하는 방안에만 신경을 쓰고 있었다. 어떻게 하면 사람들을 독려해 원하는 방향으로 이끌 것인가. 나 대리의 고민은 깊어만 갔다. 그러던 어느 날, 한 통의 전화가 걸려왔다. 3년 전 일본에 출장을 가서 인연을 맺은 민 과장의 전화였다.

"나 대리, 지금 기업연수원을 짓고 있다며? 일본에 참고할 만한 시설이 많아. 필요하다면 괜찮은 연수원들을 탐방할 수 있도록 도 와줄 테니까, 연락만 해."

나 대리는 국면을 전환시킬 좋은 기회라는 생각에 바로 일본 출 장 품의서를 작성해 회사에 제출했다. 아직 기본 골조도 시작하기 전이니, 벤치마킹할 사례를 살펴보고 오겠다는 내용이었다. 다행히 회사에서도 좋은 생각이라며 결제가 떨어졌다. 나 대리는 건축, 토 목, 전기, 설비 등 각 분야 책임자들을 이끌고 일본 출장을 떠났다. 선진 연수 시설을 탐방할 기회라니, 이전까지 나 대리의 말이라면 부정적인 반응으로 일관하던 그들도 반색을 표했다.

출장을 다녀온 후에 상황은 180도 바뀌었다. 아무리 타성에 젖 어 있던 사람들일지라도 우리보다 한발 앞선 시설을 보고 나니, 생 각에 변화가 찾아온 것이다. 다들 더 나은 시설을 만들어보자는 의 지를 불태우며, 다양한 아이디어를 적극적으로 개진했다. 출장에 함 께하지 못한 사람들도 일본에서 촬영해온 각종 사진과 영상에 감탄 하며 우리도 한번 해보자는 결의를 다졌다. 이제 더 이상 경험과 지 식의 부족은 나 대리에게 리스크가 아니었다. 일본 출장에서 만들 어온 각종 자료는 향후 1년 반의 공사 기간 동안 나 대리에게 훌륭 한 지침서가 되어주었던 것이다.

건축의 '건' 자도 모르는 상태로 현장 감독관이라는 큰 책임을 맡았던 나 대리. 나름 현장을 발로 뛰고 집에서 홀로 책을 보며 공부를 했지만 단기간에 전문성을 확보하고 사람들의 신뢰를 얻기란 불가능했다. 이에 그는 일본 출장이라는 새로운 접근법으로 돌파구를 마련한 것이다. 자신에게 '없는 것'을 채우려고 노력하는 대신 다른 사람들에게 '없는 것'을 자신이 확보함으로써 우위를 점한 셈이다. 아무것도 없는 극한 상황에서도 자신만의 활로를 찾은 나 대리의 전략은 '무중생유'라고 칭할 수 있다.

무중생유는 '사기(詐欺)'가 아닌 '사기(士氣)'의 전략이다

무중생유는 적벽대전 초기에 제갈량諸葛亮이 빈손으로 적진에 나가 화살 10만 개를 구해온 데서 유래한 고사성어로, 도저히 돌파가 불가능해 보이는 상황도 뚫고 나가고자 하는 의지만 있다면 충분히 극복 가능하다는 메시지를 담고 있다.

오吳나라 명장 주유周瑜는 자기보다 능력이 뛰어난 제갈량을 시기한 나머지 호시탐탐 그를 죽일 기회만 엿보았다. 하루는 그가 전투에 쓸 무기가 절대적으로 부족하다며, 제갈량에게 화살 10만 개를 열흘 안에 만들어달라고 요구했다. 일정상으로나 인력상으로나 불가능한 요구였다. 그런데 제갈량은 오히려 단 사흘 만에 화살 10만 개를 구해오겠다고 장담했다.

　주유는 속으로 쾌재를 부르며, 만약 약속을 지키지 못하면 어떤 벌이라도 달게 받겠다는 각서까지 받아냈다. 사람들은 천하의 제갈량이 자기 무덤을 스스로 팠다며 수군거렸다. 그러나 사흘째 되던 날, 제갈량은 10만 개도 훨씬 넘는 화살을 주유에게 바쳤다. 어떻게 이런 일이 가능했을까.

　제갈량은 주유의 심복인 노숙魯肅에게 그의 약점을 덮어준다는 조건으로 협력을 요청했다. 배(쾌선) 20척에 짚더미만 싣고 강가의 위魏나라 적진에 가달라는 부탁이었다. 어두운 밤을 틈타 짚으로 엮은 허수아비들을 병사인 양 속여 적진의 화살 세례를 받을 계책이었다. 이윽고 작전 개시일, 하늘이 도왔는지 이날은 바로 옆에 있는 사람의 얼굴도 구분하기 힘들 만큼 짙은 안개가 자욱했다. 제갈량은 모든 배를 밧줄로 묶어 옆으로 길게 연결했다. 화살 하나도 빠져나갈 틈을 주지 않기 위해서였다. 희미한 안개 사이로 움직이는 배들은 마치 거대한 함대가 이동하는 듯한 착각을 불러일으켰다.

　제갈량은 배가 위나라 진영에 가까이 접근하자 허수아비 뒤에 숨어 있는 몇몇 병사들에게 일제히 북을 울리고 함성을 지르게 했다. 난데없는 북소리와 함성에 놀란 위나라 군사들은 일제히 화살을 쏘아대기 시작했다. 이윽고 해가 뜨기 시작하자 제갈량이 퇴각 명령을 내렸다. 뒤늦게 이 사실을 안 조조가 분해서 길길이 날뛰며 급히 추격대를 보냈지만 이미 오나라의 쾌속선들은 멀리 떠난 뒤였다. 이때 위나라 군사들이 적군으로 착각한 허수아비들에 꽂힌 화살 수가 족히 15~16만 개는 넘었다.

간혹 제갈량이 '가짜 병사'로 적의 허를 찔러서 화살을 얻어냈다는 점에 집중해 무중생유를 없어도 있는 것처럼 꾸며 적을 속이는 전략으로 해석하는 경우가 있다. 잘못된 해석은 아니지만 무중생유의 본질에서 다소 벗어난 감이 있다.

무중생유의 핵심은 남을 속이는 '사기詐欺'가 아니라 문제를 해결하고자 하는 '사기士氣'다. 제갈량은 불가능한 임무를 수행하기 위해 답을 고심한 끝에 적진을 속여 문제를 해결하는 전략을 고안해낸 것이지, 적진을 골탕 먹이는 것이 목표는 아니었다. 난제도 뚫고 나갈 수 있다는 강한 자신감과 어떻게든 해결해내겠다는 굳은 의지에 미리 분석해둔 전장의 지형과 기후 등이 더해져 절묘한 계책을 마련한 것이다. 나 대리도 국내 최고의 기업연수원을 만들겠다는 기세가 등등했기에 일본 출장이라는 승부수를 던질 수 있었던 것이다.

아무도 신발을 신지 않는 섬에 신발공장을 세운 이유

사실 무중생유는 노자老子의 《도덕경道德經》에 처음 나온 말이라고 한다. 노자는 그릇과 집 등을 예로 들면서 '비어 있음으로 해서 비로소 쓸모가 있는 것'의 중요성을 강조했다. 그릇은 비어 있어야 음식물을 담을 수 있고, 집은 비어 있어야 사람이 살 수 있다. 이를 토대로 노자는 세상 모든 이치가 유무상생有無相生, 즉 있는 것과 없는 것이 서로 조화를 이루며 살아가는 것이니, 무가 완전히 아무것도 없음을 뜻하는 것은 아니라고 설파했다.

무가 곧 유일 수 있다는 유연한 사고, 무가 무가 아닐 수 있다는 한계를 모르는 의지, 이것이 곧 무중생유 계책의 핵심이다. 동서고금을 막론하고 세상을 놀라게 만든 기발한 아이디어의 이면에는 거의 예외 없이 무에서 유를 창조한 도전정신과 무에서 유를 발견해낸 남다른 시선이 깔려 있다. 이를 뒷받침하는 일화를 하나 살펴보자.

영국과 미국의 신발제조업체에서 새로운 판로를 개척하기 위해 태평양에 있는 섬에 각각 영업사원을 파견했다. 그들의 임무는 이 섬에 공장을 세울 경우 사업의 타당성이 있는지 판단하는 것이었다. 얼마 후 두 회사의 사원들은 각자 본사에 전보를 쳤다.

"사업성 제로. 이 섬에 와보니, 신발을 신고 다니는 사람이 1명도 없습니다. 내일 첫 비행기를 타고 돌아가겠습니다."

영국 영업사원의 전보 내용이었다. 그런데 이상한 일은 미국 영업사원은 완전히 반대되는 보고를 올렸다는 사실이다.

"사업성 100퍼센트. 이 섬에는 신을 신고 다니는 사람이 1명도 없습니다. 판매 잠재력이 무궁무진합니다. 좀더 남아서 조사할 것이 있으니 출장 기한을 늘려주십시오."

같은 곳을 방문해 같은 상황을 마주한 두 사람의 의견이 어떻게 이렇게 정반대로 갈릴 수 있었을까. 바로 생각의 차이 때문이었다. 아직 한 건의 소비도 이루어지지 않은 미지의 섬에서 한 사람은 1퍼센트의 가능성도 없는 절망을 보았고, 다른 한 사람은 아직 그 어떤 경쟁자도 나타나지 않은 엄청난 블루오션을 발견했다. 영국 직원은 사람들이 신발을 신지 않으니, 공장을 세워봤자 자원의 낭비일 뿐이라고 판단했다. 즉 '없는 것'을 '없는 것' 그대로 바라본 셈이다. 반면 미국 직원은 사람들이 신발을 신지 않으나 왜 신발을 신지 않는지 원인을 파악하고 이에 적절히 대응한다면 시장 개척의 여지가 충분하다고 생각했다. 섬 사람들이 신발을 신지 않는 이유는 신발의 편리함을 모르거나 경제적으로 신발을 사 신을 형편이 되지 않아서일 수도 있다. 만약 그 원인을 알 수만 있다면 그야말로 무궁무진한 가능성의 시장이었다. 즉 그는 '없는 것'에서 '있는 것'을 찾은 셈이다.

미국 직원은 장기간 섬에 머물면서 신발을 신지 않는 원인을 분석했고 그에 맞는 대책을 내놓았다. 오랫동안 맨발로 생활하는 것에 익숙해진 사람들에게 신발의 편리함과 중요성을 적극적으로 홍보하는 한편, 그들의 생활수준에 맞는 가격대의 신발을 생산했다. 그렇게 얼마간의 시간이 흐르자 신발을 신고 다니는 사람들이 하나둘 늘어나기 시작했다. 이후 미국 회사는 아무도 신발을 신지 않던 이 섬에 공장을 세웠고 맨 처음 출장을 다녀온 영업사원은 마케팅 업계의 신화가 되었다.

이 사례에서 보듯이 엄밀히 따지면 무중생유는 없는 것에서 있는 것을 만들어내는 기적이 아니다. 없는 것에서 있는 것의 가능성을 찾아내는 집요함과 없는 것에서 있는 것을 볼 줄 아는 남다른 안목이 무중생유의 본질이다.

새로운 창조를 만드는
만다라트법

없는 것에서 있는 것을 찾아내려는 의지는 본인에게 달린 것이지 배울 수 있는 부분은 아니다. 하지만 없는 것에서 있는 것을 찾아내는 안목과 사고는 학습을 통해 얼마든지 길러질 수 있다. 일본 디자이너 이마이즈미 히로아키가 개발한 발상법 '만다라트Mandalart법'은 무중생유의 계책에 가장 적합한 툴이 아닐까 싶다.

만다라트에서 '만다Manda'는 본질, 깨달음을 뜻하며 '라La'는 목적을 달성한다는 의미다. 여기에 '아트Art'가 붙어서 단순한 기술이 아닌 예술의 경지에 이른 방법이라는 뜻을 더했다. 그만큼 창조적 사고의 도구로 정평이 나 있으며, 이미 국내에서도 많은 기업이 사용하는 기법이다.

만다라트법으로 창조적 발상을 하는 프로세스는 간단하다. 9개의 칸으로 구성된 격자 모양의 시트를 그린 다음 한가운데 중심이 되는 이슈나 단어를 적는다. 그리고 이를 둘러싼 8개의 사각형에 연상된 단어를 채워 넣는 것이다. 가령 앞서 소개한 제갈량의 사례처럼 아무 자원도 없는 상황에서 화살 10만 개를 만들어야 하는 미션을 대입해보자. 가운데 칸에는 '열흘 안에 화살 10만 개 만들기'라는 테마를 적을 것이다. 그와 관련된 다양한 아이디어, 즉 기후, 지형, 협력자, 적의 상태, 병사의 수, 주변의 가용 자원 등등의 단어는 나머지 8개 칸에 적을 것이다. 이렇게 하나의 시트가 완성되면 8개

의 단어를 또다시 중심어로 집어넣은 시트를 연쇄적으로 만들어간
다. 결국 하나의 이슈에 72개의 아이디어가 완성되는 것이다. 바로
아래의 그림처럼 말이다.

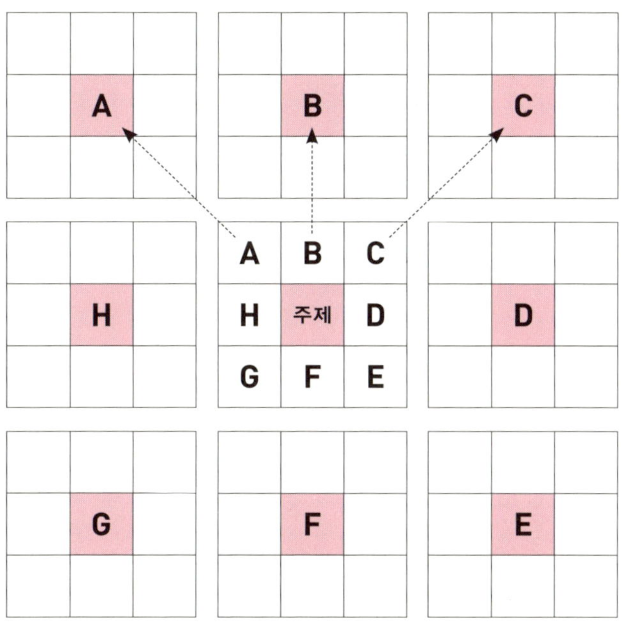

이처럼 만다라트는 하나의 이슈에서 연상되는 이슈들이 계속
가지를 뻗어나가면서 이전에는 생각지 못했던 발상을 가능하게 하
는 방법이다. 만다라트의 진행 절차를 다시 한 번 정리해보면 다음
과 같다.

1단계 9개 칸으로 이루어진 만다라트 표를 그린다.

이와 같은 방식을 적용할 때 핵심은 각각의 요소가 연관성이 있어야 한다는 사실이다. 단순히 빈칸을 채워 넣는 데만 만족한다면 원하는 결과를 얻을 수 없다는 점에 유의하자.

무중생유는 '현상'이 아닌 '이면'을 보는 전략이다

난관에 부딪히면 대부분 회피를 택한다. 현상을 곧이곧대로 받아들이고 방법이 없다고 포기하는 것이다. 하지만 한계를 돌파하는 사람은 이면을 본다. 지금으로서는 답이 없는 부정적인 상황 안에 숨겨진 가능성, 즉 이 상황이 해결된 이후의 미래를 그리는 것이다.

중요한 것은 이것이 자질이 아니라 기술의 문제라는 것이다. 한계를 돌파하는 사고법을 숙지한 사람은 한계를 한계로 인식하지 않는다. 학學이 선행돼야 습習이 지속적으로 이어져서 난관에 처했을 때도 습관처럼 해결책을 찾아낼 수 있다는 의미다.

제갈량은 평소 적진의 상황과 주변의 자원을 습관처럼 분석하고 고민했기 때문에 불가능한 임무가 떨어졌을 때도 수월하게 해결할 수 있었다. 나 대리는 선진 시설을 만들겠다는 의지로 수많은 자료를 조사해왔기 때문에 일본 출장이 국면 전환의 기회라는 사실을 직감적으로 인지할 수 있었다.

한계를 돌파하는 무중생유의 전략은 타고나는 재능이 아니라 부단한 연습과 노력으로 만들어지는 기술이라는 사실을 명심하기 바란다.

Re;Action

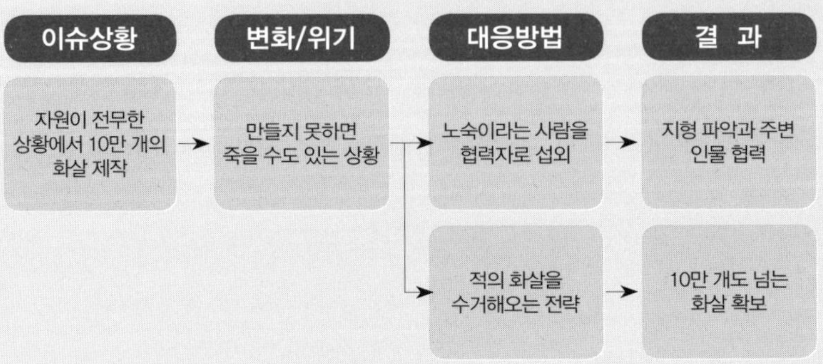

물 음	생각 정리하기
1. 제갈량이 기존에 '없는 것의 가능성'을 볼 수 있었던 원동력은 무엇일까?	
2. 무중생유를 발견한 제갈량. 그의 성공을 격안관화의 관점에서 이야기해보자.	
3. 제갈량의 위기 상황은 만다라트법으로 어떻게 표현될 수 있을까?	

인사이트2_

건축의 '건' 자도 모르는 나 대리가 훌륭한 현장 감독관이 된 비결은?

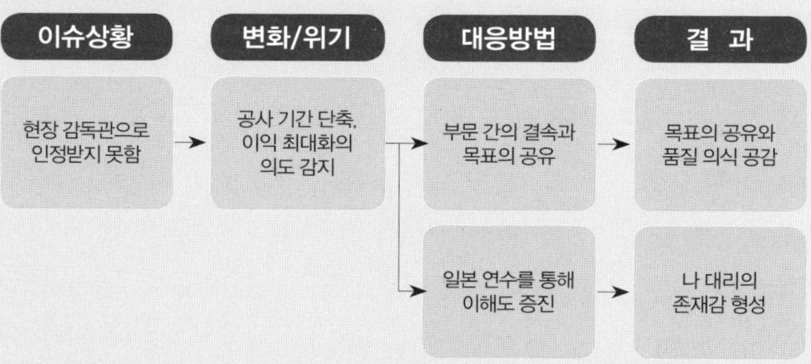

물 음	생각 정리하기
1. 현장 실무자들이 나 대리에게 비협조에서 협조로 전환하게 된 이유는 무엇인가?	
2. 일본 출장이 가져온 긍정성을 나 대리와 현장 실무자의 입장에서 이야기해보자.	
3. 나 대리가 한계를 돌파할 수 있었던 힘은 무엇인가?	

Re;Action

인사이트3_

통념을 깬 신발회사 영업사원의 성공 비결은?

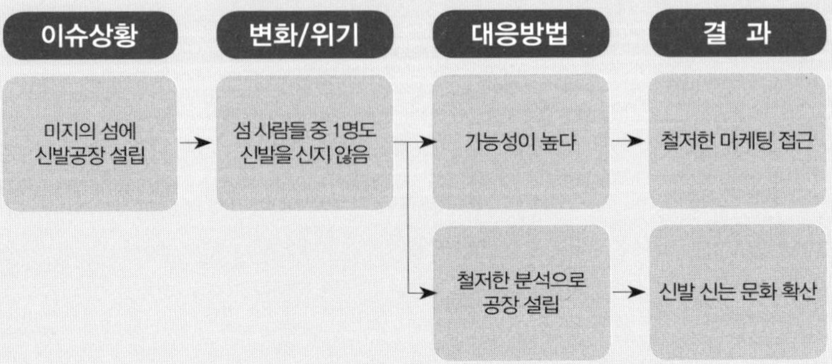

물 음	생각 정리하기
1. 영국 직원의 '현상'을 보는 눈과 미국 직원의 '이면'을 꿰뚫는 눈을 비교해보자.	
2. 한계를 돌파하는 무중생유의 다양한 사례들을 기업 현장에서 찾아보자.	
3. 신발을 신지 않는 섬 주민에게 신발을 신게 만든 미국 직원의 발상을 만다라트법으로 표현해보자.	

긴 겨울을 위한 당신만의 외투를 가지고 있는가?

暗渡陳倉
암도진창

●

회사 생활을 하다 보면 자기계발에 열을 올리는 사람들이 있다. 새벽에 영어 학원을 다닌다든가, 저녁에 스터디를 하면서 자신의 능력을 강화하는 사람들이다. 회사 업무에 도움이 되는 역량을 기르는 일이긴 하지만 간혹 안 좋은 시선을 받기도 한다. 다른 직원들은 지금 당장의 회사일로 야근도 불사하면서 바쁘게 일하는데, 자신에게만 투자하는 이기적인 사람이라는 인상을 줄 수 있기 때문이다.

회사는 회사를 위해서만 전력투구하기를 바란다. 하지만 문제는 회사가 언제까지 나를 책임져줄 수 없다는 사실이다. 결국 자신의 삶을 지켜낼 사람은 자기 자신뿐이다. 업무를 등한시하면서 자신의 능력 계발에만 집중한다면 당연히 문제겠지만 자신의 임무에 최선을 다하면서 또 다른 역량을 강화하는 것은 생존을 위한 준비이자 전략이다.

대개 전략이라는 단어를 거창하고 큰 의미로 사용하곤 한다. 전략의 본래 의미가 전쟁을 전반적으로 이끌어가는 방법이다 보니, 큰 그림을 그린다는 뜻에서 큰 판에 어울리는 단어라고 생각하기 마련이다. 하지만 필자는 전략을 아주 평범하게 대하려고 노력한다. 회사 경영뿐 아니라 개인의 삶에도 전략이 필요하다고 생각하기 때문이다. 전략을 마련하지 않으면 고비를 만났을 때 쉽게 주저앉게 된다. 일상이 무너져 내리면 제대로 일할 수가 없다. 즉 삶이 건강한 사람이 일에도 집중할 수 있기 때문에 일상의 전략은 곧 일의 전략으로 이어진다고 할 수 있다.

삶의 전략에서 중요한 것은 '준비'다. 교토삼굴狡兔三窟이라는 고사성어가 있다. 꾀 많은 토끼는 굴을 3개나 가지고 있어서 죽음을 면할 수 있다는 뜻이다. 여기서 '3개의 굴'은 복수의 대안을 의미한다. 언제 닥칠지 모르는 위험을 피하기 위해서는 여러 개의 대안을 준비해야 한다는 메시지를 전하는 고사성어다. 직장인에게도 회사 외의 또 다른 굴을 마련하는 준비가 필요하다. 개인의 안위만 챙기라는 의미가 아니다. 위험을 예측하고 준비해야만 어떤 위기에도 흔들리지 않는다. 그것이 회사에 닥친 위기든 개인에게 닥친 위기든 말이다.

일찍이 기형도 시인은 "누구나 겨울을 위하여 한 개쯤의 외투는 갖고 있"다고 했다. 우리에게도 예상치 못한 혹독한 위기가 찾아온다. 여러분은 긴 겨울이 찾아왔을 때 따뜻하게 자신을 지켜줄 외투를 가지고 있는가?

승승장구하던 이 부장이
갑자기 사표를 던진 이유

이 부장은 회사의 일등공신이다. 과거 회사가 위기에 처했을 때 능력이 출중하기로 소문이 자자한 그에게 스카우트 제의가 여럿 들어왔다. 하지만 그는 회사에 대한 충성심과 일에 대한 책임감이 강했기 때문에 절대 흔들리지 않았다. 오히려 열정적으로 신사업을 추진하며 회사를 위기에서 구해내는 데 혁혁한 공을 세웠다.

그런 그에게 뜻하지 않은 위기가 찾아왔다. 직속 부하인 정 과장이 업무상 실수를 저지른 것이다. 정 과장은 약고 교활한 사람이었다. 이전까지 이 부장에게 잘 보이기 위해 무던히 애쓰면서도 자신을 인정해주지 않는 모습에 불만을 품고 있던 그는 이번 실수를 이 부장에게 전가하면서 자신은 교묘히 빠져나왔다. 사실 정 과장의 실수 자체는 그다지 치명적인 문제는 아니었다. 하지만 실수를 해결하려고 노력하기는커녕, 오히려 자신에게 책임을 떠넘기는 정 과장을 보면서 이 부장은 깊은 환멸을 느꼈다. 결국 그는 부하 직원을 제대로 관리하지 못한 것도 자신의 능력 부족이라고 자책하며 사표를 제출했다.

사실 이 부장은 부장으로 진급한 3년 전부터 여러 고민에 빠져 있었다. 위로 올라갈수록 스트레스가 많아졌고, 또 빠른 승진으로 인한 경험 부족으로 능력의 한계를 느끼고 있었다. 바쁜 와중에도 주말마다 경영컨설팅 자격증을 준비했던 것은 그런 이유에서였다. 회사와 일에 불만이 있는 것은 아니었지만 능력도 계발하고 미래도 대비하기 위해 경영컨설팅 자격증을 취득했던 것이다.

지금이 새로운 길을 모색할 때라고 판단한 이 부장은 그간의 공로에 대한 보상으로 6개월의 준비 기간을 마련할 수 있었다. 6개월 동안은 급여를 받으면서 다른 일을 찾아볼 기회를 얻은 것이다. 이 6개월이 이 부장에게는 무척 의미 있는 시간이었다. 그간 사업 부서에서 고객의 요구에 시달리고 부서원들을 관리하느라 힘을 뺐던 것에 비하면 새롭게 시도한 기업 컨설팅은 보람도 컸고 재미도 있었다. 그렇게 기업 한 곳을 컨설팅하는 동안 능력과 성실함을 인정받아 그 회사로부터 임원 제의까지 받았다.

이 부장이 처음부터 이직을 생각하고 경영컨설팅 자격증을 취득한 것은 결코 아니다. 그보다는 자신의 역량을 계발하면서 언제 닥칠지 모르는 위험에 대비하고자 하는 의도가 컸다. 위험은 갑자기 찾아온다. 평소에 얼마나 철저하게 준비했느냐에 따라 위험을 기회로 탈바꿈시킬 것인지, 아니면 재기 불능의 나락으로 빠질 것인지가 결정된다. 이 부장은 차근차근 미래를 준비하는 암도진창의 전략을 실천해왔기 때문에 퇴사라는 위험을 더 큰 조직으로의 입사라는 기회로 변모시킬 수 있었다.

암도진창은
위기를 기회로 바꾸는 전략이다

암도진창은 유방劉邦이 잔도棧道를 수리하는 척하면서 우회해 진창을 함락시킨 고사에서 유래했다. 주로 적의 눈을 피해 허를 찌르는 전략을 의미하지만 사실 이 계책의 핵심은 '준비'에 있다. 그 이유를 자세히 설명하기 전에 먼저 고사를 살펴보자.

진秦나라 말기에 스스로를 초패왕楚霸王이라 칭하며 승승장구하던 항우項羽는 한나라의 유방과 패권을 다투게 되었다. 유방은 항우보다 주군으로서의 출발도 늦었고 세력도 약했지만 적재적소에 유능한 인재를 등용하면서 날로 그 영향력을 키워나가고 있었다. 항우는 점점 세력이 커지는 유방을 견제하기 위해 그를 한왕漢王으로 봉하며 군사 요충지인 관중을 떠나 변방인 한중으로 갈 것을 명했다.

관중을 떠난 유방은 한중으로 가는 중간에 있던 잔도를 불태워버리라고 명했다. 잔도는 험한 벼랑과 절벽에 나무로 만든 길로서 이를 없애면 관중으로 돌아오기란 불가능했다. 이해할 수 없는 명령에 장수들이 물었다.

"어찌하여 잔도를 불태워버리라 하십니까?"

"내가 관중으로 되돌아가는 길을 스스로 없애면 항우는 내가 회군할 마음이 없다고 생각해서 경계를 늦출 것이다. 그래야 우리가 살길을 도모할 수 있느니라."

한중 땅에 자리 잡은 유방은 잔도를 수리하라고 명한 뒤에 항우와의 피할 수 없는 일전을 차근차근 준비하기 시작했다. 유방이 잔도를 수리한다는 소식이 관중을 지키던 초나라 장수 장한章邯에게 전해졌다.

"유방이 잔도를 수리하고 있다 하옵니다. 필시 수리가 끝나는 대로 군사를 끌고 공격해올 것입니다. 물론 잔도를 수리하려면 오랜 시일이 걸리니 당장 염려할 상황은 아닌 듯하옵니다."

보고를 받은 장한 역시 수리가 쉽지 않을 거라고 생각했으나 만약의 사태를 염려해 이렇게 명했다.

"그래도 수리가 끝나면 잔도를 건너올 테니, 병사들을 그쪽에 집결시키도록 하라."

하지만 이것은 유방의 계책에 넘어간 것이었다. 장한이 잔도에만 주의를 기울이는 동안 유방은 잔도를 수리하는 척하면서 꾸준히 군사력을 증강하고 인재를 등용했다. 그리고 모든 것이 준비됐다고 판단되자 장수 한신에게 대군을 이끌고 우회해서 진창을 함락하게 하는 과감한 전략을 실행했다. 유방은 승리를 거둔 여세를 몰아 마침내 관중까지 진격했고 항우와 겨룰 유리한 고지를 점령하게 되었다.

정면으로 공격할 것처럼 행동을 취해 적의 주의를 끌면서 동시에 방비가 허술해진 후방을 공격하는 것이 암도진창의 전략이다. 그만큼 만반의 준비를 갖추지 않으면 실패 확률이 높은 전략이다. 유방은 처음에는 항우보다 세력이 많이 기울었다. 하지만 끊임없이 다양한 전략을 연구하며 내실을 다졌다. 그리고 기회가 왔을 때 적의 허를 찌르는 전략과 과감한 실행으로 상황을 반전시키며 세를 키워나갔다. 이런 전략은 항우를 사면초가에 빠지게 했고, 결국 유방은 천하를 손에 넣을 수 있었다. 즉 유방이 오랜 기간 고민하고 준비했기 때문에 적의 허를 찌르는 회심의 전략을 펼칠 수 있었던 것이다.

감당할 수 없는 수준의 변화는 위험하다

미국의 항공우주 시스템과 부품 제조업체인 얼라이드시그널 AlliedSignal은 암도진창 계책이 비즈니스에서 어떤 위력을 갖는지를 증명하는 기업이다. GE에서 30년 넘게 근무한 래리 보시디 Larry Bossidy가 얼라이드시그널 CEO로 취임했을 당시 회사는 대대적인 변화가 불가피한 상황이었다. 그가 보기에 열심히 일하는 인재들은 많았지만 노력이 효율적이지 못했다. 목표를 달성하고자 하는 정확한 의도 없이 그저 무의미한 노력만 기울이는 사람들이 많았던 것이다.

보시디는 전사적 품질경영 TQM을 본떠서 전사적 리더십경영 TQL 프로그램을 만들었다. 기술적인 측면만 중시했던 경영에서 인간적인 측면(인성, 감성)을 중시하는 경영으로, 새로운 조직문화를 만들기 시작한 것이다. 여기에는 일방적이고 획일적인 지시보다는 직원들 스스로 질문하고 동료나 상사와 토론하면서 직접 대안을 제시하고 실행해보도록 하는 방법이 포함돼 있었다. 예를 들면 '우리가 만든 상품이 경쟁 상품에 비해 시장에서 유리(불리)한 위치에 있는가? 계획을 실행해 성장이나 생산성과 직결되는 구체적인 결과를 얻어낼 방안이 있는가? 계획을 실행하기 위해 적절한 위치에 인력을 배치했는가? 운영 계획에 구체적인 내용이 포함돼 있는가?' 같은 질문을 예시로 주고, 이런 질문들을 직원들이 끊임없이 상기하면서 일하도록 독려한 것이다. 보시디는 이 프로그램을 통해 직원들이 팀워크를 기르고 문제 해결 방법론을 배우는 것은 물론, 현장에서 생긴 문제를 교육과 토론의 장으로 가져오도록 유도했다.

TQL은 실천 과정이 간단하고 성공 가능성이 높은 프로그램이었다. 그리고 이것이 보시디가 CEO 취임 직후 TQL부터 시작한 이유였다. 직원들에게 '작은 실행 → 작은 성공 → 향상된 실행 → 향상된 성공'의 반복을 겪게 함으로써 나중에는 큰 실행과 큰 성공까지 이어지게 한 전략이었던 것이다. 그는 회사에 근본적인 변화가 필요하다는 사실을 알았지만 조직이 감당할 수 없는 변화는 위험하다는 사실도 간파하고 있었다. 괜히 무리하게 변화를 꾀했다가 실패하면 돈과 시간만 허비하고 조직 전체의 사기를 떨어뜨릴 수도 있었다. 그래서 그는 '감당할 만한' 방법과 목표로 첫발을 내딛고 차츰 발전해나가는 전략을 취한 것이다.

보시디는 실행력 강화에도 힘을 쏟았다. 실행력 강화는 인재, 전략, 운용 계획의 3박자가 잘 맞아야 가능하다. 그래서 그는 적절한 위치에 적합한 인재가 배치되도록 신경 쓰면서 전략을 세울 때는 구체적인 계획과 함께 운용 프로세스를 확립해서 활용했다. 이러한 그의 철학과 노력으로 얼라이드시그널은 변화하기 시작했다. 그 결과 보시디가 퇴직할 무렵에는 회사의 영업이익률이 3배 성장했고, 자기자본이익률도 10퍼센트에서 28퍼센트로 대폭 증가했다. 덕분에 주주들은 과거보다 무려 10배에 가까운 배당 수익을 챙길 수 있었다.

암도진창 전략을 수행할 때 이러한 사례가 중요한 시사점을 제공한다. 즉 지속적인 준비는 변화와 도전을 감당할 수 있는 체력과 근육을 키우는 일이다. 작은 실행은 작지만 중요한 성과를 올리며 자신감을 갖게 만든다. 또 이 자신감은 실행력을 향상시키는 촉진제가 되는 식으로 선순환이 발생한다. 작은 목표에서 시작된 자신감과 속도가 좀더 큰 성과를 이루어내고, 그 성과가 또다시 자신감을 높이는 식으로 점점 큰 목표를 달성할 수 있게 된다. 얼라이드시그널은 실행력과 자신감 향상으로 성과를 이루는 선순환 구조를 만들기 위해 체계적으로 준비했고, 덕분에 조직의 경쟁력을 키울 수 있었다.

준비를 철저하게 하는 스킬, 블랭크 차트법

블랭크 차트란 이름 그대로 '빈칸이 있는 차트'를 의미한다. 이는 계획을 실행하기 전에 일의 과정과 결과를 실제로 스케치함으로써 결과의 이미지를 명확히 하는 방법이다. 블랭크 차트를 작성하면 최종 결과물에 대한 대략적인 이미지, 순서, 구조를 파악할 수 있어서 과제를 전체적인 안목으로 바라보게 된다. 블랭크 차트법은 크게 4단계로 진행된다.

1단계 목적에 대해 구체적으로 아웃풋 이미지를 구상한다.

2단계 대략의 목차(어젠다)를 정하고 빈칸을 만든다.

3단계 각각의 빈칸에 주변 동료들과 논의한 아이디어를 정리한다.

4단계 선택한 대안이 궁극적으로 이루고자 하는 목적에 부합하는지 확인한다.

암도진창의 계책처럼 치밀한 전략을 수립해야 할 경우 블랭크 차트를 활용해서 사전에 정밀하게 스케치를 하면 철저한 준비에 큰 도움이 된다. 특히 단독으로 움직이는 경우가 아니라 주변의 이해관계자들과 함께 실행해야 할 경우 집단의 생각을 일목요연하게 공유할 수 있는 것이 장점이다. 팀워크 증진에 효과적이며 집단 지성을 활용해 완벽한 대안을 창출할 수 있다. 블랭크 차트의 준비 과정은 다음과 같다.

1단계 이슈가 무엇인지 구체적으로 정의 내리기

2단계 이슈의 최종 결과물이 어떻게 나와야 하는지 이미지 도출하기

3단계 아이디어 발상 도구 정하기(아이디어 툴을 정하고 방향 정리하기)

4단계 항목별로 블랭크 차트 작성하기

5단계 작성된 블랭크 차트 배열하기

6단계 블랭크 차트 구성에 대해 논의하기

성공과 실패는 준비와 실행에 의해 판가름 난다

아인슈타인과 에디슨의 놀라운 성과는 그들의 천재성에 기인한다기보다는 끊임없는 준비와 실행의 반복으로 수없는 시행착오를 거치며 누적된 노력의 결과다. 즉 암도진창은 철저한 준비만으로 완성되는 전략이 아니다. 만반의 준비를 하고 이를 과감히 실행에 옮기는 적극성이 필요하다.

앞의 고사에서 유방은 잔도를 과감하게 불태워 없애는 실행력으로 항우의 의심에서 벗어났다. 그 후 다시 잔도를 수리하면서 적의 주의를 집중시키고는 멀리 우회해서 진창을 공격하는 실행력으로 세력을 키울 수 있었다. 마찬가지로 얼라이드시그널 사의 CEO 래리 보시디는 경쟁력을 강화하기 위해서는 실행력을 키워야 한다는 판단 하에 달성하기 쉬운 작은 목표부터 적극적으로 실행하게 해서 조직 내에 자신감을 불어넣었다. 결국 작은 목표는 큰 목표가 되었고 강화된 실행력으로 목표를 초과 달성할 수 있었다.

고故 정주영 회장의 "해보기는 했어?"라는 유명한 말이 그의 사후에도 여러 사람 사이에서 회자되고 있다. 이 말은 경영자들이 반드시 참고해야 하는 지침으로, 실행되지 않는 기획이나 아이디어는 의미가 없다는 사실을 강력하게 표현하고 있다. 도태되는 조직은 리더(관리자)가 목표 제시에만 매달려서 이를 실행할 방법론에는 무관심하다. 그래서 정작 이를 실행해야 하는 실무자는 갈피를 잡지 못하고 주저하거나 실행 방법을 몰라서 일을 그르치게 된다.

반면에 성공하는 조직은 개인과 기업이 추구하는 목표와 열망을 가시적인 성과로 이끌어내는 연결 고리가 바로 실행력이라고 인식한다. 그래서 모두가 목표 달성을 위한 실행에 집중하고 실행 방법론을 이끌어내는 데 관심을 가지고 노력한다. 결국 기업의 성패는 전략적 계획을 실행에 옮기는 역량에 좌우된다. 실행은 하나의 문화이며 시스템인 것이다. 따라서 실행력이 기업문화에 자연스럽게 스며들게 해야 한다. 암도진창을 활용해서 실행력을 향상시킬 방법을 정리해보자.

1. 현실을 직시하고 실행을 위한 목표와 우선순위를 명확하게 설정

2. 목표와 방법을 검토한 다음 끈기 있게 추진하는 체계적인 업무 프로세스 확립

3. 사원들에게 구호가 아닌 구체적인 실행력 향상을 위한 피드백 제시

인사이트1_
암도진창, 준비한 자만이 성공할 수 있다

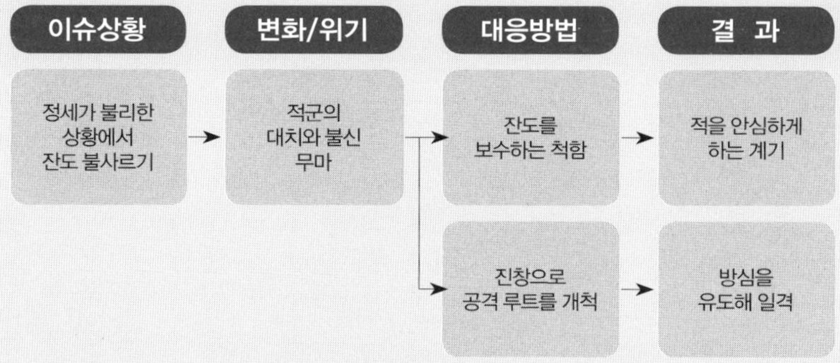

물 음	생각 정리하기
1. 항우군이 패배할 수밖에 없었던 이유는 무엇인가?	
2. 암도진창의 과정에서 가장 중요한 요소는 무엇인가?	
3. 유방의 리액션을 블랭크 차트로 설명해보자.	

Re;Action

인사이트2_

올곧은 이 부장이 화려한 인생 2막을 열 수 있었던 비결은?

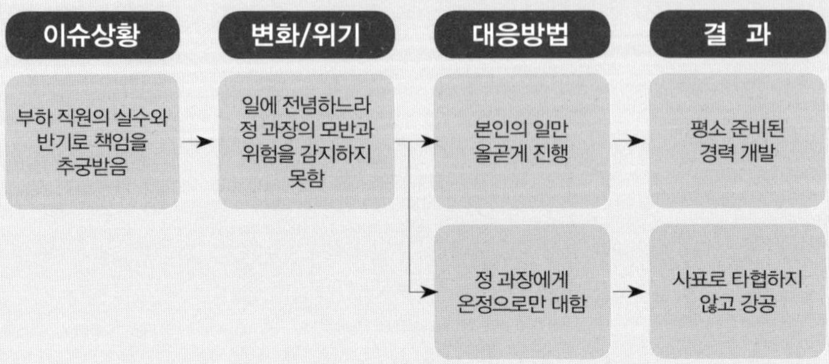

물 음	생각 정리하기
1. 이 부장은 어떤 스타일의 인물인가?	
2. 정 과장 스타일의 부하 직원을 잘 다루기 위한 방법은 무엇인가?	
3. 미래를 위한 이 부장의 준비는 바람직한 것인가?	

얼라이드시그널이 성공적으로 혁신한 비결은?

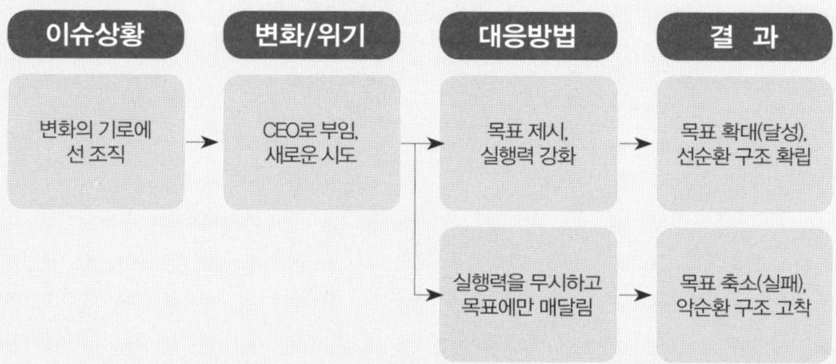

물 음	생각 정리하기
1. 얼라이드시그널이 변화를 두려워하지 않았던 이유는 무엇인가?	
2. 전사적인 혁신을 위해 무엇이 가장 중요한가?	
3. 래리 보시디의 리액션을 블랭크 차트로 이야기해보자.	

3장

진정성이 중요한 이유

조직관리

투량환주

반객위주

수상개화

Re;
Action

조직에 속한 이상 누구도 혼자 일할 수는 없다.
뛰어난 능력 못지않게 중요한 것이 조화로운 협업이다.
윈윈할 수 있는 협업을 위해 설득의 기술인 '3의 법칙'을 잊지 말자.
첫째, "나는 당신에게 꼭 필요한 존재야".
둘째, "당신에게 큰 이익이 되는 일이야".
셋째, "나는 당신이 아니어도 되지만 당신은 나 없이는 못해".

　　창업을 해서 회사를 유지하고 키워나간다는 것은 대단한 능력이다. 창업과 성장은 자본금만으로 해결되는 문제가 아니기 때문이다. 구성원들과 한마음이 되어 목적을 달성해나가는 과정에는 그만큼 혼신의 힘이 요구되기에 이 땅의 모든 사업가는 존중받아 마땅하다. 더구나 구성원들에게 일을 배분하고 협력을 유도하여 성과를 만들어가는 과정에서 조직력을 발휘하는 것은 더욱 높은 수준의 능력을 요구한다. 필자가 매번 느끼는 것이지만 교과서적인 지식만으로는 부족한 현장에서 다양한 이슈와 문제를 관리하는 것은 실로 초인적인 노력이 요구되는 일이다.

　　조직심리학자인 터크만Bruce Tuckman은 조직의 발단을 4단계로 규명한 모델을 만들었다. 1단계는 형성기Forming, 일명 탐색기라고도 하는데 서로가 잘 모르는 상태로 제도나 규범 등을 새로 만들어나가는 기초 공사 단계다. 2단계는 격동기Storming로, 조직이 좀더 커지고 분화하면서 서로의 주장이 맞서는 혼돈의 시기다. 실제로 대다수 기업이 이 단계의 혼란을 극복하지 못하고 미처 외부의 적과 맞서보기도 전에 자멸하는 경우가 많다. 이런 혼란을 극복하기 위해서는 조직과 개인, 개인과 개인, 조직과 조직 간에 규칙을 정하는 규범기Norming를 거치게 된다. 3단계인 규범기를 지나면 조직이 더욱 성장하고 스스로 발전해나가는 능력을 갖추는 단계를 거치게 된다. 이 단계가 바로 성숙기Performing다.

그런데 여기서 중요한 점은 성숙기로 접어들기 위해서는 반드시 앞 단계들을 거쳐야 한다는 것이다. 즉 조직이 저절로 성장하는 것이 아니라 단계별로 고통을 겪으며 매우 힘든 여정을 거쳐야 한다. 이렇게 조직이 성장하고 발전하는 데 가장 핵심적인 요소는 지향점이다. 즉 어떤 목적을 가졌는지가 중요한 것이다. 목적이 분명해서 추구하는 바가 같아야 사장도 직원도 같은 목적을 향해 움직일 수 있다. 다시 강조하지만 조직이 성공하기 위해서는 리더가 효과적인 조직관리로 조직 구성원들이 성과를 내도록 자극하는 것이 중요하다.

조직의 성장을 위해 지나치게 부서 간의 경쟁을 부추기거나 구성원의 능력을 고려하지 않은 업무 분장을 강요한다면 성과를 부풀리려는 술수만 난무하고 진정성 있는 솔선수범은 찾아보기 어려운 문화가 자리 잡는다. 그래서 조직관리의 지향점은 진정성이 되어야 한다. 사람을 이끄는 단어, 조직을 이끄는 힘, 그것은 바로 진정성이다. 특히 직급이 높을수록 진정성은 핵심 역량이 된다.

아마도 조직 생활을 하면서 대부분의 사람들은 일 자체보다는 사람 때문에 어려움을 많이 겪었을 것이다. 내부 직원이든 경쟁사든 고객이든 지향점을 보여주는 명백한 목적과 진정성을 무기로, 상호작용해야 안정적인 성장 기반을 만들 수 있다.

결국 조직관리는 운이 아니라 상대방의 마음을 얻는 것에서부터 시작한다. 믿음직한 사람을 기용하여 관계를 잘 설정하고 신뢰를 보여주며 업무를 위임함으로써 리더의 분신처럼 일하게 하는 힘이 바로 조직을 성장시키는 핵심이다. 아래에 조직관리의 핵심 기술을 소개한다.

첫째, 적까지도 내 편으로 만드는 설득력을 갖는다. 상대를 설득하기 위해서는 우선 자기 자신부터 설득해야 한다. 자신이 납득하지 못하는 일을 남에게 강요할 수는 없기 때문이다. 이때 기본이 되는 것이 바로 목적의식이다. 가끔 "내가 왜 이 일을 하는 거지?"라며 자문을 하는 경우가 있다. 이런 의문이 생기는 것은 자신이 잘못된 일을 하고 있다는 생각이 있기 때문이다. 그래서 이런 의문이 생기면 얼마 가지 않아 그 일은 추동력을 잃고 만다. 바로 목적에 위배되는 일이기 때문이다. 신념에 가득한 강한 목적의식을 가지면 주변의 동조자를 확보하고 동질적인 가치로써 상호작용해나가는 발전의 계기가 만들어질 것이다.

둘째, 오랫동안 살아남으려면 끊임없이 성장하라. 사람이든 조직이든 성장이 멈추면 그 순간부터 소멸을 향한 쇠락이 시작된다.

그래서 오랫동안 생존하기 위해서는 성장만큼 효과적인 전략이 없다. 하지만 환경의 변화, 부적절한 위기 대처, 조직 구성원 간의 분란, 까다로운 고객과의 힘겨루기 등 조직의 성장을 저해하는 요인들은 무수히 많다. 생존을 위해서는 반드시 이런 어려움을 극복해야 하지만 안타깝게도 방법을 모르거나 시기를 놓쳐서 많은 손실과 피해를 입게 된다. 이럴 때는 생각의 전환이 필요하다. 가령 중국 진나라에서 펼쳤던 외교술인 합종연횡合從連衡도 성장의 방향을 다각화함으로써 조직을 성장시킨 사례였다.

셋째, 좀더 나은 자와 협력하라. 직장인들에게 이직 사유를 물어보면 그 조직에서 더 이상 배울 것이 없다는 답변이 상위에 오르곤 한다. 그러니 조직의 리더는 무조건 잘나고 잘나가야 한다. 그래야 젊고 유능한 인재가 곁에 머물기 때문이다. 그런데 아무리 리더라도 무조건 잘나고 잘나가기는 쉽지 않은 일이다. 이럴 때는 자신보다 나은 사람의 힘을 빌리는 것이 도움이 된다. 뒤에 소개할 수상개화의 전략인 셈이다.

조직관리는 끊임없는 믿음과 신뢰, 즉 관계에서 나온다. 3장에서는 성장을 지향하며 안정성 있게 조직을 관리하는 역량에 대해 살펴보자.

적을 내 편으로 만드는 능력

偸梁換柱

투 량 환 주

●

실력과 능력만으로 평가받을 수 있다면 더할 나위 없이 좋겠지만 조직 생활은 그렇게 투명하고 공정하지만은 않다. 힘의 논리에 의해 강자와 약자가 나뉘며, 때로 그 권력이 능력보다 더 큰 힘을 떨치곤 한다. 제아무리 빼어난 사람도 사내정치의 피해자가 되어 좌천하는 것이 오늘날 조직 생활의 어두운 현실이다.

지록위마 指鹿爲馬는 사슴을 말이라 우기는 상황을 일컫는 사자성어로, 모순된 것을 끝까지 우겨서 남을 속이는 것을 뜻한다. 논리적으로 사슴을 말이라고 우기는 것이 통할 리 없다. 하지만 그런 주장을 하는 사람이 권력을 지닌 경우라면 이렇게 말도 안 되는 주장이 사실처럼 받아들여질 수 있다. CEO가 성공 가능성이 희박한 사업

계획을 추진하는 경우를 예로 들어보자. CEO를 제외한 나머지 모두가 부정적인 전망을 하더라도 CEO에게 반대 의견을 개진하기란 쉽지 않다. 괜히 눈 밖에 났다가 자리를 보전하기 어려울 수도 있다는 두려움 때문이다.

그렇다면 조직에서 살아남는 방법은 '줄서기'와 '사내정치'에 달려 있는 것일까. 물론 그렇지 않다. 조직이 존재하는 궁극적인 목표는 일의 성공을 통한 이익의 창출이다. 더 이상 회사가 수익을 올릴 수 없는 지경에 이른다면 리더의 권력도 무용지물에 불과하다. 결국 우리에게 필요한 것은 조직 생활의 그늘을 냉정히 인지하고 이를 슬기롭게 헤쳐 나가는 전략이다. 실력에 더해 경쟁자나 적도 자신의 편으로 포섭할 수 있는 능력까지 갖춘다면 험난한 조직 생활에 가장 강력한 무기를 지닌 셈이다.

경쟁자의 싹을 자른
송 상무의 계략

김 상무는 다른 사람들이 힘들어 피하던 사업을 열과 성을 다해 성공의 반열에 올려놓았다. 하지만 기쁨도 잠시, 그가 맡고 있던 사업 중에 운영 서비스의 부실 문제가 언론에 보도되면서 공든 탑이 무너져버리고 말았다. 그는 회사 이미지를 실추시키고 사업에 피해를 입힌 것에 책임을 물어 보직을 변경한다는 지시를 받는다.

그런데 사실 이 일에는 김 상무의 경쟁자인 송 상무가 연루돼 있었다. 송 상무는 자기보다 나이도 어린 김 상무가 동급의 임원으로 올라온 것이 늘 마음에 들지 않았다. 사업기획력이 좋은 데다 따르는 직원이 많다는 점도 거슬렸다. 언젠가 자신을 치고 올라갈지도 모른다는 불안함에 경계심을 갖고 예의 주시하던 송 상무에게 김 상무의 실수는 그야말로 호재였다. 언론 보도 이후 송 상무는 CEO에게 그간 김 상무가 위험하게 본부 운영을 해왔다고 주장하며, 자신이 조직 개편을 맡아 문제를 해결하겠다고 제안했다. 그 결과 김 상무를 낙마시키는 데 성공했던 것이다.

이후 송 상무는 더욱 맹공을 쏟았다. 보직 변경으로 그 힘이 줄어들었다고는 하지만 김 상무의 능력으로는 언제든 재기의 가능성이 있었다. 이에 송 상무는 김 상무가 맡았던 사업본부를 없애버리고 본부 하나가 없어졌으니, 임원 자리도 하나 없어져야 한다는 논리를 들이밀어 김 상무를 퇴사시켰다. 김 상무로서는 억울하고 분한 일이었으나 이미 벌어진 일을 돌이킬 수는 없는 노릇이었다. 그는 분루를 삼키며 회사를 떠났고, 새로운 회사를 알아보기 시작했다. 하지만 그 역시 쉽지 않았다. 그가 이력서를 낸 회사에서 경력을 조회하기 위해 연락을 하면 송 상무가 김 상무에 대해 부정적인 의견을 개진했기 때문이다. 업계에서 마주치는 일조차 미연에 방지하려는 송 상무의 계략이었다.

사실 조직을 개편할 당시에도 송 상무는 김 상무가 대책을 마련할 수 없도록 불시에 조직 개편을 발표했다. 개편의 지휘권을 쥐고 주말 동안 개편안을 준비한 뒤 월요일 아침에 발표하는 전략으로 김 상무를 무력화시킨 것이다. 이처럼 주도면밀하게 경쟁자를 제거한 송 상무는 투량환주의 계책을 절묘히 사용한 인물이라고 할 수 있다.

투량환주는
설득의 전략이다

투량환주는 대들보를 훔치고 기둥을 바꾼다는 뜻의 사자성어로, 겉은 그대로 두고 내용이나 본질을 바꿈으로써 승리를 취하는 전략이다. 하지만 오늘날 비즈니스 세계에 대입하면 이 전략의 핵심은 다소 바뀐다. 과연 다른 사람을 어떻게 설득해서 내 편으로 만들 것인가를 알려주는 계책이 바로 투량환주이기 때문이다. 자세히 설명하기 전에 이와 얽힌 고사를 살펴보자.

최초로 중국을 통일한 진시황은 영원불멸을 꿈꿔 아들이 장성했음에도 자신의 뒤를 이을 태자로 책봉하지 않았다. 이에 황실은 두 파로 나뉘어 팽팽히 대립한다. 하나는 진시황의 맏아들 부소扶蘇를 따르는 명장 몽염蒙恬의 무리였고, 다른 하나는 작은 아들 호해胡亥의 편을 드는 환관 조고趙高의 무리였다.

그러던 어느 날 남쪽 지방을 순시하던 진시황이 갑자기 중병에 걸리고 말았다. 자신의 명이 다했음을 직감한 진시황은 그제야 태자 책봉에 관한 유언장을 정리해 승상인 이사李斯에게 전한다.

"성품이 어질고 지혜로운 맏아들 부소를 태자로 책봉하고 충직한 몽염에게 병권을 넘기노라."

왕의 유언을 받든 이사는 부소에게 유서를 전하려 했다. 하지만 이를 눈치챈 조고가 그를 설득하고 나섰다. 조고는 부소가 황위에 오를 경우 호해를 지지해온 자신의 안위를 보장받기 힘들다고 판단했던 것이다.

"부소가 황위에 오른다면 몽염을 중용하는 것은 당연지사입니다. 그렇다면 저나 승상 모두 지위를 유지하기 힘들 것입니다."

무관이 권력을 지니게 되면 상대적으로 문관의 힘이 약해지는 것은 당연지사. 결국 이사는 조고의 설득에 넘어가고 말았다. 이에 조고는 작은 아들 호해마저 꾀었다. 호해는 아버지의 유언을 바꿔치기하는 일을 꺼렸으나 황제가 못 되면 죽임을 당할 수도 있다는 조고의 끈질긴 주장에 설득되고 말았다. 마침내 두 사람을 설득한 조고는 진시황의 유언장을 감쪽같이 고쳤다.

"능력 없는 맏아들 부소는 자결을 명하고 둘째 아들 호해를 태자로 책봉하노라."

진시황의 사망 사실조차 알지 못했던 부소는 조고가 위조한 유서를 받은 후 슬픔에 빠져 의심조차 하지 않고 자결했다. 실로 간담을 서늘하게 하는 잔혹한 사례다. 조고는 투량환주의 계책을 통해 역사를 뒤바꿔버린 것이다.

조고의 투량환주는 크게 두 가지로 설명할 수 있다. 우선 본래의 뜻대로 겉, 즉 유언장은 그대로 두고 내용을 바꿈으로써 뜻한 바를 쟁취했다는 점에서 전형적인 투량환주의 전략을 사용했다. 더욱 중요한 것은 나머지다. 집의 대들보를 훔치고 기둥을 바꾸는 일은 혼자서는 불가능하다. 누군가의 도움이 반드시 있어야만 성공한다. 마찬가지로 조고가 유언장을 바꾸기 위해서는 유언장을 가진 승상의 협력과 바뀐 유언을 받아들일 호해의 승낙이 필요했다. 즉 투량환주 계책을 성공시키기 위해서는 상대를 설득하는 기술이 절대적으로 요구되었다. 앞의 사례에서 송 상무가 김 상무를 제압할 수 있었던 것은 CEO를 설득해서 자신의 뜻을 관철시켰기 때문이다.

유래가 된 고사가 정당하지 못해서 부정적인 전략으로 오인될 가능성이 높지만 '설득'에 방점을 찍는다면 투량환주는 오늘날 비즈니스 현장에서 활용할 가치가 충분한 전략이다. 목적을 이루기 위해 적도 내 편으로 포섭할 수 있는 설득력과 유연함은 목적 달성을 위해 중요한 역량이기 때문이다.

간단명료한 설득의 기술로
협력을 이끌어낸 스티브 잡스

스티브 잡스Steve Jobs는 긍정적인 의미의 투량환주 계책을 능수능란하게 구사한 인물이다. 그는 스티브 워즈니악Steve Wozniak을 설득해서 애플을 공동 창업했고 광고 전문가 레지스 매키너Regis Mckenna와 투자자인 마이크 마큘라Mike Markula를 합류시켰다. 필요한 인재를 영입한 그의 설득 기술은 아이튠스 서비스를 위해 음반사들의 협력을 이끌어낼 때도 유감없이 발휘됐다.

과연 잡스는 어떻게 콧대 높은 음반사들을 '애플 사단'에 끌어들일 수 있었을까.

잡스가 처음 음반사와 접촉했을 때는 일언지하에 거절당했다. 하지만 그는 포기하지 않았다. 그는 1년 반 동안 꾸준히 음반사와 접촉하면서 신뢰를 쌓는 데 주력했다. 그렇다고 장황하고 구체적인 설명으로 그들의 마음을 돌린 것은 아니다. 기어이 협상 테이블에 음반사를 앉힌 뒤에 잡스는 단 세 가지만을 강조했다.

첫째, 불법복제라는 공공의 적을 상정하고 자신들이 불법복제로부터 음반사를 보호해줄 해결사임을 강조했다. 둘째, 애플이 모든 것을 개발하고 운영할 테니 음원만 제공해달라고 요청함으로써 음반사가 손쉽게 수익을 거둘 수 있다는 이점을 내세웠다. 음원 제공만으로 수익의 70퍼센트를 가져갈 수 있는 파격적인 혜택을 제시한 것이다. 셋째, 음반사가 협상에 응하지 않을 경우 애플은 다른 방법으로 유사한 서비스를 할 수 있다는 엄포를 놓았다.

결국 잡스는 5대 음반사와 판권 계약을 맺는 기념비적인 협상을 완수했다. 그 결과 아이튠스 뮤직스토어 서비스는 세계 최대 규모의 음원시장으로 자리매김하게 됐다.

잡스는 두 가지 측면에서 투량환주의 계책을 영리하게 사용했다. 먼저 사업의 기획이다. 음원 서비스라는 큰 틀은 그대로 두되,

이를 제공하는 주최를 음반사에서 애플로 바꾸는 전략을 펼쳤다. 다음으로 설득과 협상이다. 사업에 꼭 필요한 음반사들을 포섭함으로써 원하던 그림을 그려낼 수 있었다.

목적을 위한 설득의 기술, 3의 법칙

심리학에서는 3이라는 숫자가 우리의 정서에 안정감을 주고 어떤 의미를 확고히 해준다고 설명한다. 예를 들어 우리는 정삼각형을 보면서 다른 도형에 비해 안정감을 느낀다. 또한 버스 정거장에 한두 명이 서 있을 때는 명확히 줄이라고 인지하지 못하지만 3명이 서 있으면 확실히 줄을 서 있는 것으로 받아들인다고 한다. 한 실험에서 길을 걷던 사람이 갑자기 멈춰 서서 먼 곳을 응시했을 경우 행인들의 반응을 관찰했다. 걸음을 멈추고 먼 곳을 응시한 사람이 2명일 때까지는 별다른 반응이 나타나지 않았다. 하지만 세 사람이 동시에 한 곳을 응시하자 다른 사람들도 하나둘 멈춰 서면서 그 셋의 시선이 머무는 곳에 눈길을 돌렸다.

EBS에서 실험한 제3법칙에 따르면 대부분의 사람들에게 1은 단수로 개인을 의미하고, 2는 복수의 개념으로 개인들 또는 작은 집단으로 인지되며, 3은 어느 정도 수가 갖추어진 집단, 사회로 인식되는 경향이 있다고 한다.

‘3’이라는 숫자가 지닌 이러한 힘을 설득의 기술에 적용한 것이 바로 ‘3의 법칙’이다. 서론, 본론, 결론으로 이어지는 3단계, 첫째, 둘째, 셋째의 순서로 핵심 메시지 세 가지를 전달하는 방식은 설득에서 큰 힘을 발휘한다. 3을 넘어가면 너무 많은 정보로 산만해지고, 그보다 적으면 근거가 부족하다는 인상을 준다. 그렇다면 3의 법칙을 어떻게 설득에 활용할까. 잡스의 사례를 토대로 3의 법칙을 구체적으로 설명해보면 다음과 같다.

첫째, “나는 당신에게 꼭 필요한 존재야”. 잡스는 불법복제의 피해로부터 음반사를 보호해줄 수 있다는 점을 강조함으로써 자신의 필요성을 상대에게 인지시켰다. 더불어 자신은 항상 음악을 즐기고 사랑한다면서 해박한 음악 지식을 늘어놓아 공감대를 형성했다.

둘째, “당신에게 큰 이익이 되는 일이야”. 잡스는 공감대를 형성해 상대의 마음을 연 다음 구체적으로 이익을 제시했다. 수익의 70퍼센트라는 파격적인 조건을 제시한 것은 물론, 많은 사람들이 편하게 좋은 음악을 즐길 수 있는 세상이 되면 모두에게 이득이 된다고 주장했다. 음반사로서는 단순히 금전적인 수익뿐 아니라 음악의 대중화라는 보다 궁극적인 가치에 구미가 당기지 않을 수 없었다.

셋째, “나는 당신이 아니어도 되지만 당신은 나 없이는 못해”. 어느 정도 상대가 넘어왔음을 간파한 잡스는 쐐기를 박는 전략을 펼쳤다. 상대가 나와 손을 잡지 않으면 발생할 불상사를 거론함으로써 자신의 제안을 결코 거절할 수 없게 만들어버린 것이다.

잡스가 구사한 3의 법칙은 여러 모로 완벽하다. 우선 상대를 설득하기 위한 근거를 세 가지로 압축한 점에서 핵심 전달에 주효했다. 또한 메시지를 단순 나열하는 대신 '공감대 형성-본론 제시-결정적 쐐기'의 점층적 3단계로 접근함으로써 상대를 차근차근 공략했다.

만약 잡스가 설득의 기술을 갖추지 못했다면 제아무리 참신하고 기발한 아이디어도 그저 아이디어에 그쳤을지 모른다. 즉 투량환주는 능력과 실력을 실현시키기 위한 과정 중 하나이며, 목적을 달성하기 위한 궁극의 비책 중 하나라고 할 수 있다.

투량환주의 시작은 공감이다

앞의 고사에서 조고가 진시황의 둘째 아들과 승상 이사에게 그들이 처한 위기 상황을 제대로 이해시키지 못한 채 자신의 주장만 내세웠다면 그의 전략은 실패했을 것이다. 유언장을 바꾸지 않으면 모두가 안위를 보장받을 수 없다는 공감대를 먼저 형성했기 때문에 그들을 자기편으로 끌어들일 수 있었다.

투량환주 계책으로 목적을 달성하기 위해서는 이해관계자의 동참을 유도하는 것이 핵심이다. 이를 위해서는 논리적인 설득이 필요하지만 설득 이전에 선행돼야 하는 것이 바로 공감이다. 우리가 한배에 탄 운명이라는 공동체 의식, 지금의 위기가 우리 모두의 위기라는 공감대가 형성되면 상대를 설득해서 내 편으로 만드는 일이 훨씬 용이해진다. 아래 정리한 투량환주의 계책을 성사시키는 '3의 법칙'에서 첫 번째로 언급된 것도 공감대 형성이라는 점을 명심하자.

1. 상대에게 자신이 필요한 존재라는 사실을 강조

2. 상대에게 이득이 되는 일이라는 협력 모드 조성

3. 상대방이 나의 제안을 수락할 수밖에 없는 강한 매력 포인트 제시

인사이트1_
투량환주, 상대를 설득하는 성공 노하우

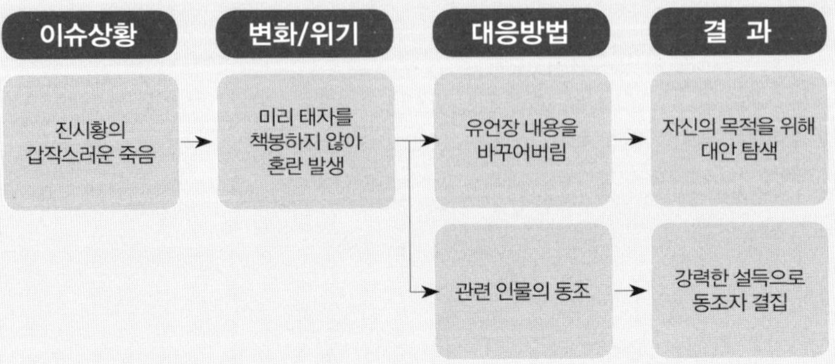

물 음	생각 정리하기
1. 진시황은 영원불멸을 믿으며 태자 책봉에 신경 쓰지 않았다. 그에게 부족했던 능력은 무엇인가?	
2. 조고의 방식은 정의롭지 못했으나 그의 리액션이 성공할 수 있었던 비결은 무엇이었는가?	
3. 조고가 이사를 설득하는 과정을 3의 법칙으로 설명해보자.	

인사이트2_
능력이 탁월한 김 상무는 왜 연전연패할 수밖에 없었는가?

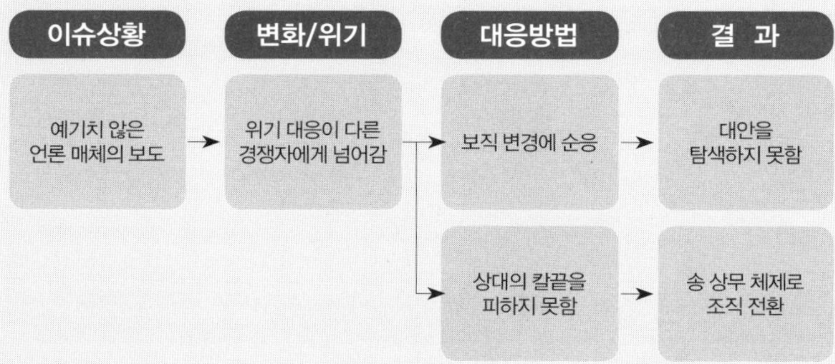

물 음	생각 정리하기
1. 김 상무는 왜 끊임없이 송 상무에게 당할 수밖에 없었는가?	
2. 김 상무처럼 위기에 처했을 때 어떤 위기 대처 시나리오를 그려야 하는지 생각해보자.	
3. 송 상무나 조고의 방식이 아닌 정의로운 투량환주의 사례를 이야기해보자.	

인사이트3_
스티브 잡스가 '애플 사단'을 완성할 수 있었던 비결은?

이슈상황	변화/위기	대응방법	결 과
아이튠스 음원 서비스 준비	5대 음반사와 음원 협상	간단명료한 소통과 설득 (3의 법칙)	세계 최대의 아이튠스 뮤직스토어 서비스

물 음	생각 정리하기
1. 스티브 잡스가 음원사업에 뛰어든 이유는 무엇인가?	
2. 잡스의 리액션이 궁극적으로 성공할 수 있었던 비결은 무엇인가?	
3. 3의 법칙을 적용한 유명 사례들을 더 이야기 해보자.	

오랫동안 살아남는 조직의 비결

反客爲主

반 객 위 주

●

서부극의 대명사로 불리는 배우 존 웨인은 1970~1980년대 남자다움의 상징이자 모든 남자들의 우상으로 군림했다. 하지만 그것이 문제였다. 자신의 남성성에 너무 집착한 나머지 존 웨인은 나중에 암에 걸렸을 때도 수술을 거부했다. '남자라면 이 정도 병쯤이야 이겨내야지'라는 생각이었던 것이다. 여기서 비롯된 '존 웨인 증후군'은 '남자는 강해야 한다'는 강한 선입견에 사로잡힌 심리적 증상을 뜻한다.

어쩌면 많은 비즈니스맨들이 '존 웨인 증후군'에 사로잡혀 있는지도 모른다. '힘을 키워야 한다', '성공해야 한다'는 생각에만 집중해서 다른 것들을 놓치는 경우가 비일비재하니 말이다.

개인의 역량도 조직의 힘도 단기간에 괄목할 만한 성장을 이루기는 어렵다. 차근차근 단계별로 이루어가는 꾸준함과 지속적인 관리가 수반되지 않는다면 중간중간 찾아오는 위기와 고비에 현명하게 대처하기 어렵다. 엘리베이터를 타면 고속으로 목적지에 도착한다. 하지만 사고가 발생하면 떨어지는 것도 한순간이다. 계단을 오르는 데는 힘과 시간이 들지만 그 고통을 감내하고 멈추지 않으면 반드시 목적지에 도착한다.

크나큰 위험을 감수하고서라도 고속의 엘리베이터를 탈 것인가, 시간과 노력이 필요하지만 안전하게 계단을 올라 목표에 도달할 것인가. 선택은 상황에 따라 달라진다. 당장의 이익과 성공이 시급한 경우라면 전자를 택할 것이요, 장기간의 안정과 생존이 목표라면 후자를 택할 것이다. 여기서는 후자의 측면에서 조직이 오래도록 안정되게 살아남을 비책을 살펴보고자 한다.

굴러들어온 김 부장, '박힌 돌' 안 이사를 빼내다

필자가 컨설턴트로 활동하면서 성과 코칭을 하던 기업이 있다. 과거에는 꽤 큰 규모를 자랑했으나 IMF 위기 이후 많은 시련으로 고충을 겪고 있는 기업이었다. 코칭을 하면서 살펴보니, 수많은 재고를 처리하기 위한 대안을 모색하고 있었고 고유의 제조업 납품에서 벗어나 판매사업까지 병행하는 사업 전략을 계획하고 있었다.

마침 필자의 대학원 후배로, 관련 분야에서 오랜 경험을 쌓아온 김 부장이 이직을 고민 중이라는 소식이 들렸다. 코칭을 하던 기업에 그를 소개했고, 다행히도 사업주와 그의 뜻이 통했다. 그렇게 김 부장은 필자가 구상한 사업 전략을 가지고 일을 시작하게 됐다. 비록 대기업이었던 이전 직장만큼 연봉을 받진 못했지만 그는 사명감을 갖고 의욕적으로 사업을 전개했다. 새로운 형태의 비즈니스 모델 수립과 기존 사업의 마케팅 전략을 추진하면서 회사도 점점 안정을 찾아갔다.

그러던 어느 날, 김 부장이 갑자기 출근을 하지 않았다. 평소 성실하던 그의 태도로 미루어보건대 무단결근은 어울리지 않았다. 회사에서는 김 부장에게 무슨 일이 생겼나 해서 계속 연락을 시도했지만 연결이 되지 않았다. 그리고 다음 날 김 부장은 아무 일이 없었다는 듯이 출근했다. 급한 일이 있어 결근했다는 설명이 전부였다. 문제는 그다음이었다. 이후에도 그는 빈번히 무단결근을 했던 것이다.

필자 회사의 직원은 아니었지만 소개한 사람으로서 그냥 묵인할 수는 없는 일이었다. 주변 지인들을 통해 사정을 알아보니, 그는 사생활에 문제가 있었다. 과거 사업을 하다가 떠안은 빚에 시달리고 있었고 이로 인해 가정생활에도 불화가 있었다. 하지만 아무리 복잡한 개인사가 있다고 해도 일에 지장을 초래하는 것은 옳지 않았다. 안 이사는 이런 점을 지적하며 김 부장을 자주 나무랐고 결국 김 부장은 사표를 던지고 말았다.

그런데 이상한 일이 벌어졌다. CEO가 안 이사도 내보낸 것이다. 사실 안 이사는 CEO와 오랫동안 함께 호흡을 맞췄으나 최근 들어 좋은 평가를 받지 못하고 있었다. CEO는 갑자기 늘어난 인력 이탈과 좀처럼 새로운 납품 판로를 개척하지 못하는 부진 등을 문제 삼아 안 이사를 공개적으로 꾸짖곤 했다. 그러던 차에 비록 근태는 불성실하더라도 의욕적으로 일하며 신규 사업을 안정권에 올려놓은 김 부장이 퇴사하자 그 책임을 안 이사에게 물어 해고한 것이다. 더욱 놀라운 사실은 안 이사가 회사를 떠난 직후 김 부장이 복직했다는 점이다. 그야말로 굴러온 돌이 박힌 돌을 빼낸 반객위주의 상황이었다.

반객위주는
단계별 접근 전략이다

반객위주는 돌이킬 반反, 손님 객客, 할 위爲, 주인 주主 자로 이루어진 사자성어로, 손님이 도리어 주인 노릇을 하는 상황을 뜻한다. 위의 사례는 김 부장이 반객위주의 전략을 펼쳤다기보다 상황이 우연히 그렇게 전개된 경우다. 어쨌든 반객위주는 치열한 접전이 펼쳐지는 비즈니스 세계에서 생존을 위해 유효한 전략 중 하나다.

중국 후한시대 원소와 한복韓馥은 일찍부터 동탁董卓을 토벌하는 데 힘을 합쳤던 친구로서 오랜 우호관계를 유지했다. 그런데 원소의 세력이 점점 커지면서 병사들에게 먹일 식량이 부족해졌다. 그러자 원소는 평소 자신에게 식량을 대주던 한복이 다스리는 곡창 지대 기주를 차지하기로 마음먹는다.

원소는 이 목적을 달성하기 위해 하북 지방에서 세력을 떨치면서 호시탐탐 인접한 기주로의 진출을 노리던 군벌 공손찬公孫瓚을 이용하기로 했다. 공손찬을 부추겨서 기주를 공격할 계획을 세우게 만든 것이다. 동시에 원소는 한복에게도 사람을 보내 공손찬의 공격이 임박했으니, 자신의 군사를 기주로 보내 적을 막아주겠다고 제안했다. 이렇게 상황이 급박하게 돌아가자 기주의 중신들은 의견이 분분했다.

"원소와 공손찬이 만약에 손을 잡으면 막을 길이 요원합니다. 차라리 그가 도와주겠다고 나설 때 제안을 받아들이는 것이 나은 줄로 아뢰오."

"그건 아니 되옵니다. 원소가 기주에 군사를 진주시킨 후에 딴 마음을 먹는다면 또 다른 화를 부르는 꼴이 되옵니다."

신하들 사이에 설전이 오가는 가운데 한복은 고민에 빠졌다. 하지만 이내 오랫동안 친분을 맺은 원소가 설마 자신을 배신하지 않으리라는 믿음으로 그의 제안을 받아들였다. 이윽고 기주에 들어선 원소의 군사들은 한복에게 예를 표하며, 적을 막을 준비를 하는 척했다. 하지만 원소는 곧 속셈을 드러내며 요소요소를 요새화하고 중요한 자리를 차지했다. 본색을 드러낸 원소는 야금야금 기주의 핵심 거점을 장악하면서 한복을 압박하기 시작했다. 그제야 사태의 심각성을 감지한 한복은 목숨을 부지하기 위해 기주를 포기하고 탈출하기에 이른다.

원소는 손님이 오히려 주인 행세를 하는 반객위주의 전략으로 결국은 기주를 차지했다. 만약 그가 처음부터 야심을 드러내고 기주를 점령하려 했다면 강한 저항에 부딪혀서 적지 않은 손실을 감수해야 했을 것이다. 그래서 그는 정공법 대신 다른 책략을 강구했다. 손님인 듯이 적진에 침투해 야금야금 점령해나가는 전략을 펼침으로써 큰 피해 없이 목표를 달성했던 것이다.

오늘날 비즈니스 현장에서도 처음부터 목적을 노골적으로 드러내고 압박하면 상대(경쟁자)는 경계를 하게 되어 목적 달성이 어려워지기 마련이다. 처음부터 무리하게 욕심내지 말고 차근차근 단계를 밟아 하나씩 이루어야 한다. 그러다 보면 상대가 방심의 틈을 보이는 상황이 발생하게 된다. 그런 순간을 놓치지 말고 준비된 역량을 쏟아부으면 목적을 달성할 수 있다.

주객전도로 충성고객을 확보한 할리데이비드슨

반객위주 전략을 다르게 사용해서 성공을 거둔 사례도 있다. 앞의 고사에서 원소가 경쟁자인 한복의 땅을 차지하기 위해 하나씩 단계별로 빼앗는 반객위주 전략을 펼쳤다면 할리데이비드슨은 반객위주의 본뜻 그대로를 마케팅에 적용해 고객을 사로잡았다. 즉 고객을 브랜드의 주인으로 만드는 전략이었다.

할리데이비드슨은 1970년대까지 미국 오토바이시장에서 75퍼센트의 시장점유율을 차지하며 승승장구했다. 그러나 1980년대에 접어들면서 점유율이 25퍼센트로 곤두박질쳤다. 미국 소비자들이 값싸고 품질 좋은 일본 제품을 선호하게 되면서 인기가 급락한 것이다. 회사는 부도 위기까지 몰렸다.

이후 회사를 인수한 기존의 임직원들은 회사 살리기에 나섰다. 그들은 일제 오토바이를 구입하는 소비자들이 기능성을 중시하는 반면, 할리데이비드슨의 소비자들은 감성을 중시한다는 사실을 파악했다. 그래서 제품력을 향상시키려는 노력보다 브랜드 이미지를 강화하는 노력에 집중했다. 할리데이비드슨은 단순히 오토바이라는 기계가 아니라 하나의 문화를 형성하는 매개체라는 사실을 고객에게 각인시키기 시작한 것이다. 또한 할리데이비드슨을 타는 경험과 즐거움을 공유하도록 HOG Harley Owner Group를 결성해서 개인적으로 할리데이비드슨을 즐기던 사람들을 한데 모았다. 이를 필두로 다양한 대회를 개최했고 행사 때는 CEO와 엔지니어들도 참석해 고객의 소리에 귀를 기울였다. 제품의 기능이나 디자인에 대한 고객의 의견은 바로 반영함으로써 고객의 만족도와 충성도를 높여갔다. 오토바이 전문 의류, 테마 카페, 향수, 인형 등 수백 종의 상품을 개발해 '할리 문화'를 정착시켰으며, 열광적인 소비자들과 함께 '할리 왕국'을 구축하기에 이르렀다.

이렇듯 할리데이비드슨은 오토바이 판매를 넘어서서 소비자와 할리 문화라는 공감대를 형성하고 교류를 이어갔다. 소비자들은 할리 문화의 예찬론자가 되었고, 자신들이 곧 할리데이비드슨의 주인이라는 의식을 가지게 되었다. 이처럼 소비자가 손님, 즉 주변인에 머물지 않고 주인처럼 생각하고 행동하게 만든 것은 탁월한 반객위주의 전략이었다고 할 수 있다.

파노플리 효과Effect de Panoplie는 어떤 물건을 구매하면 특정 집단에 속하게 된다는 환상을 느끼는 현상을 뜻한다. 명품 가방을 사면서 자신이 상류사회에 속한 것 같은 자부심을 느끼는 것이 예다. 할리데이비드슨은 파노플리 효과와 반객위주의 계책을 절묘히 혼합한 사례다. 고객을 브랜드의 주인으로 만듦으로써 관련 집단에 속한다는 강한 유대감을 이끌어내서 기업의 가치 창출에 기여하도록 관계를 맺었다.

여기서 원소의 전략과 유사한 부분이 나타난다. 원소가 처음에 자신의 의도를 감추고 손님으로 적진에 침투했듯이 할리데이비드슨 역시 초반에는 자신들의 의도를 내세우지 않았다. 그들의 당면 과제이자 최대 목표는 판매 증진이었으나 소비자들에게 제품을 홍보하고 파는 전략이 아닌 친밀한 관계를 형성하는 전략으로 먼저 다가선 것이다. 즉 반객위주는 당장의 이익보다 장기적인 발전과 성장을 고려해야 실현 가능한 전략이다.

조직 생존의 시나리오 작성법, TOP3 작성법

반객위주가 장기적인 성장과 생존을 위한 전략이라면 'TOP3 시나리오 기법'은 이 전략을 수행하는 최적의 도구다. 앞에서 언급한 3의 법칙과도 연계해 활용할 수 있는 기법으로, 미래에 발생할 이슈에 대한 해결책을 세 가지 상정하고, 각각의 방법을 마치 시나리오처럼 구체적으로 구성하는 기법이다.

이 방법은 내부 구성원이 자유롭게 의견을 모으는 풍토를 조성할 수 있느냐가 관건이다. 그런 환경이 만들어지면 다양한 의견들을 수집하고 유목화Grouping하여 완결된 의견들을 재배치할 수 있게 된다. 가능성을 횡축, 효과성을 종축으로 하여 네 가지 영역을 설정하고 그 안에 선별된 아이디어를 배열하는 것이다. 148쪽 그림을 보자.

그림에서 각 이슈의 시나리오는 구성원의 의견이 집결된 것이다. 브레인스토밍이나 토론을 통해 구성원들과 대안을 탐색한 다음 의견을 일목요연하게 정리하면 해결책을 공유하기가 더욱 용이하다. 즉 TOP3 시나리오 작성법은 미래에 대한 대비책을 미리 만들어서 앞으로의 행동 방향을 설정하는 기법이다.

이슈 : 뚱뚱한 나 대리 몸짱 만들어 장가보내기

1. 가능성과 효과성을 분석해서 아이디어 정리

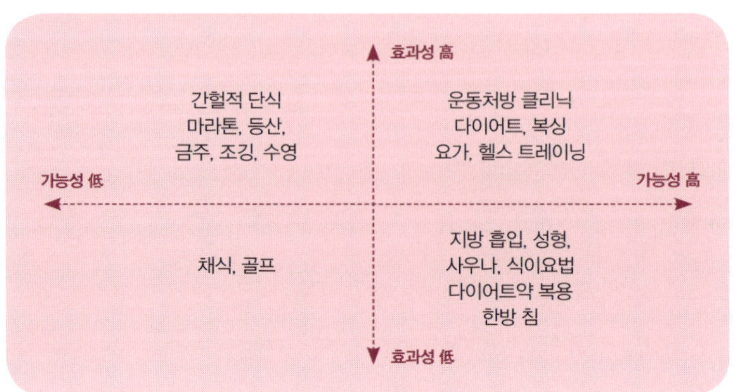

2. 가능성과 효과성이 높은 순으로 세 가지를 선별하고 트리 구조로 배열한 다음
   이슈에 따라 시나리오 형태로 계획 수립

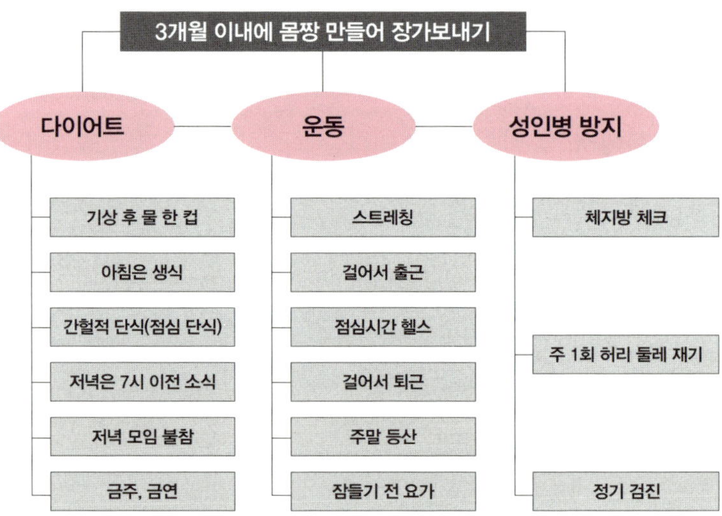

반객위주는
관계의 전략이다

앞의 고사에서 원소는 손님의 입장으로 적진에 무혈입성한 후 점차 세력을 확대해서 결국 성을 차지했다. 만약 그가 처음부터 주인 행세를 하려 했다면 많은 저항과 그에 따른 손실을 감수해야 했을 것이다. 마찬가지로 할리데이비드슨은 오토바이를 통해 고객과 관계를 맺은 후 HOG라는 집단을 통해 관계를 더욱 발전시켰다. 이로써 고객들에게 자신들이 할리데이비드슨을 대변한다는 주인의식을 심어줬고 이를 발판으로 회사를 재도약시킬 수 있었다.

결국 반객위주는 자신의 목적과 의도를 노출하지 않고 서서히 기회를 포착해나가는 전략이다. 특히 고객과의 유대관계가 기업의 성패를 좌우하는 오늘날 고객과 우호적인 관계를 맺는 데 주효한 전략이다. 고객을 주인으로 만드는 반객위주의 처세는 조직의 생존을 공고히 하는 데 결정적인 역할을 할 것이다.

Re;Action

인사이트1_
반객위주, 원소가 주인 행세를 하지 않은 이유는?

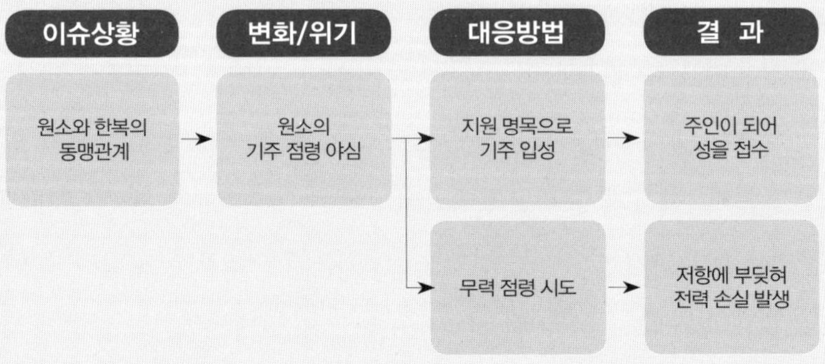

물 음	생각 정리하기
1. 한복의 치명적인 실수는 무엇인가?	
2. 원소의 기주 점령 프로젝트를 TOP3에 입각해서 도표로 만들어보자.	
3. 반객위주의 전략을 일상에서 활용할 수 있는 사례를 찾아보자.	

인사이트2_
안 이사는 왜 퇴사를 당해야 했는가?

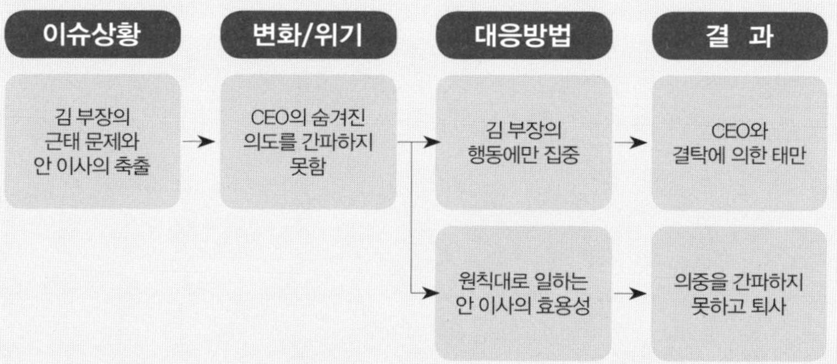

물 음	생각 정리하기
1. 안 이사가 예측하지 못한 시나리오는 무엇인가?	
2. CEO가 구사한 반객위주의 시나리오를 이야기해보자.	
3. 복직한 김 부장이 향후 갖추어야 할 역량에 대해 논의해보자.	

Re;Action

인사이트3_

할리데이비드슨은 어떻게 고객을 주인으로 만들었을까?

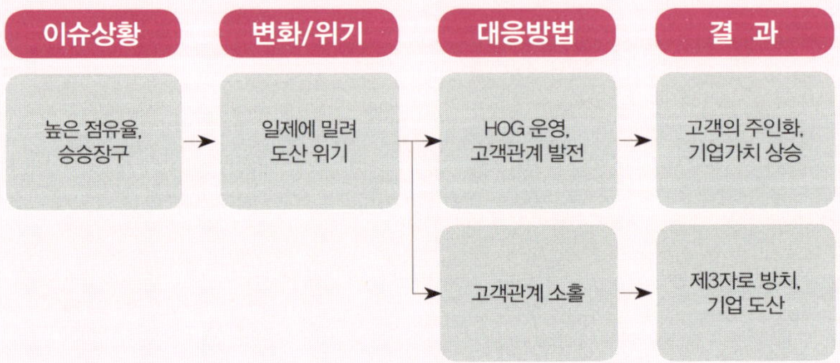

물 음	생각 정리하기
1. 할리데이비드슨의 전통적인 가치는 무엇이었는가?	
2. 할리 문화를 창출할 수 있었던 과정을 TOP3로 설명해보자.	
3. 할리데이비드슨처럼 고객을 주인으로 만든 사례들을 다양하게 이야기해보자.	

여우는 어떻게 호랑이의 힘을 빌렸을까?

樹上開花

수 상 개 화

조직은 '일정한 지위와 역할을 부여받은 사람이나 집단이 특정한 목적을 달성하기 위해 질서 있는 하나의 집단을 이루는 것'을 뜻한다. 조직에 속한 이상 누구도 혼자 일할 수는 없다. 제아무리 능력이 뛰어난 사람이라도 자신만의 힘으로 일을 성공시키기는 힘들다. 그렇기에 개인의 업무 역량과 더불어 다른 사람들과 조화롭게 협업하는 능력 역시 중요한 자질이다.

협업의 이점은 상호보완에 있다. 개인의 장점을 극대화하고 단점을 다른 사람의 장점으로 메우면서 서로 힘을 합치는 것이 협업의 본질이다. 하지만 아무리 같은 조직에 몸담고 있다고 해도 모두가 같은 마음으로 일하는 것은 아니다. 각양각색의 사람들이 모여 있다 보니, 실력자와 비실력자, 음해자와 피해자, 나의 편과 남의 편이 나뉘어 협업을 방해하는 경우가 많다. 그렇기에 협력을 이끌어 내는 능력, 내게 없는 것을 다른 사람에게 구하는 역량이 더욱 희소성 있는 것이다.

호가호위狐假虎威, 여우가 호랑이의 힘을 빌려 권세를 부린다는 뜻이다. 지금은 실력자를 등에 업고 위세를 떨치는 사람을 비난하는 의미로 자주 사용되지만 이 사자성어의 핵심은 힘을 빌린다는 행위에 있다. 여우는 영리하고 꾀가 많지만 힘이 약하다. 자신의 부족한 점을 호랑이를 통해 보완함으로써 약육강식의 정글에서 생존하는 전략을 택한 것이다.

자신에게 없는 것을 다른 사람에게서 구하는 것은 비즈니스 세계에서도 주효한 생존법이다. 이는 단순히 다른 사람에게 의지하고 기대는 처세가 아니다. 일단 내가 무엇이 부족한지를 냉철히 판단할 수 있어야 하고, 다른 사람에게 빌린 힘을 어떻게 활용할지도 철저히 분석해야 한다. 호가호위는 처세가 아닌 전략으로, 조직에 속해 협업을 진행하는 모든 직장인에게 반드시 필요한 태도다.

수상개화의 달인이었던 경영학과 교수

필자가 사업본부장 시절에 있었던 일이다. 여느 회사가 그렇듯 자사 역시 사업 목표를 달성하기 위해 총력을 기울이고 있었지만 1분기 결산 결과 당해 사업 목표를 달성하기가 어렵다는 예측이 나왔다.

고민에 빠져 있을 무렵 계열사 임원의 소개로 지방 대학의 경영 학과에 근무하는 조 교수라는 사람을 만나게 되었다. 그는 교수에 임용되기 전에 유명 세무회계 전문회사에서 근무했던 인물로, 여전히 서울에서 창업 지원 사업을 펼치는 한편 정부의 여러 사업에 대한 심사 활동도 하고 있는 유능한 사람이었다. 어느 날 그가 필자에게 정부에서 추진하는 프로젝트에 대한 사전 정보를 주었다. 미리 준비해두면 매출 부진을 극복하는 것은 물론이고 안정적 기반까지 구축할 수 있는 유익한 정보였다. 그의 이력이나 배경을 고려하면 의심의 여지가 없는 좋은 정보였고 신뢰가 가는 아이템이었다. 필자는 관련 영업팀장과 정보를 공유하고 사업성과 배후 상황을 조사해서 본부의 여러 가용 자원을 집중하라고 지시했다.

그런데 어느 날 조 교수가 강 대표란 분을 소개해주었다. 강 대표는 사업 추진력이 강하고 영업에 출중한 분이었다. 조 교수는 자신과 강 대표가 공동 경영하는 벤처기업과 협력해서 지금의 프로젝트를 추진하자고 제안했다. 우리가 사업을 총괄하되, 운영에 대한 아웃소싱 권한을 자신들에게 달라는 것이었다. 프로젝트 규모가 커지면 어차피 고객 관리나 지방 영업은 아웃소싱이 필요하기에 나쁘지 않다는 판단이 들었다. 그래서 제휴를 맺어 우리는 서울을 중심으로 영업하고, 조 교수와 강 대표가 지방을 담당하는 방식으로 사업을 전국 단위로 활성화하기로 했다.

　프로젝트는 성공적이었다. 2분기 결산 시에 지금 추세라면 당해 사업 목표를 달성할 수 있겠다는 전망이 나왔다. 그때 조 교수가 3개월간 호주로 연수를 가게 됐고 강 대표가 단독으로 제휴사를 총괄하게 됐다. 강 대표는 강한 추진력을 지닌 동시에 무모할 정도로 도전적인 인물이었다. 이 때문에 필자와도 잦은 의견 충돌을 빚었고 갈등은 점점 심화돼갔다. 훗날 알게 되었지만 조 교수가 교수라는 직분 때문에 전력투구하지 못하다 보니, 사업의 주도권이 강 대표에게 넘어간 모양이었다. 서로의 입장 차이로 두 사람이 내분을 겪다가 급기야 방학을 핑계로 조 교수가 가족이 있는 호주로 떠난 것이었다. 필자 역시 강 대표와 협의하며 일을 진행하는 과정에서 그의 무리한 요구와 도전적인 행보에 많은 어려움을 겪었다. 하지만 한편으로는 무모할 정도로 추진력이 강한 사람이기에 불모지였던 지방 영업을 활성화시키는 소득이 있다는 생각이 들었다. 결국 여러 잡음이 있긴 했지만 서로 양보하고 타협하며 사업을 지속할 수 있었다.

　일련의 과정을 살펴볼 때 조 교수는 굉장히 영민한 사람이었다는 생각이 든다. 그의 학력과 경력으로 필자와 강 대표 등 정확한 인맥을 활용해서 신규 사업을 펼친 점이 그렇다. 또한 동업자인 강 대표와 갈등이 불거지자 위임 형태로 강 대표에게 패를 넘김으로써 갈등을 무마하는 동시에 필자의 회사와 불거졌던 문제들을 강 대표를 통해 해결한 점 역시 탁월했다. 그는 이른바 수상개화 전략의 달인이었던 셈이다.

수상개화는 힘을 빌려
힘을 키우는 전략이다

수상개화는 쇠로 된 나무에 꽃이 피게 한다는 뜻을 지닌 사자성어다. 쇠로 된 나무에 꽃이 필 리가 없다. 그러나 이 나무에 가짜 꽃을 붙여서 화려하게 치장하면 진짜 꽃이 핀 것처럼 보일 수 있다. 이는 기러기가 무리 지어 하늘을 날아다님으로써 작은 세력을 과장되게 연출하는 것과도 같은 이치다. 즉 수상개화는 남의 이목을 혼란시켜서 자기의 본래 목적을 달성하는 책략이다.

동시에 수상개화는 남의 힘을 빌려서 뜻한 바를 이루는 전략이기도 하다. 가짜 꽃을 이용해 쇠 나무에 꽃이 핀 것처럼 연출하듯, 내가 가지지 못한 것을 남에게 구해서 목적을 달성하는 전략이다. 《삼국지三國志》에는 수상개화와 연관되는 고사들이 자주 등장하는데, 아래 내용도 그중 하나다.

유비劉備의 군대가 형주에서 조조의 백만 대군에 쫓길 때의 일이다. 속수무책으로 강남을 향해 도망치던 유비군은 장판교 근처에서 조조군에게 덜미를 잡힐 위험에 처했다. 절체절명의 상황에서 유비군이 내린 결단은 완벽한 허장성세를 연출하는 작전이었다.

유비가 적의 접근을 차단하기 위해 장비張飛에게 내준 병력은 고작 기병 20명이었다. 명을 받은 장비는 일단 강 근처 숲에 말 20마리를 묶어놓고 말의 꼬리에 빗자루를 매달게 했다. 이후 병사들에게 그 말들을 타고 숲 속을 이리저리 내달리게 했다. 병사들이 일으킨 흙먼지로 사방이 뿌옇게 흐려지자 장비는 우레와 같은 고함을 내지르며 적진을 향해 돌진했다.

아무리 똑똑한 사람이라도 상상을 초월하는 과장이나 허풍에는 속아 넘어가기 쉽다. 조조가 그랬다. 그는 다리 너머로 흙먼지가 가득한 이유가 수많은 병사들이 몰려오기 때문이라고 판단했다. 더구나 천하에 용맹하기로는 둘째가라면 서러울 장비가 선두에서 미친 듯이 말을 몰아오고 있으니, 바짝 긴장할 수밖에 없었다. 분명 뒤에는 엄청난 복병이 숨어 있으리라 짐작한 것이다. 이윽고 다리 위까지 돌진한 장비가 두 눈을 부릅뜨고 장팔사모丈八蛇矛를 치켜들자 조조군은 감히 대적할 엄두를 내지 못했다. 바로 이 틈을 이용해 유비는 무사히 강남으로 빠져나갈 수 있었다.

말을 이용해 뿌연 먼지가 일어나게 함으로써 마치 많은 수의 병력이 포진한 것처럼 위장한 다음 위용을 떨치며 기세등등하게 등장하여 적에게 겁을 먹게 하다니, 열악한 위기의 상황을 현명하게 돌파한 사례임에 틀림없다. 더욱이 이 사례는 수상개화 계책을 실행할 때는 힘을 빌릴 대상이 무궁무진하다는 사실을 보여준다. 단순히 다른 사람의 힘을 빌리는 차원에서 그치는 것이 아니라 말을 이용한 장비처럼 주변의 많은 것들로부터 해결책을 찾는 열린 자세의 중요성을 시사한다.

현대카드는 어떻게
단숨에 업계 1위가 되었는가

수상개화는 남의 세력을 빌려서 자신의 실력을 증강시키는 계책이다. 남의 세력이란 상대방의 역량일 수도 있고, 객관적인 형세일 수도 있다. 다음 사례를 보자.

2008년 〈매일경제〉의 자료에 의하면 현대기아차그룹이 다이너스카드를 인수해 '현대카드'라는 이름으로 신용카드업에 진출한 2001년 당시 시장점유율은 1.8퍼센트에 불과했다. 그런데 이 회사는 출범 6년 만에 무려 7배에 이르는 성장세를 보이며 메이저 카드사로 발돋움했다. 놀라운 성장은 어떻게 가능했을까?

다시 시계를 그보다 6년 전으로 되돌려보자. 당시 현대기아차그룹의 당면 과제는 어떻게 국내 자동차시장의 활성화를 유도할 것인가였다. 침체된 경기로 인해 자동차 판매가 급감했기 때문이다. 고심 끝에 경영진이 선택한 방안은 자동차를 구매하는 고객들에게 파격적인 혜택을 주는 신용카드업체의 신설이었다. 그러나 야심만만한 신규 사업 계획은 초반부터 난관에 봉착한다. 재벌의 문어발식 경영에 규제를 가하는 정부 방침으로 인해 카드회사의 설립 자체가 불가능해진 것이다. 이때 대안으로 제시된 것이 기존 카드회사의 인수였다. 이것이 바로 현대카드의 탄생 스토리다.

현대카드로 신용카드업에 출사표를 던진 그룹은 자사 캐피탈과 신용카드를 이용해 자동차를 구매하는 고객들에겐 현금 할인 혜택을 부여했다. 단, 이 제도는 이후 카드를 사용한 실적에 따라 쌓이는 포인트를 미리 사용하는 개념으로, 2년 동안 해당 포인트만큼 카드를 사용하지 않으면 마일리지 혜택을 반납해야 한다는 규정이 있었다. 고객 입장에서는 일단 할인 혜택을 받을 수 있다는 장점이 있으니 마다할 이유가 없었다. 고객은 해당 포인트를 채우기 위해 다른 신용카드 대신 현대카드를 집중적으로 사용하게 됐다. 자동차회사와 카드회사의 매출 모두 상승하는 시너지 효과가 창출됐음은 당연한 일이다.

이후 현대카드는 다양한 컬러의 특화 상품을 줄줄이 출시하며 소비자들의 폭발적인 호응을 이끌어낸 결과 단기간에 업계 1위 자리를 차지하게 되었다. 또한 최근 직장 선호도를 묻는 대학생 설문조사에서 모회사인 현재자동차보다 높은 순위에 랭크되기도 했다.

기존의 자동차회사(나무)에 신용카드회사(꽃)를 곁들여 운영함으로써 자동차 판매 활성화라는 본래의 목적을 성공적으로 완수한 이 전략은 그야말로 수상개화의 백미라 할 수 있다. 현대자동차는 자동차시장의 불황을 타개할 방법을 내부에서만 찾지 않았다. 오히려 신용카드업이라는 다소 엉뚱해 보이는 외부의 힘을 빌림으로써 다른 회사와 차별되는 경쟁력을 확보할 수 있었다. 더불어 현대카드 역시 기존의 강자들이 우세한 시장에 진입하면서 현대자동차라는 다른 업계와 협업함으로써 단숨에 우위를 점할 수 있었다. 서로가 서로의 약점을 보완하고 강점을 극대화시켰던 수상개화의 사업전략이었던 것이다.

조화로운 전략을 창출하는 스킬,
토우즈 기법

마케팅이나 경영 전략에서 중요하게 사용하는 기법 중에 스왓 SWOT 분석이라는 것이 있다. 스왓 분석은 기업의 내부 환경과 외부 환경을 분석하여 강점Strength, 약점Weakness, 기회Opportunity, 위협Threat 요인을 규정하고 이를 토대로 경영 전략을 수립하는 기법이다. 이 스왓 기법을 응용한 전략이 바로 토우즈TOWS 기법인데, 수상개화 전략에 적합한 툴이 아닐까 싶다.

토우즈 기법은 토우즈 미사일처럼 강력한 힘을 지녔다는 뜻에서 스왓의 이니셜 순서를 바꾼 것이다. 스왓 분석과 마찬가지로 하나의 이슈를 강점, 약점, 기회, 위협, 이 네 가지 요소로 나누고 항목별로 아이디어를 정리한다. 중요한 것은 그다음이다. 분석된 각각의 영역을 조화롭게 연결시켜보면서 아이디어를 활성화시켜야 한다. 그림으로 설명하면 162~163쪽과 같다.

즉 토우즈 기법은 일차적으로 스왓 분석을 시행한 후에 조합을 통해 좀더 명확한 그림을 그리는 전략이다. 강점(S)과 기회(O)를 결합한 SO는 반드시 가장 먼저 추구해야 하는 아이디어로 '선발 추구형'이라 칭한다. 약점(W)과 기회(O)를 조합한 WO는 '후발 추구형'으로 분류되며, 현재 추진할 여력은 없으나 언젠가 시행해야 할 아이디어로 계속 예의 주시할 필요가 있다. 강점(S)과 위협(T)이 만난 ST는 '강화 방어형'이라 부르며 지속적으로 추진하되, 위협 요인에

1. 일반적인 형태의 스왓 분석을 실행한다.

S(강점)			W(약점)		
Product	1 2 3 4 5 6 7		Product	1 2 3 4 5 6 7 8 9	
Promotion	1 2 3 4 5		Promotion	1 2 3 4 5 6 7	
Place	1 2 3		Place	1 2 3	
Price	1		Price	1 2 3	
O(기회)			T(위협)		
Product	1 2 3 4 5 6 7		Product	1 2 3 4 5 6	
Promotion	1 2 3 4 5 6		Promotion	1 2 3 4	
Place	1 2 3 4 5 6 7		Place	1 2 3 4	
Price	1 2		Price	1	

2. 각각의 요소를 결합해 네 가지 영역을 재생성한다.

SO(선발 추구형)	WO(후발 추구형)
ST(강화 방어형)	WT(퇴거 방어형)

3. 가장 취약한 요소를 제거하는 방안을 마련하고, 이를 다른 요소들에 연결시킨다.

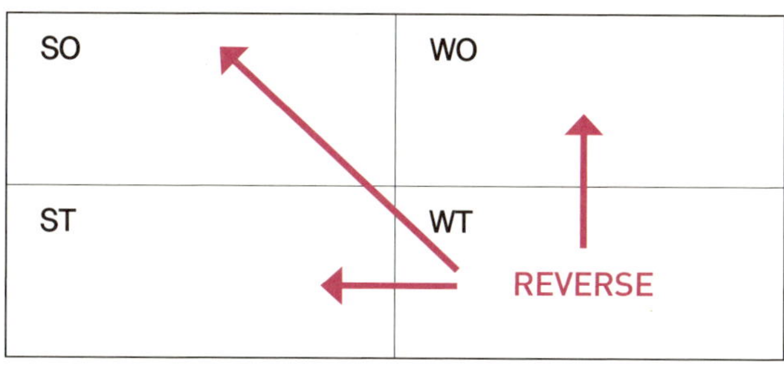

대한 방어 전략을 세워야 하는 아이디어다. 마지막으로 약점(W)과 위협(T)이 결합된 WT는 '퇴거 방어형'이라는 명칭에서 알 수 있듯이 실행에 옮기지 않는 편이 좋은 아이디어다.

이렇게 스왓 기법을 응용한 토우즈 기법을 활용한다면 조직의 구성원들과 아이디어를 유기적으로 조합해나가며 훌륭한 대안을 탐색할 수 있다.

후광 효과와 플라세보 효과

사회심리학 용어로 '후광 효과'와 '플라세보 효과'란 것이 있다. 수상개화 전략에 잘 어울리는 개념이 아닐까 싶다.

후광 효과는 그가 가진 배경에 의해 자동으로 세인들에게 인지

되는 강력한 인상을 뜻한다. 일례로 장비가 장판교에 섰을 때 그의 명성만으로 적군이 두려움을 느꼈던 것은 후광 효과라고 할 수 있다. 플라세보 효과는 환자가 가짜 약을 진짜로 알고 먹으면 효력을 발휘하는 현상을 지칭한다. 장비가 말에게 묶은 빗자루로 일으킨 먼지가 대군이 일으킨 먼지로 보인 것은 플라세보 효과로 설명이 가능하지 않을까 싶다.

가지뿐인 빈약한 나무라도 사람의 힘으로 꽃이 무성한 나무처럼 보일 수 있다. 비록 인위적으로 꾸민 작품이라 해도 솜씨가 좋으면 누가 가까이 가서 관찰해보기 전에는 그 진위를 알 수가 없다. 그러니 나보다 강한 상대일지라도 정확히 빈틈을 찾아낸다면 어려운 위기의 상황도 충분히 극복할 수 있다. 수상개화 전략의 핵심은 바로 이것이다.

가지뿐인 나무에 꽃이 핀 것처럼 꾸미려면 무엇보다도 그렇게 꾸미는 사람의 솜씨가 완벽해야만 한다. 어설프게 속임수를 썼다간 상대를 제압하기는커녕 괜히 무시당하고 참패의 굴욕을 당하기 십상이다. 수상개화 계책이 성공하기 위해서는 무엇보다도 자신의 상황을 정확하게 파악하는 것이 중요하다. 현재 나에게 부족한 점이 무엇인지, 그래서 정말로 어떠한 위기에 처했는지 정확하게 알아야 적에게 약점을 노출하지 않고 무사히 작전을 완수할 수 있기 때문이다.

지피지기면 백전백승, 나를 알고 적을 알면 승리한다고 했다. 여기에 상대를 한순간에 제압할 완벽한 방법이 더해진다면 조직을 구성하는 많은 사람들이 조화롭게 기능하면서 승리의 향연을 구가할 수 있을 것이다. 상호보완을 통해 막강한 힘을 손에 쥐게 하는 수상 개화 계책은 무한경쟁 시대에 위기를 극복할 또 하나의 강력한 비밀 병기다.

Re;Action

인사이트1_
수상개화, 협업으로 새로운 전략을 계획하라

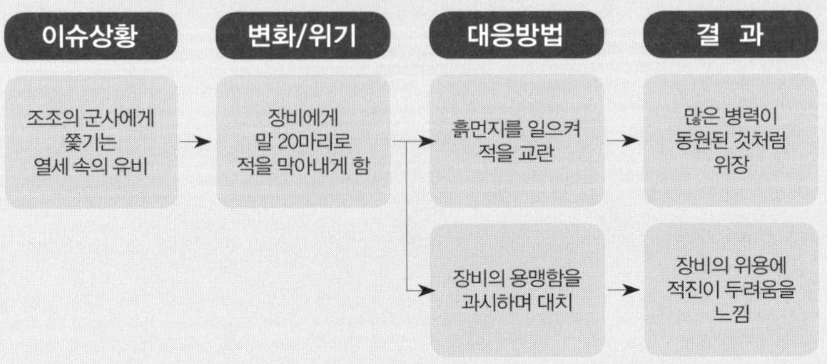

물 음	생각 정리하기
1. 유비가 장비를 활용한 이유는 무엇인가?	
2. 조조군이 살피지 못한 전략은 무엇인가?	
3. 유비의 리액션을 토우즈 기법으로 설명해보자.	

인사이트2_

조 교수는 수상개화를 어떻게 활용했는가?

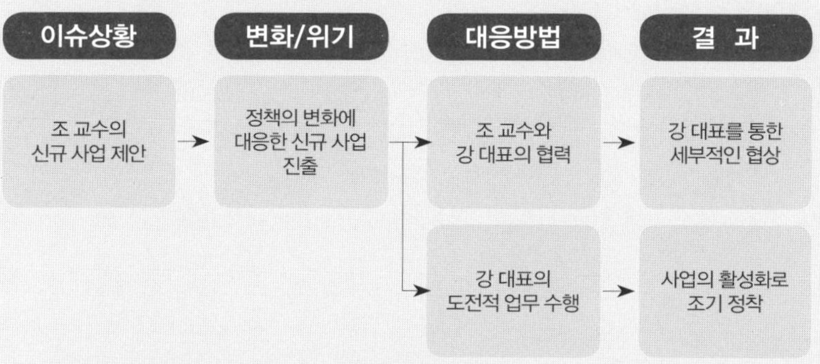

물 음	생각 정리하기
1. 조 교수가 강 대표를 합류시킨 이유는 무엇인가?	
2. 조 교수의 사례를 토우즈 기법으로 설명하면서 그의 리액션을 평가해보자.	
3. 자신의 상황을 토우즈 기법으로 표현하면서 향후 목표 설정을 이야기해보자.	

Re;Action

인사이트3_

현대카드를 업계 1위로 만들었던 성공 노하우는 무엇인가?

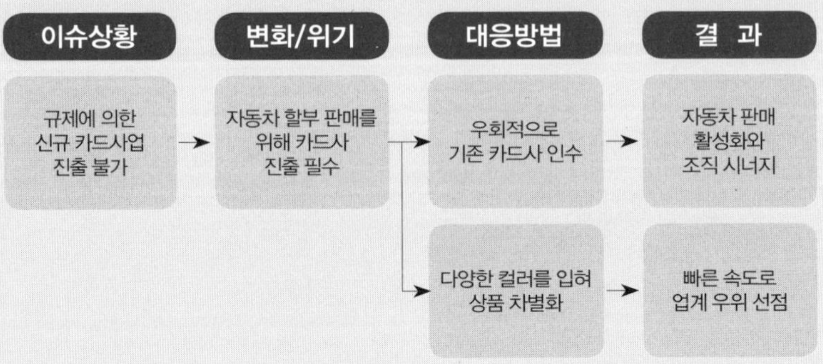

물 음	생각 정리하기
1. 현대카드의 결정적인 성공 요인은 무엇인가?	
2. 현대가 다른 카드사와 차별화를 이룰 수 있었던 장점에 대해 이야기해보자.	
3. 초창기 현대카드의 열악한 상황을 분석하면서 강화 방안에 대해 다양한 방향으로 이야기해보자.	

4장

어떻게 원하는 것을 얻을 것인가?

업무스킬

혼수모어

가치부전

연환계

Re;
Action

세런디피티는 '운 좋은 발견'이라는 뜻이다.
직장에서 우연한 기회는 누구에게나 찾아올 수 있다.
그냥 흘려보내느냐,
아니면 자신에게 필요한 행운으로 바꾸느냐,
이는 철저히 자신의 역량에 달려 있다.
여러 가능성을 염두에 두고 다양한 기회를 모색하는 사람만이
세런디피티를 자신의 것으로 만들 수 있다.

이제 지식 격차가 없는 세상이 되었다. 세상의 모든 지식은 검색만 하면 무더기로 튀어나온다. 정말 똑똑한 시대다. 스마트폰, 아니, 모바일이 가져온 인류의 행복이다. 스마트한 시대 일하는 방식도 스마트한 세상이 도래했다고 말해도 과언이 아닐 것이다. 업무 속도는 빨라지고 전 세계 어디에서나 동시다발적으로 업무 처리가 가능하다 보니 개인의 업무력 차이는 갈수록 구별하기 어려운 수준이다.

그렇다면 어떻게 자신의 경쟁력을 차별화시키고 상대에게 깊은 인상을 심어줄 것인가? 한때 T자형 인재가 이상적인 인재상으로 언급되었었다. 즉 두루 많이 알면서도 한 분야의 전문가가 되어야 생존력이 있다는 것이다. 이제는 O자형 인재, 즉 한 분야의 전문성뿐만 아니라 융복합력까지 가미된 인재가 인정받는 시대가 되었다.

가령 경영학과는 전통적으로 문과 출신이 가장 가고 싶어하는 전공 1순위였다. 그런데 최근 경영학과 앞에 디지털, 산업 등의 단어가 붙으면서 경영학이 좀더 전문화 또는 세분화되는 경향을 보이고 있다. 이렇듯 전문화, 세분화를 통해 특화된 영역을 추구하면서도 보편적 상식을 갖춘 통섭이 요구되는 사회이다 보니, 조직 구성원들도 여기 상응하는 업무력을 요구받게 되었다.

그렇다면 어떻게 이런 업무력을 키울까? 한마디로 다양성의 활용이 필요하다고 말하고 싶다. 즉 내가 지닌 전문성이나 차별점에 머무르지 말고 타인의 경험과 경쟁력을 기꺼이 받아들여 가치를 부가시키는 것이 해답이다. 《채근담菜根譚》에 자리이타自利利他라는 말이 나온다. 남을 이롭게 하는 것이 결국 나를 이롭게 하는 것이라는 뜻이다. 이 말대로 남의 아이디어를 존중하고 이해의 폭을 넓혀가는 것이 바로 다양성 관리의 중요한 요소가 아닐까 싶다. 베이비부머 세대들은 지나친 경쟁 속에서 살아왔다. 하지만 이제는 인구가 줄어드는 만큼 협력과 시너지가 중요해졌다. 따라서 일하는 방식에서도 개인이 아닌 팀워크가 절실해졌다. 팀 안에서 의미 있고 가치 있는 활동을 통해 자신의 업무력을 인정받는 것이 핵심 기술인 것이다. 그러기 위해서는 문제를 분석해내는 능력이 필요하다. 요소 간에 어떤 문제로 인해 이 같은 현상이 발생했는가를 분별해내는 분석 능력은 생각이 깨어 있고 조직의 현안에 몰입해 있다는 증거이기에 본인의 업무력을 보여주는 기본 요소다. 업무 태도 역시 매우 중요하다. 원하는 정보를 검색으로 얼마든지 얻을 수 있는 세상에서 지식은 더 이상 중요한 경쟁력이 되지 못한다. 그보다는 협력을 통해 부가가치를 창출하는 능력이 더욱 절실하기에 IQ보다 AQAttitude Quotien(태도 지수라는 의미로 필자가 만들어낸 말이다)가 중요한 업무력이 되지 않을까 생각한다. 업무스킬의 핵심적인 세 요소를 보자.

첫째, '분석'을 통해 본질을 파악하라. 어떤 사건이 발생하거나 그 징후가 나타나면 반드시 그 원인이 있기 마련이다. 그 원인을 파악하는 명확한 분석력은 한 사람의 능력을 대변하기도 한다. 사실 어떤 이슈를 분석할 경우 관심의 정도에 따라 분석의 질도 달라진다. 그러니 관심을 기울일 만큼 목적을 정비해야 한다. 즉 정합성을 이루고 나면 관심이 증폭되고 그러다 보면 면밀한 분석이 이루어진다. 혼수모어 사례처럼 상대방의 혼란을 이용하여 이익을 얻고자 하는 목적이 명확하니, 적극적인 관찰이 이루어지고 명확한 분석으로 결국 쉽게 승리를 쟁취하는 것이다. 이처럼 분석만 잘한다면 일상에서도 싸우지 않고 얼마든지 유리한 고지를 확보할 수 있다.

둘째, 깨어 있어라. 상대방에게 얕잡아 보이지 않기 위해 위악을 떠는 사람들을 종종 만나게 된다. 왠지 피곤하고 힘들다. 그런 사람을 만나 이야기를 하다 보면 기를 빼앗기는 기분이라서 결국에는 만남을 경계하고 관계를 끝내게 된다. 그러니 겉모습은 늘 겸손하여 상대방을 긴장시키지 않는 것이 최상이다. 그것이 상대방의 의도를 간파하기 위한 리액션의 자세다.

셋째, 공명共鳴이 이는 영향력을 가져라. 고요한 산속의 절에서

울려 퍼지는 종소리처럼 그 울림이 널리 퍼지는 것을 공명이라고 한다. 또한 철학적으로는 남의 사상이나 의견에 깊이 공감하여 깨닫게 하는 것을 공명이라고 한다. 이렇게 공명이 일어나게 하려면 말 그대로 심금을 울려야 한다. 영향력이란 상대방과 진정으로 통하는 감정이입 상태에 이르러야 비로서 발휘된다. 어떤 일이 성사되기까지는 연환계처럼 다양한 방법을 수없이 연결해야 하지만 그 시작은 반드시 깊은 공명이 이는 사람과의 교류여야 한다.

업무력이 좋으려면 두 가지 요소가 결합되어야 한다. 즉 획득Acquirement과 달성Accomplishment이다. 획득이란 어떤 일을 수행하기 위한 기본적인 자격이나 지식을 보유하는 것이다. 반면 달성은 획득을 기반으로 하는 수행의 성과를 의미한다. 예를 들어 영어를 구사하는 능력이 획득이라면 이 능력을 갖춤으로써 영어 협상에서 유리한 조건을 확보하는 것은 달성이다. 이렇듯 알고 있는 것을 기반으로 실행에서 원하는 결과를 얻어야 업무력이 있다고 말할 수 있다. 전문 기술과 노하우를 많이 습득하여 실전에 다양하게 활용해봄으로써 성과를 올리는 것이 성공의 열쇠다.

본질을 꿰뚫는 힘

混水摸魚

혼 수 모 어

직장인에게 가장 필요한 업무 능력은 무엇일까. 자신의 분야에 대한 전문적인 지식, 과감한 실행력, 다른 사람들과의 원활한 커뮤니케이션 능력 등 요구되는 능력이 한두 가지가 아닐 것이다. 각 능력의 중요도를 따질 수는 없지만 그중 가장 중요한 것은 문제와 상황을 정확히 분석하는 능력이 아닐까 싶다.

업무에서 가장 중요한 목표가 무엇인지, 문제가 발생한 주요 원인이 무엇인지, 즉 본질을 꿰뚫는 힘을 갖고 있다면 어떤 난제가 떨어져도 쉽게 해결할 수 있다. 많은 직장인이 열심히 일을 하면서도 제대로 성과를 내지 못하는 이유는 대개 본질을 파악하지 못했기 때문이다. 목표를 제대로 파악하지 못한 채 그저 일만 열심히 한다고 해서 성과가 나는 것은 아니다. 목표 없는 노력은 헛수고에 불과하다. 원인을 정확히 분석하지 않고 문제만 해결하려고 들다가는 힘만 빠지기 십상이다.

의학 용어 중에 트리거 포인트Trigger Point라는 것이 있다. 통증이 유발되는 지점을 뜻하는 것으로, 다른 말로는 통점痛點이라고도 한다. 이 통점만 정확히 알면 통증을 해결하는 것은 어렵지 않다. 비즈니스에서도 트리거 포인트를 파악하는 능력이 중요하다. 업무의 목표, 문제의 원인 등 각 사안을 관통하는 핵심이 바로 트리거 포인트다. 다음 사례는 트리거 포인트를 제대로 파악하지 못했을 때 어떤 참사가 빚어질 수 있는지를 여실히 보여준다.

회사의 독이 된 직원을 스카우트한 강 상무

송 팀장은 미국에서 박사 학위를 받고 돌아온 재원이다. 비록 국내 사정에는 어둡지만 그 능력을 인정받아 한 회사의 개발팀장으로 스카우트됐다. 입사 3개월이 흐른 뒤 어느 정도 업무 파악을 마치고 일에 박차를 가하던 송 팀장은 예상치 못한 부분에서 어려움을 겪고 있었다. 타 부서의 강 팀장이 시시때때로 찾아와 상사와 동료들의 험담을 늘어놓았던 것이다. 송 팀장은 회사 생활에 대한 다양한 조언을 들려주는 것이 고마워서 강 팀장과 가깝게 지냈지만 점점 그가 불편하고 부담스러워졌다. 그러던 중에 송 팀장은 친하게 지내는 박 팀장과의 술자리에서 강 팀장에 대한 경고까지 듣게 됐다.

"송 팀장, 자네 강 팀장이랑 자주 이야기를 나누는 것 같던데 말이야. 그 친구한테 너무 마음을 터놓지 않는 것이 좋을 거야. 강 상무 낙하산으로 입사했는데, 일에는 좀처럼 관심이 없고 사내에서 편 만들기에 주력하는 친구야. 잘못 엮이면 자네도 괜한 오해를 살 수 있어."

한국의 조직문화에 익숙하지 않았던 송 팀장은 머리가 아파왔다. 사내정치니, 편 가르기니, 그런 것이 왜 필요한지도 좀처럼 이해되지 않았다. 그래서 자신은 괜한 일에 힘 빼지 말고, 맡은 임무에나 최선을 다하자고 결심했다. 강 팀장과도 차츰 거리를 두면서 업무에 매진하던 어느 날 강 상무가 갑작스럽게 송 팀장을 호출했다.

"송 팀장, 강 팀장이 업무에 협력하지 않는다던데 어찌 된 일이지?"

강 상무는 얼마 전 회식 자리에서 개발팀과 영업팀이 반목하는 상황이라 업무가 제대로 돌아가지 않는다는 직원들의 항의를 들었다고 했다. 그 원인이 두 팀장의 사이가 좋지 않아서라는 소문도 돌고 있다는 것이다. 송 팀장은 억울한 마음을 감출 수가 없었다. 그래서 그간 느꼈던 강 팀장의 문제점을 솔직하게 털어놓고는 설사 그에 대해 부정적인 시선을 갖고 있다 해도 절대 공과 사를 구분하지 못한 적은 없다고 강조했다.

송 팀장과의 면담을 마친 뒤, 강 상무는 시름에 잠겼다. 화려한 스펙을 보고 본인이 직접 스카우트해온 강 팀장이었다. 그의 잘못은 곧 자신의 잘못이기도 했다. 상황을 좀더 정확히 파악하기 위해 알아보니, 실제로 강 팀장에게 많은 문제가 있었다. 강 팀장이 입사하고 1년 동안이나 타 팀과의 협업이 제대로 이루어지지 않았고, 영업팀 내부에서도 갈등이 심했다. 이를 참지 못한 몇몇 직원의 퇴사도 있었다. 업무는 등한시하면서 이 사람 저 사람에 대한 험담을 하고 다니는 강 팀장이 모든 불화의 근원지였다.

뒤늦게 모든 사실을 안 강 상무는 강 팀장을 불러 호되게 질책했지만 강 팀장은 적반하장이었다. 다른 팀장들도 잘못이 있는데 왜 자신만 야단치느냐는 대답이었다. 결국 강 상무는 강 팀장을 다른 팀으로 이동시켰지만 이미 물은 엎질러진 후였다. 1년 동안 와해된 조직 분위기는 쉽게 회복되지 못했고 일련의 과정에 회의를 느낀 송 팀장은 경쟁사로 이직하고 말았다.

강 상무는 회사에 문제를 일으킨 주범을 본인 스스로 데려왔다는 자책감에 시달렸지만 이미 뒤늦은 후회였다. 그가 강 팀장의 화려한 스펙 뒤에 숨겨진 본질, 즉 그의 좋지 못한 성품과 이기적인 행동을 제대로 파악했다면 이런 참사는 벌어지지 않았을 것이다. 더욱이 회사 내 분열이라는 문제가 발생했을 때도 그는 트리거 포인트를 알지 못했다. 정작 문제를 일으킨 당사자는 강 팀장인데 애꿎은 송 팀장을 질책했던 것이다. 강 상무는 혼수모어의 상황을 자초해 유능한 인재들을 경쟁사에 내주고 만 셈이다.

혼수모어는
'기회'가 아닌 '분석'의 전략이다

혼수모어는 혼탁한 물에서 손쉽게 고기를 잡는다는 뜻으로, 혼란을 틈타 이익을 얻을 기회를 잡는다는 의미를 담고 있다. 본질을 꿰뚫는 힘을 기른다는 측면에서도 이 전략을 사용할 수 있다. 이를 설명하기에 앞서 아래 고사를 살펴보자.

당唐나라는 거란이 자주 침입하자 장수규張守珪를 절도사로 임명해서 거란의 난을 평정하게 했다. 이 소식을 전해 들은 거란은 당에 화평을 청해왔다. 하지만 거란의 저의를 의심한 장수규는 사신을 보내 정황을 살피게 했다.

사신이 거란에 도착해서 염탐꾼을 통해 알아보니, 거란은 가돌한과 이과절의 두 파로 나뉘어 서로 질시와 반목을 거듭하고 있는 상황이었다. 이 사실을 보고받은 장수규는 거란을 멸할 묘안을 떠올렸다. 내부에 분열을 일으키는 계책이었다. 이후 장수규의 명을 받은 사신은 이과절을 찾아가 일부러 가돌한을 칭찬하면서 상대의 화를 돋웠다.

"가돌한 님은 능력이 뛰어나고 인물도 출중해서 거란의 큰 기둥이라 들었습니다. 이과절 님은 그에 대해 어떻게 생각하시는지요?"

사신의 말에 흥분한 이과절은 진노하며, 길길이 날뛰었다. 이성을 잃은 그는 상대가 적이라는 사실도 잊고 속내를 털어놓았다.

"가돌한이 거란의 기둥이라니, 말도 안 되는 소리! 그는 괜히 당나라와 분란을 일으켜서 백성을 도탄에 빠지게 했다. 그러고는 싸움에 자신이 없자 거짓 화평이라는 치사한 짓까지 하면서 책임을 모면하려는 비겁한 자다. 그런 자가 무슨 출중한 인물이라는 것인가.”

이과절이 당과의 전쟁에 부정적인 입장이라는 사실을 알아챈 사신은 그를 회유하기 시작했다.

“이번 기회에 가돌한을 제거하고 당나라 조정에 협조한다면 장군께서는 그 공을 크게 인정받을 것이옵니다.”

결국 사신의 부추김에 넘어간 이과절은 가돌한을 공격해 제거해버렸다. 이 과정에서 이과절 자신도 가돌한에게 충성하는 병사들에게 죽임을 당했다. 거란 진영의 주축 2명이 분열로 목숨을 잃으니, 거란은 혼란에 빠져 우왕좌왕했다. 장수규는 이 틈을 놓치지 않고 거란을 공격해 대승을 거두고 난을 평정했다.

장수규의 혼수모어 계책이 탁월한 이유는 우연히 거란 진영의 혼란이라는 기회를 잡은 것이 아니라 능동적으로 그러한 상황을 조성했기 때문이다. 이는 그가 거란의 화평 제의 뒤에 깔린 저의를 파악하고자 했기에 가능한 일이었다. 그는 상황을 곧이곧대로 받아들이기보다 상황의 본질을 파악하고자 노력했다. 그로써 적진 내부에 갈등이 있음을 포착했고 이를 절묘히 활용해 ‘대승’을 거둔 것이다. 즉 혼수모어는 ‘우연한 기회’가 주는 행운이 아니라 문제를 정확히 파악하는 분석력이 갖춰질 때만 실현 가능한 전략인 것이다.

오클랜드는 어떻게
메이저리그 최강 팀이 됐을까

거란이 거짓 화평을 제안한 의도를 분석해서 거기에 속아 넘어가지 않고 오히려 거란의 내부를 분열시켜 손쉽게 승리를 거둔 장수규의 혼수모어 전략은 오늘날 비즈니스 세계에서도 유효하다. 남들이 파악하지 못한 영역을 분석해서 저비용으로 최강의 팀을 구성한 오클랜드 애슬레틱스의 사례는 혼수모어의 전형적인 예라고 할 수 있다.

미국 메이저리그에 소속된 오클랜드 애슬레틱스는 2000년부터 2003년까지 4년 연속으로 포스트 시즌에 진출하는 놀라운 기록을 세웠다. 더욱 놀라운 사실은 이 기록을 세운 주인공들이 당시 메이저리그 최고 부자 구단인 뉴욕 양키스 연봉의 3분의 1에도 미치지 못하는 연봉을 받는 선수들이었다는 것이다. 이들의 성공 비결은 당시 구단주 빌리 빈이 새롭게 시도한 데이터 분석과 이를 통한 과학적인 운영 방식에 있었다.

이전까지 선수를 평가할 때는 타율이나 방어율 같은 단순한 기준을 적용했다. 개인 역량이 팀에 미치는 영향은 거의 분석되지 않았다. 빌리 빈은 메이저리그 구단주 최초로 야구 경력이 전무한 통계학도와 경제학도를 자신의 보좌관으로 영입한 후 선수의 개인 자질 중에 팀 승리에 기여하는 요소들을 분석해냈다. 이 데이터 분석은 의외의 결과를 도출했다. 선수 개개인의 체력 조건보다는 좋은 공을 기다릴 수 있는 차분하고 끈질긴 품성, 설사 공을 치지 못하더라도 상대 투수의 투구 수를 늘리는 전략 등이 팀 승리와 더 밀접한 관련이 있다는 사실을 발견한 것이다.

빌리 빈은 이러한 분석을 바탕으로 선수를 영입하고 구성했으며, 이로써 기존의 기준으로는 저평가될 수밖에 없던 선수를 낮은 연봉에 데려올 수 있었다. 그 결과는 앞서 말한 대로 4년 연속 포스트 시즌 진출이라는 대기록으로 나타났다. 그의 상식을 깬 발상과 데이터 분석에 의한 운영은 이후 메이저리그에서 팀 운영의 기본으로 자리 잡았다. 빌리 빈은 문제를 분석하는 새롭고 놀라운 방법으로 합리적이며 과학적인 혁신을 이룬 것이다.

빌리 빈의 전략을 혼수모어의 관점에서 해석할 수 있는 이유는, 그가 지닌 뛰어난 분석력에 있다. 기존 전문가들은 선수의 역량이나 문제점을 개인의 문제로만 생각했다. 각 개인의 요소가 팀에 미치는 복합적이고 입체적인 상관관계는 파악하지 않았다. 즉 개별 선수를 팀의 개별 요소로 보는 단편적인 분석으로만 팀을 운영한 것이다. 하지만 빌리 빈은 '야구 = 팀 스포츠'라는 본질을 정확히 파악하고 있었다. 그는 아무리 좋은 역량을 가진 선수들을 모아도 호흡이 맞지 않으면 게임에서 이길 수 없다는 사실을 알고 있었다. 그래서 팀과 선수들의 유기적인 관계에 집중하는 새로운 접근으로 문제를 분석했고, 결국 저비용 고효율로 숨은 진주들을 발굴해낼 수 있었다.

철저하고 세밀한 분석법, MECE

세계적인 컨설팅회사 매킨지는 '상호배제와 전체포괄MECE'이라는 개념으로 문제를 분석한다. MECE는 정보 자원이 서로 배타적이어서 중복되지 않음과 동시에 전체의 총합을 이루어야 한다는 것이 핵심이다. 즉 이슈가 중복되거나 누락되지 않도록 구조화하고 이를 통해서 문제의 핵심을 정확히 찾아내서 빠르게 대처하는 문제 해결법이 바로 MECE다. 이미 많은 사람이 알고 있는 기법이지만 충분히 연습하지 않으면 쉽게 적용하기 힘든 툴이기도 하다. 실행하는 방법은 간단하다.

1단계 마인드맵처럼 각 이슈에 따라 서로 배타적인 두 가지 경우를 분류한다. 가령 사람은 남자와 여자로 나누고, 남자는 학생과 직장인으로 나누는 식이다. 상호 배타적인 형태로 세밀하게 분류하는 것이 포인트다.

2단계 누락된 정보가 없는지 지속적으로 체크하면서 그 정보들이 모였을 때 한 이슈의 총합이 되는지를 확인한다. 만약 빠진 정보가 있다면 또 채워 넣는다.

다음 각각의 분해는 ME(중복되지 않음), CE(전체를 포괄)하게 분류되었는가?

이처럼 MECE로 문제를 분석하면 복잡한 상황도 단순 명료하게 정리할 수 있다. 원인을 한눈에 파악할 수 있기 때문에 해결도 쉬워 진다.

혼수모어는
문제를 돌파하는 전략이다

혼수모어의 핵심은 혼란을 조성하는 것이 아니다. 문제의 본질을 파악해서 성공적인 문제 해결을 유도하는 계책이 바로 혼수모어다. 따라서 혼수모어 전략을 실행하는 데는 문제(상황)의 분석 능력이 가장 중요하다. 뜻하지 않은 복잡한 문제에 직면했을 경우 어떤 사람은 자신의 경험을 맹신하는 주먹구구식 문제 분석으로 비효율적인 대안만 내놓는다. 하지만 분석력을 갖춘 사람은 문제를 꿰뚫고 원인을 분석해 최적의 해결법을 내놓는다.

앞서 강 상무가 회사에 위기를 가져온 것은 입사자의 본질을 제대로 꿰뚫지 못했기 때문이다. 반대로 장수규가 거란을 제압하고 약체였던 오클랜드 애슬레틱스가 강팀으로 거듭날 수 있었던 것은 각각 상대의 상황을 면밀히 파악하고, 문제에 새롭게 접근한 덕분이었다.

비즈니스 환경에서는 항상 숱한 난관에 직면할 수밖에 없다. 이를 어떻게 타개해나가느냐가 결국 성공의 열쇠가 된다. 누구보다 정확하고 빠르게 문제를 해결하기 위해서는 문제를 객관적이고 구조적으로 분석하는 능력부터 갖춰야 한다. 혼수모어 전략을 문제 분석에 적용하고 활용하기 위한 방법은 크게 세 가지다.

1. 문제를 구성하는 모든 요소를 중복이나 누락 없이 체계적으로 체크하고 정리한다.
2. 관성을 경계하고 문제의 본질에 집중하는 자세를 유지한다.
3. 주관적 경험이나 감을 강요하지 말고 객관적인 데이터로 판단한다.

Re;Action

인사이트1_
혼수모어, 본질을 어떻게 꿰뚫을 것인가?

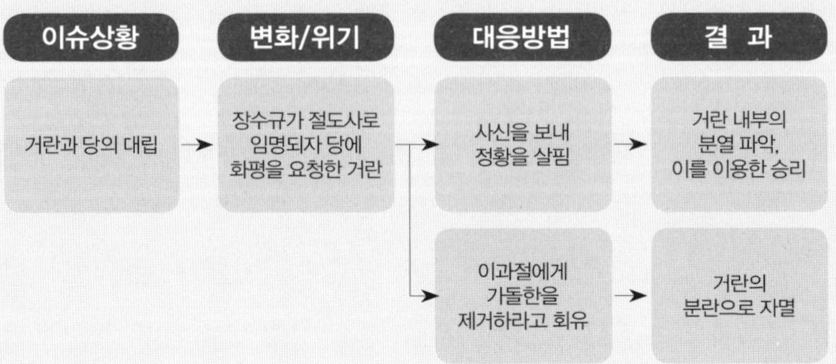

물 음	생각 정리하기
1. 장수규가 거란을 물리칠 수 있었던 핵심적 역량은 무엇인가?	
2. 장수규는 거란을 의심하여 성공했고, 이과절은 가돌한을 의심하여 실패했다. 두 의심의 차이는 무엇인가?	
3. 장수규의 리액션을 MECE로 분석해보자.	

강 상무가 조직관리에 실패한 이유는 무엇인가?

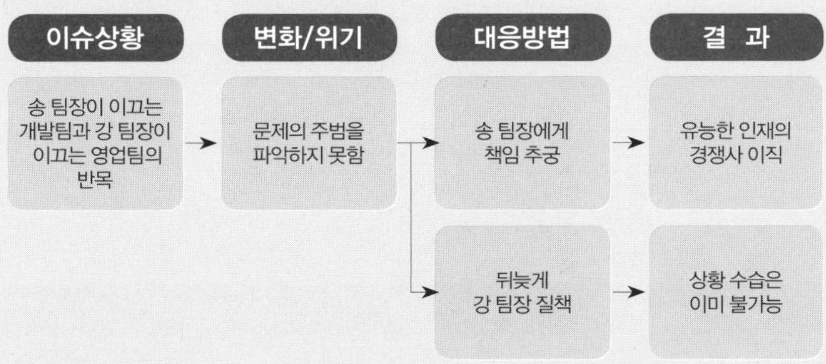

물 음	생각 정리하기
1. 강 팀장에 대한 강 상무의 판단을 흐리게 한 것은 무엇인가?	
2. 조직이 혼수모어의 상황이 됐을 때 이를 벗어날 방법은 무엇일까?	
3. 만일 여러분이 강 상무라면 어떻게 행동해야 하는가?	

인사이트3_

오클랜드 애슬레틱스의 사례에서 얻고자 하는 인사이트

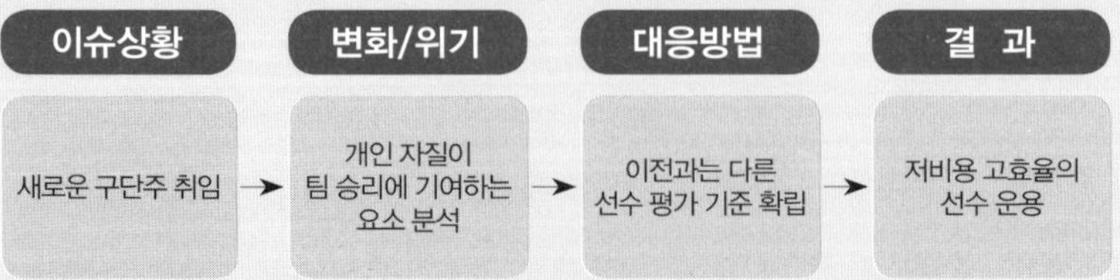

물 음	생각 정리하기
1. 빌리 빈은 왜 통계학도와 경제학도를 보좌관으로 영입했을까?	
2. 빌리 빈의 데이터 분석이 혼수모어 전략인 이유는?	
3. 분석에 있어 가장 중요한 것이 무엇인지 고민해보자.	

자신을 드러내지 않으면서 발전을 도모하라

假痴不癲

가 치 부 전

조직에서 개인의 능력을 재는 바로미터는 목표, 즉 과업의 달성 여부가 우선이다. 하지만 그것만이 전부는 아니다. 설사 높은 성과를 올린 사람으로 인정받아 조직에서 잘나가는 핵심 인재군에 소속되어 있더라도 어느 순간 낙마할지 모를 일이다. 주변의 시기, 경쟁, 모함 등 변수가 너무도 많다.

흔히 우리말로 알고 있는 '짐작'은 사실 한자어다. 그런데 그 개념이 매우 흥미롭다. 형편을 어림잡아 판단한다는 의미를 가진 이 말은 술자리에서 유래됐다. 짐斟은 술잔에 술이 넘치지 않도록 따라야 한다는 뜻이고 작酌은 술이 부족하지 않게 따라야 한다는 뜻이다. 즉 많지도 적지도 않게 적당하게 따라야 한다는 의미다. 개인의 능력관리에도 바로 이 짐작의 자세가 필요하다. 물론 능력은 당연히 뛰어날수록 좋다. 하지만 그 능력이 너무 드러나면 다른 사람들로부터 추격의 대상으로 인지돼 집중 공격을 받을 수 있다. 반대로 능력이 부족하면 조직으로부터 도태되기 십상이다.

자신의 역량을 계속 갈고닦으면서 이를 드러내지 않는 겸손과 신중함이 직장 생활에서 중요한 요소다. 단순히 처세의 문제라기보다는 기술이고 전략이라 할 수 있다. 그만큼 중요하다는 뜻이기도 하고, 그만큼 어렵다는 의미이기도 하다. 드러내지 않으면서 스스로의 발전을 도모하는 것, 이것은 업무스킬에 있어 궁극의 경지다.

계약직이었던 그녀는 어떻게 정규직이 됐는가

김 주임은 입사 3년 차의 공공 기관 정직원이다. 하지만 불과 2년 전에는 계약직 사원이었다. 취업이 쉽지 않은 현실을 잘 알고 있던 그녀는 3년 전, 그러니까 대학을 졸업하기 전부터 인턴으로 일하며 경험을 쌓아왔다. 휴학 등으로 졸업을 유예하는 것은 임시 방편에 지나지 않는다는 생각에 적극적으로 취업을 준비한 것이다.

지금의 직장은 인턴으로 일하다가 계약직을 제안받은 곳이었다. 계약직이라는 사실이 마음에 걸리긴 했지만 찬밥 더운밥을 가릴 처지가 아니었다. 계약직이 찬밥이라면 본인의 노력으로 더운밥으로 만들면 된다는 생각이었다. 대부분의 계약직이 그렇듯 그녀에게도 주로 허드렛일이 맡겨졌다. 하지만 그녀는 아무리 작은 일도 주인의식을 가지고 열심히 처리했다. 회의 때도 적극적으로 의견을 개진하고, 어떤 일이 떨어져도 웃으면서 긍정적으로 수행했다. 비단 일만 열심히 한 것이 아니었다. 사내의 각종 동호회에 가입해 직원들과도 친분을 쌓았다.

사실 그녀에게는 남에게 말하지 않은 포부가 있었다. 언젠가 있을 공채 선발에 대비해서 조용히 시험을 준비하고 있었던 것이다. 비록 스펙이 부족할지 몰라도 회사 내에서 입지를 잘 다져놓으면 추후 채용에 유리한 고지를 선점할 수 있다는 생각이었다. 그녀는 회사에서 지하철로만 1시간 넘게 걸리는 곳에 살면서도 남들보다 2시간 먼저 출근했다. 인적이 드문 지하철에서 시험 공부를 하고 아침에 텅 빈 사무실에서 영어 공부를 하며 꾸준히 실력을 다졌다.

그렇게 1년여의 시간이 흐른 후 마침내 공채 채용 공고가 났다. 팀장은 그녀를 불러서 공채에 지원했다가 떨어지면 계약직조차 지속하기 어려우니 심사숙고하라고 조언했다. 하지만 동시에 그녀의 평소 업무 태도와 일에 대한 열정을 칭찬하며, 꼭 합격하라는 응원도 건넸다. 그리고 얼마 후 그녀는 월등한 토익점수와 높은 시험점수로 수백 대 1의 경쟁률을 뚫고 서류전형에 합격했다. 이후 면접과 집단토론에서도 기세는 꺾이지 않았다. 특히 1년간의 회사 생활을 통해 회사가 원하는 인재상을 정확히 파악하고 있었던 그녀는 면접에서 최고점을 받으며 당당히 합격통지서를 손에 넣을 수 있었다.

이후 정규직으로 입사한 그녀는 날개를 단 듯 자신의 능력을 한껏 펼쳤고, 3년 만에 주임으로 승진했다.

빈 수레가 요란한 법. 진정한 고수는 소리 없이 강하다. 처음 그녀가 인턴으로 일하겠다고 했을 때 가족과 친구들은 그 시간에 스펙을 쌓는 것이 좋지 않겠느냐며 만류했다. 계약직으로 입사하겠다고 했을 때도 다른 회사의 공채를 기다려보라며 말렸다. 하지만 그녀는 주변의 우려에 개의치 않았다. 현 상황에서 무엇이 더욱 효율적인지를 면밀히 고려했고, 실전에서 경험을 쌓는 것이 유리하다는 판단을 내렸기 때문이다. 결국 그녀는 모두가 의문을 표했던 자신의 결정이 틀리지 않았음을 스스로 증명해냈다.

가치부전의 핵심은 '유연함'과 '신중함'이다

중국 전국시대에 제齊나라 출신 손빈孫臏은 위魏나라에서 관리로 일했다. 그런데 그의 뛰어난 재능과 탁월한 병법을 시기했던 위나라 장군 방연龐涓은 상부에 손빈이 제나라와 내통하고 있다고 밀고했다. 이에 위나라 왕은 손빈을 죽이려 했으나 방연은 손빈의 병법 지식을 얻기 위해 사형을 만류했다. 대신 손빈의 두 발을 잘라 도망치지 못하게 하고 그를 자신의 집으로 데려왔다.

"내 덕에 그대가 살았으니, 그대의 손자병법을 나에게 전수해주시오."

아무것도 몰랐던 손빈은 방연에게 감사를 표했다.

"당연하지요. 제 목숨의 은인인 장군을 위해 죽간에 손자병법을 새겨서 기꺼이 전해드리겠습니다."

불구가 된 손빈의 시중을 들던 하인은 본디 방연에게 손빈을 감시하라는 임무를 받았지만 그의 인간됨에 반해 진심으로 그를 섬기게 되었다. 결국 그 하인은 손빈에게 이 모든 것이 방연의 계략이었음을 이실직고하고 만다. 손빈은 억울하고 분한 마음을 감출 수 없었다. 하지만 두 발이 잘린 상황에서 도망칠 수도 없는 노릇. 혹여 자신이 진실을 알게 되었다는 사실을 방연이 눈치채면 목숨을 잃는 것은 시간문제였다.

'손자병법을 저놈에게 넘겨줄 수는 없다. 하지만 넘기지 않으면 나를 죽일 것이다. 넘긴다고 해도 목숨을 보장받을 수 없다. 어떻게 해야 할까.'

이래도 저래도 죽을 목숨이라는 사실을 안 손빈은 고민 끝에 묘안을 떠올렸다. 그날 저녁 손빈은 밥을 먹다가 갑자기 땅바닥에 고꾸라지더니 토하며 소리쳤다.

"네가 나를 죽이려 하느냐?"

밥그릇을 뒤엎은 그는 지금까지 손자병법을 새겨놓았던 죽간을 모두 불태우고는 알아듣지 못할 말들을 마구 지껄였다. 이 소식을 들은 방연은 손빈을 돼지우리에 가두게 했다. 손빈은 돼지들과 먹고 뒹굴어 온몸이 오물 범벅이 된 채 계속 이상한 소리를 중얼거렸다. 이런 일이 계속되자 방연은 손빈이 미쳤다고 생각하고 경계를 소홀히 했다.

한편 손빈의 사연을 전해 들은 제나라 왕은 그의 재능을 아깝게 여기고 사신을 보내 그를 구출하게 했다. 방심한 방연이 감시를 허술하게 했기 때문에 사신은 손빈을 쉽게 빼낼 수 있었다. 탈출한 그들은 손빈이 입고 있던 옷을 강가에 널어놓았다. 이에 방연은 손빈이 물에 빠져 죽었다고 생각하고 이내 그 일을 잊었다. 훗날 제나라는 손빈의 전략을 활용해서 위나라와의 전쟁을 승리로 이끌었다.

손빈은 미친 척하며 방연을 속이는 가치부전의 전략으로 목숨을 구했다. 가치부전은 거짓 가假, 어리석을 치痴, 아닐 부不, 미친 전癲 자로 이루어진 사자성어로, 거짓으로 어리석은 척하나 사실은 미치지 않았다는 뜻이다. 자신의 의도를 드러내지 않고 준비하다가 결정적인 한 방으로 목표를 이루는 전략이며, 자신에게 가장 필요하고 도움이 되는 것을 용의주도하게 결정하는 전략이기도 하다. 손빈이 자신의 현실을 직시했을 때 진실을 알려준 하인에게 도움을 청하는 것이 더 손쉬운 전략이었을지 모른다. 하지만 그의 생각에 괜히 자신의 속내를 드러냈다가 방연의 귀에 들어가면 계획이 수포로 돌아갈 수 있었다. 이에 미친 척을 해서라도 상대를 속이는 전략을 택한 것이다. 즉 가치부전은 신속한 상황 판단에 따른 유연한 의사결정과 의도를 감추고 은밀히 목표를 추진하는 신중함이 요구되는 전략이다.

앞의 김 주임 이야기로 돌아가 보자. 그녀는 인턴, 계약직, 공채 등 자신이 처한 상황마다 가장 현실적인 방안을 고려했다. 유연한 사고방식으로 남들이 꺼리는 계약직을 택했고 나중에는 계약직도 포기해야 할지 모른다는 어려움을 감수하고 공채에 응시했다. 신속한 판단과 유연한 의사결정, 즉 가치부전의 첫 번째 핵심을 훌륭히 수행해낸 것이다. 또한 그녀는 공채를 준비하면서도 이를 주변에 알리지 않았다. 만약 다른 사람들이 그 사실을 미리 알았다면 그녀의 성실함과 열정도 채용되기 위한 연극으로 오인했을 수 있다. 남몰래 공채를 준비하면서 회사 생활에 최선을 다했기에 성실하고 유능한 직원으로 평가받았고, 이것이 추후 채용 과정에서 플러스 요인으로 작용한 것이다.

즉 가치부전은 남을 속여서 뜻한 바를 이루는 꼼수가 아니다. 이 전략의 핵심은 '유연함'과 '신중함'이다. 상황에 따라 유연하게 판단하고 결정하는 능력, 자신의 결정을 쉽게 드러내지 않는 신중함만이 이 전략을 성공으로 이끌 수 있다.

코닝과 소니의 운명을 가른 것은?

제3자의 법칙이란 것이 있다. 본인이 직접 상대와 맞대응하기보다 제3자를 통해 본인에 대한 칭찬이나 좋은 평가를 전하는 기술이다. 이 역시 가치부전 전술의 하나다. 자신의 의도를 직접적으로 어필하지 않고 간접적으로 스스로의 가치를 알리는 방법이니 말이다.

비즈니스 현장에서도 직접적인 대응으로 상대에게 부담을 주기보다는 우회적인 방법으로 신뢰를 높이는 것이 가치부전의 묘미다. 자세를 낮추고 겸손하게 협력하는 사람이나 조직은 경쟁자의 경계심을 누그러뜨려서 역습의 기회를 만들 수 있다. 탄탄한 기본기를 갖추면서 조용히 때를 기다리는 것이다. 반면 넘치는 자만심으로 상대를 얕잡아보면서 자신의 능력을 만천하에 알리고 다니는 사람과 조직은 질시와 반목으로 불필요한 적을 만들기 십상이다.

여기에 소개하는 두 기업의 사례는 가치부전의 맥락을 이해하는 데 도움이 된다. 한 기업은 조직을 유연하게 만듦으로써 구성원 스스로 성과를 창출하게 했고, 다른 기업은 그 반대의 경우였다.

스마트폰, 태블릿PC 등 첨단 모바일 기기들이 날개 돋친 듯이 팔릴 때 조용히 미소 짓는 기업이 있다. 모바일 기기 화면에 쓰이는 강화유리를 공급하는 세계적인 특수 유리 제조회사 코닝이 바로 그 주인공이다. 코닝의 '고릴라 글라스'는 반세기 전에 개발된 자동차용 강화유리를 모바일 기기용으로 발전시킨 제품이다. 얇은 두께에도 불구하고 흠집이 잘 생기지 않고 쉽게 깨지지 않는 내구성 덕분에 2011년에 매출 10억 달러를 올렸다. 2015년에는 30억 달러 이상의 매출을 예상하고 있다.

뛰어난 품질로 성공 가도를 달리고 있는 코닝. 하지만 이 회사의 진짜 성공 비결은 따로 있다. 코닝은 구성원들이 직급을 막론하고 소통할 수 있는 열린 문화를 조성했다. 덕분에 부서 간의 이기주의 없이 협력하는 분위기가 만들어질 수 있었다. 제품의 개발 단계부터 담당 부서 임직원은 타 부서에 전사적인 협조와 지원을 요청했고, 회사는 이를 적극 수용했다. 엔지니어부터 마케터와 고객지원 담당자까지 모두가 머리를 모아 의견을 보탰다. 그 결과 탄생한 것이 바로 고릴라 글라스였다.

코닝의 가치부전 전략에서 새롭게 등장하는 키워드가 바로 '겸손'이다. 스스로의 의도를 감춘다는 것은 거짓이나 기만을 의미하지 않는다. 김 주임은 스스로를 낮춰서 사람들에게 먼저 다가서고 배우는 자세로 신임을 얻었고, 손빈은 자신의 명성도 버린 채 미친 사람을 연기하면서 목숨을 구했다. 코닝 역시 유연한 조직문화를 조성함으로써 타 부서에 의견을 묻는 일이 수월할 수 있게 환경을 만들었다. 개발팀은 겸손한 자세로 타 팀에 협력을 청했고, 이로써 혁신적인 제품을 만들어낼 수 있었다.

반대로 가치부전을 실행하지 못해 낭패를 본 기업의 사례를 보자. 한때 전자업계의 대명사로 통했던 소니는 최근 굴욕의 나날을 보내고 있다. 조직을 재정비하며 회생의 조짐을 보이고 있지만, 삼성에 추월당하며 고전을 면치 못하는 현실은 1990년대를 떠올리면 누구도 상상치 못했던 일이다. 주력 품목인 TV 분야에서는 삼성전자에 이어 LG전자에도 추월을 허용했다. 게임기 역시 닌텐도의 기세에 눌려 힘을 쓰지 못하고 있는 상황이다. 2008년 2278억 엔(약 3조 원)의 영업 손실을 시작으로 해가 갈수록 수익성도 악화되고 있다.

세계 최초로 '워크맨'을 개발하고 '기술의 소니'라는 자부심이 대단했던 회사가 왜 이렇게 되었을까. 문제는 조직 이기주의였다. 부서 간, 개인 간의 협력과 정보 공유가 전혀 이루어지지 않으면서 운영에 심각한 위기가 도래한 것이다. 또한 '우리가 최고', '우리가 만들면 표준이 된다'는 기술에 대한 자만심으로, 시장의 니즈를 외면한 것도 패인이었다. 브라운관 TV를 고집하다가 LCD TV시장에서 참패를 면치 못했으며, 화려한 그래픽만 강조한 게임기로 감성적 접근을 시도한 닌텐도에 밀렸다.

소니는 가치부전과는 거리가 먼 조직이었다. 자신들의 실력을 만천하에 알리고 자랑하면서 무수한 경쟁자들을 적으로 만들었다. 대부분의 회사들이 '타도, 소니!'를 목표로 제품 개발에 열을 올렸던 것이다. 또한 회사 내부적으로도 가치부전 전략이 적용되지 못했다. 각 부서가 자신들의 목표와 성공만 내세우며, 타 부서를 모두 경쟁자로 삼았다. 협력이나 협업은 소니에서 찾아볼 수 없는 단어가 되었다. 이것이 '소니 제국'을 몰락의 길로 이끈, 결정적 요인이었다.

드러내지 않고 준비한다, 의사결정 그리드

가치부전의 계책을 실행하기 위해서는 우선 올바른 의사결정이 먼저다. 즉 지금 가장 중요한 것이 무엇인가, 현실적으로 실현 가능한 것이 무엇인가를 판단해야 한다. 스펙보다는 경험이 중요하다고 판단한 김 주임, 명성보다는 목숨이 먼저라고 결정한 손빈, 부서 간의 경쟁보다는 제품의 성공을 통한 회사의 발전이 우선이라고 생각한 코닝처럼 말이다. 이렇듯 명백한 의사결정을 내린 후에야 목표를 이루기 위한 준비를 흔들림 없이 진행할 수 있다.

그렇다면 과연 무엇을 이루어야 하는가? 현재 상황에서 가장 효과적인 결정은 무엇일까? 이를 도와주는 도구가 바로 '의사결정 그리드'다. 먼저 평가 기준을 설정한다. 이슈 해결을 위해 상정한 여러 대안들 중에서 어떤 것이 필요한지를 판단하는 기준을 세우는 것이다. 그다음 200쪽의 그림처럼 평가 기준을 2개의 변수로 나눠서 종축과 횡축으로 연결한 다음 해당 이슈에 대한 선택 기준을 적용해 비교해나간다. 다양한 평가 기준을 적용해 여러 대안들을 계속 비교하면서 최적의 안을 설정하는 것이 포인트. 이 과정을 통해 가장 가치 있는 대안을 선정한 다음 행동의 지향점을 구축한다.

의사결정 그리드는 비교우위 항목을 정해 매우 효과적으로 대안을 탐색하는 방법이다. 가치부전 계책을 펼치기 위해 내가 어떤 요소를 복안으로 두고 은밀하게 준비할지를 판단하기에 최선의 도구라 할 수 있다.

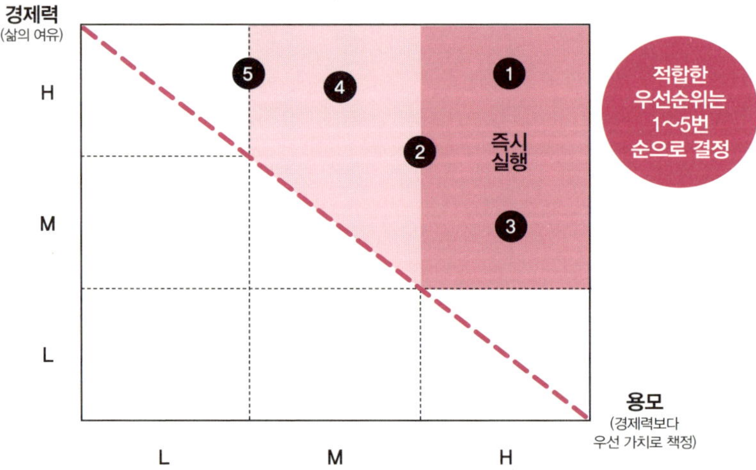

의사결정 그리드의 과정을 도표로 정리해보면 다음과 같다.

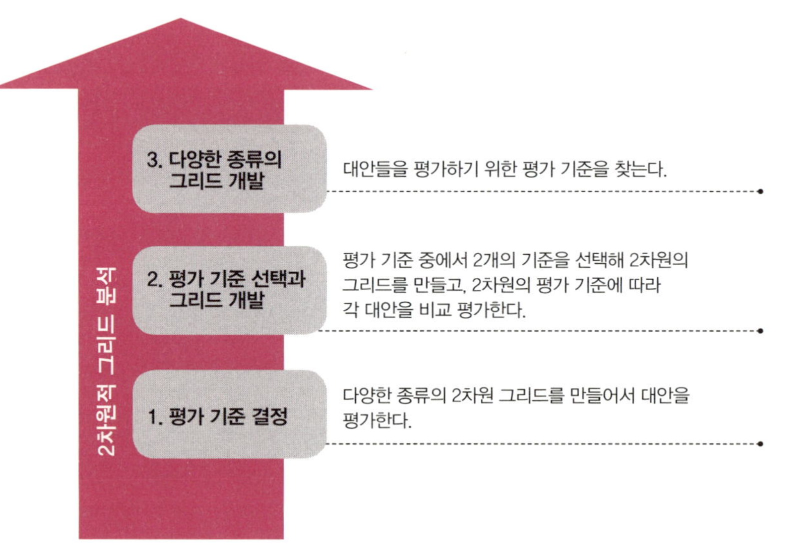

가치부전은 겸손으로
나를 높이는 전략이다

소니의 사례에서 보듯 잘나가는 조직이 저지르기 쉬운 문제점은 크게 두 가지로 요약된다. 첫째, 자만심으로 시장의 변화와 경쟁 관계를 제대로 파악하지 못한다는 것이다. 둘째, 부서 간, 개인 간 이기주의가 만연해서 조직력이 와해된다는 것이다.

앞의 고사에서 손빈은 능력이 너무 출중해서 방연의 시기를 받고 고난을 겪었다. 하지만 자세를 낮춰 하인의 마음을 움직임으로써 음모를 알아냈고, 미친 척함으로써 상대를 방심시키고 탈출할 수 있었다. 그러고는 조용히 반격을 준비해서 결국 방연을 물리쳤다.

마찬가지로 코닝은 경쟁사들이 신기술에만 매달려 있을 때 반세기 전의 제품을 재개발해서 경쟁자들의 허를 찔렀다. 이러한 개발은 조직 간, 개인 간의 겸손과 협조로 가능했다.

즉 가치부전은 나를 낮춤으로써 결과적으로 나를 높이는 전략이다. 성공하는 사람은 불필요한 적을 만들지 않고 내부의 역량을 건실히 다지면서 기회를 노린다. 모두가 방심할 때 비로소 실력을 발휘하며 진정한 고수의 면모를 드러낸다. 그래서 가치부전이 업무 스킬로서 중요한 것이다. 치열한 경쟁이 빈번한 비즈니스 세계에서 경쟁자의 경계를 풀고 내실을 다질 수 있다면 그것이야말로 가장 탁월한 업무 능력이라 할 수 있다.

Re;Action

인사이트1_
가치부전, 손빈은 어떻게 위기를 모면할 수 있었는가?

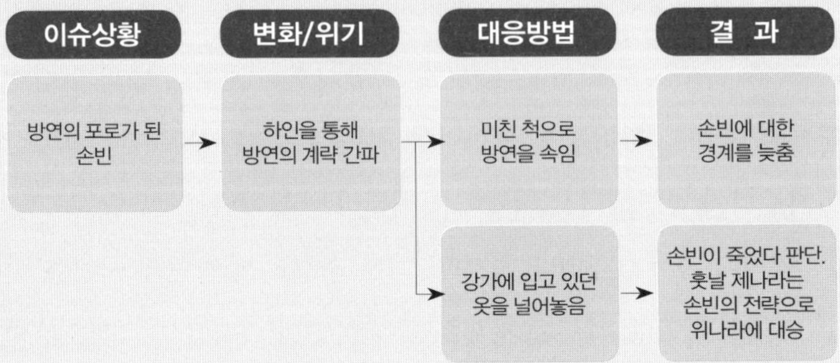

물 음	생각 정리하기
1. 방연의 가장 큰 실수는 무엇인가?	
2. 손빈의 '유연함'과 '신중함'을 구체적으로 이 야기해보자.	
3. 기업 현장에서 겸손함이 전략이 된 사례를 찾 아보자.	

김 주임은 어떻게 원하는 것을 얻을 수 있었는가?

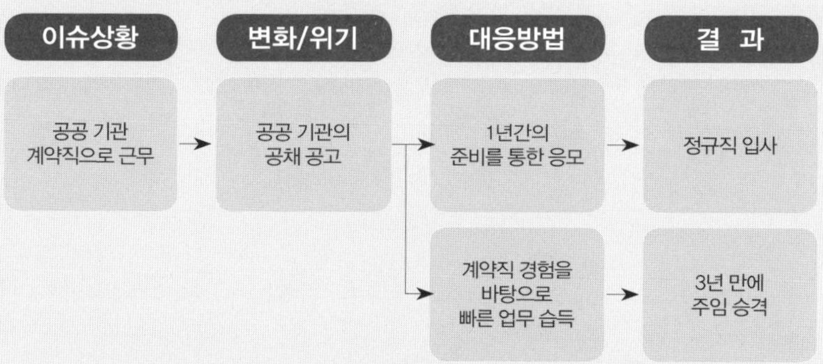

물 음	생각 정리하기
1. 김 주임의 '유연함'과 '신중함'을 이야기해보자.	
2. 김 주임의 가치부전 계책에서 두 가지 핵심은?	
3. 여러분이 은밀하게 준비하고 있는 계획에 대해 가치부전의 관점에서 전략을 짜보자.	

Re;Action

인사이트3_
코닝의 고릴라 글라스가 성공한 비결은?

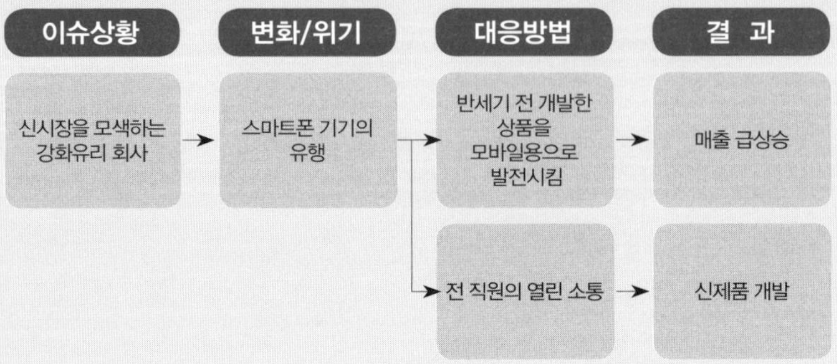

물 음	생각 정리하기
1. 코닝이 신상품을 개발할 때 주력한 것은?	
2. 소니는 왜 날로 몰락의 길을 걷게 됐는가?	
3. 가치부전을 제대로 실행하려면 올바른 의사 결정이 필요하다. 여러분이 의사결정할 때 활용하는 도구는 무엇인가?	

멀티 전략으로 승부하라

連環計

연 환 계

⦿

대부분의 직장인은 자신의 주력 분야가 정해져 있다. 기획팀에 소속된 사람은 새로운 상품이나 사업의 구상에 몰두하고, 영업팀에 소속된 사람은 거래처를 모색하고 매출을 올리는 데 주력한다. 그래서 많은 직장인은 자신이 맡은 임무에만 최선을 다하는 것으로 충분하다고 생각한다. 하지만 자신의 역할을 해낸 것과 성과를 올리는 것은 별개의 문제다.

하나의 프로젝트가 완성되기 위해서는 한 사람 혹은 한 팀의 성과만으로는 부족하다. 아무리 참신한 상품이 기획되어도 이를 판매할 영업력이 뒷받침되지 않으면 성공을 보장하기 어렵다. 새로운 거래처를 확보했다고 해도 이곳에 판매할 상품이 나오지 않는다면 말짱 도루묵이다. 나 혼자 잘해서는 결코 성과를 거둘 수 없다는 뜻이다.

일을 잘하는 사람, 업무 능력이 뛰어난 사람은 이러한 업무의 복잡성을 제대로 이해하고 있다. 그래서 어떤 문제에 부닥치든 여러 가지 경우의 수를 상정하고 이에 대한 대비책을 다양하게 준비한다.

세런디피티Serendipity, '운 좋은 발견'이라는 의미의 단어다. 의도해서 이루어낸 성과라기보다 우연한 발견이나 행운을 의미하지만 일터에서는 세런디피티 역시 일종의 능력으로 평가된다. 우연한 기회는 누구에게나 찾아올 수 있다. 이를 그냥 흘려보내느냐, 아니면 자신에게 필요한 행운으로 바꾸느냐는 그의 역량에 달려 있다. 그리고 세런디피티는 필연적으로 업무의 복잡성과 연관이 있다. 복잡다단하게 진행되는 업무의 특성을 이해하고 다양한 경우의 수를 상정하는 사람이 업무를 성공적으로 이끌 수 있듯이 여러 가능성을 염두에 두고 다양한 기회를 모색하는 사람만이 우연한 행운, 즉 세런디피티를 자신의 것으로 만들 수 있기 때문이다.

여기에 소개하는 연환계는 어떤 목적을 이루기 위하여 한 가지가 아닌 여러 다양한 계책을 활용하여 확실하게 성공시키는 책략이다. 특히 여러 팀들로 기능이 분화된 조직에서는 연환계를 활용함으로써 동시적으로 혹은 순차적으로 성과를 거둘 수 있다. 마치 오케스트라의 지휘자처럼 각각의 상황이 하나의 성과라는 화음을 이룰 수 있도록 조율하는 것이 연환계의 핵심이다.

업무 과부하에 시달리던
나 과장의 세 가지 계책

나 과장은 중소기업 인사팀에 근무하고 있다. 그는 중소기업의 특성상 인사 업무 고유의 직무만이 아니라 인접한 총무 업무나 기획 업무의 일부까지 소화하느라 늘 바쁘다. 하지만 업무의 과부하는 그리 문제되지 않는다. 더 큰 문제는 1명의 사장과 5명의 부사장으로 이루어진 경영진이 각기 다른 방식으로 일을 추진한다는 것이다. 그들 각각의 지시를 처리하다 보면 일이 방향을 잃고 중구난방으로 진행되는 경우가 허다하다.

과도한 업무와 방향성 없는 일의 진행으로 인해 나 과장의 근심은 깊어져갔다. 직무상의 문제라면 자신이 좀더 노력하는 것으로 해결할 수 있겠지만 업무체계의 문제는 혼자만의 힘으로 해결할 수 없었다. 결국 그는 설사 자신의 업무 범위에서 벗어나는 일일지라도 그것이 자신의 업무에 영향을 준다면 스스로 해결해야 한다는 결심을 굳혔다. 그리고 세 가지 대안을 마련하고 이를 동시다발적으로 실행에 옮겼다.

우선 나 과장은 직속 상사인 장 부사장에게 면담을 청했다. 그리고 조직원 200여 명의 인사 업무를 혼자 처리하기는 무리가 있으니, 외부에 인사 자문을 두자고 제안했다. 직원을 채용하면 금전적인 부담이 따를 수밖에 없지만 외부 자문이라면 큰 비용을 들이지 않고도 어느 정도 문제를 해결할 수 있었다. 다행히 나 과장의 업무 과부하를 알고 있던 장 부사장은 바로 동의를 표했다.

뒤이어 나 과장이 만난 사람은 사장이었다. 사실 사장은 부사장들의 성향이나 업무 방식이 제각각이라 자신이 통제하기 어려운 상황에 대해 내심 불만을 품고 있었다. 이에 나 과장은 각 사업단별로 역할과 책무를 재규정하는 조직 컨설팅이 필요하다는 사실을 피력했다. 전문 컨설턴트를 통해 조직을 재정비하면 명분도 타당하다는 주장에 사장 역시 동의했다.

마지막으로 나 과장은 영업본부장에게 외부 전문가의 성과 코칭을 제안했다. 사실 영업부는 나 과장의 업무와 직접적인 관련은 없었다. 하지만 영업부에서 제대로 성과가 나지 않으면 회사의 전체적인 분위기가 좋지 않았고 타 부서에도 직간접적으로 부정적인 영향을 끼쳤다. 이 문제를 해결하지 않으면 다른 문제가 해결된다고 해도 여전히 여러 잡음이 일어날 수 있었다. 나 과장은 복잡다단하게 얽혀 돌아가는 조직의 생리를 정확히 꿰뚫고 있었고 이에 본인과 직접적인 연관이 없는 분야까지 해결책을 제시했던 것이다.

결과적으로 세 가지 계책을 동시에 추진한 나 과장의 전략은 성공이었다. 인사 자문을 통해서 인사 업무의 부담을 덜 수 있었고 조직 재정비를 통해서 방향성 없는 업무 지시를 통일할 수 있었다. 그리고 영업부의 성과 향상을 통해 조직의 가장 큰 문제 역시 해결할 수 있었다. 나 과장의 목적은 지나친 업무 부담을 덜고 좀더 체계적으로 일하는 것, 한 가지였으나 이를 얻기 위해서는 여러 대안이 동시에 필요했던 것이다. 즉 연환계는 나무가 아니라 숲을 볼 줄 아는

넓은 시야와 각 나무 간의 연관성을 파악하는 사고력이 뒷받침돼야
성공 가능한 전략이다.

연환계는
시너지의 전략이다

연환계는 한자에서 보듯이 이을 련連, 고리 환環, 꾀할 계計 자로
이루어진 고사성어로, 고리를 잇는 계책이라는 뜻을 갖고 있다. 오나
라의 주유는 조조군을 공격하기 위해 세 가지 계책을 연이어 사용
했고 이들 계책은 서로 연관되어 상승효과를 냄으로써 승리를 견인
해주었다. 고사를 살펴보자.

조조는 수전水戰에 능한 오나라의 장수 채모蔡瑁와 장윤張允의 투
항에 힘입어 장강을 넘어 남방을 평정하러 나섰다. 조조는 자신의
책사인 장간蔣幹이 주유와 동문수학했다는 점을 이용해서 오나라 대
장인 주유를 포섭하려 했다. 이때 주유의 첫 번째 계책이 진행됐다.
주유는 자신을 회유하기 위해 찾아온 장간을 역이용하기로 마음먹
었다. 이에 마치 채모, 장윤과 내통하는 것처럼 거짓으로 편지를 써
서 일부러 잘 보이는 곳에 두었다. 역시나 장간은 편지를 훔쳐 읽었
고, 이를 곧바로 조조에게 보고했다. 편지의 내용을 전해 들은 조조
는 격분해 진위를 확인하지도 않고 채모와 장윤을 죽여버렸다.

첫 번째 계책을 성공시킨 주유는 바로 두 번째 계책을 실행에

옮긴다. 다시 오나라의 상황을 살피러 온 장간을 연금해버린 뒤, 방통龐統과 우연히 마주치는 상황을 만든 것이다. 방통은 주유에게 불만을 품은 것처럼 연기했고 장간과 함께 탈출을 도모해 조조와 만나게 됐다. 방통의 식견을 높이 산 조조는 그에게 수군 진영에 대한 자문을 구했다.

"북방 출신의 군사는 수전에 익숙하지 않아 풍랑에 배가 흔들리면 멀미가 날 것입니다. 배를 서로 단단히 묶어서 흔들림이 없게 하고 이동을 용이하게 하십시오."

방통의 제안에 조조군은 배들을 서로 묶어버렸다. 뒤이어 주유는 세 번째 계책을 실행해 자신과 오나라의 장군인 황개黃蓋가 대립하는 것처럼 꾸민 다음 황개를 내쫓아버렸다. 황개는 그 즉시 조조에게 투항했으나 이 역시 주유의 계책이었다.

이제 주유의 세 가지 계책이 빛을 발할 순간이 찾아왔다. 황개는 투항하는 척하며 방심한 조조군의 진영으로 다가갔다. 그리고 조조의 배에 가까워진 순간 인화 물질을 가득 실은 자신의 배에 불을 붙였다. 조조군은 황급히 도망치려 했으나 이미 배들을 줄로 꽁꽁 묶은 터라 움직이기가 어려웠고, 결국 서로 묶여 있던 조조군의 배들은 순식간에 화염에 휩싸였다. 주유는 이 틈을 놓치지 않고 공격에 나서 조조의 대군을 무찔렀다.

이처럼 세 가지 계책을 연이어 사용하여 대승을 거두었던 유명한 적벽대전의 이야기는 우리의 치열한 비즈니스 현장에도 시사하는 바가 많다. 목적 달성을 위해서는 단지 한 가지 전략만으로 대응할 것이 아니라 다양한 전략을 연계하여 적용해야 한다는 사실이 그 것이다. 만약 주유가 채모와 장윤을 모함하는 계책만 펼쳤다면 조조 군의 힘을 약화시킬 수는 있었을지 몰라도 그들을 이기기엔 역부족이었을 것이다. 하지만 이와 동시에 조조군이 스스로 그들의 배를 묶어 옴짝달싹할 수 없는 상황을 만들고 바로 불을 질러 그들을 혼란에 빠뜨림으로써 원하던 승리를 거둘 수 있었다. 그런 의미에서 연환계는 시너지의 전략이다. 한 가지 계책만으로는 별다른 힘을 발휘할 수 없지만 이 계책들이 모여 큰 성과를 이루어낼 수 있다.

인텔은 어떻게 중국 소비자를 사로잡았을까

여러 다양한 계책을 활용해서 서로 연관된 상승효과를 내는 연환계는 오늘날처럼 급변하는 기업 환경에서 주효한 전략이다. 특히 이 계책을 활용할 때는 상대가 눈치채지 못하게 그의 행동을 이끌어내는 도구가 중요하다. 주유가 조조군이 자신의 의도를 알아채지 못한 채 스스로 그들의 배를 묶게 했듯이 말이다. 이를 위해 사용할 수 있는 비즈니스 도구가 넛지 효과Nudge Effect다. 이는 직접적인 강제나 지시보다는 넌지시 암시를 주어 스스로 선택하게 만드는 것이다.

넛지는 원래 팔꿈치로 슬쩍 찔러서 주의를 환기시킨다는 의미로, 사람들이 눈치채지 못하는 사이에 그들의 선택에 개입하는 것을 말한다. 예를 들어 화장실 벽에 강압적으로 '소변주의'라고 써 붙이기보다는 변기에 파리 그림을 하나 그려 넣는 식으로 화장실의 청결을 꾀할 수 있다. 그래서 기업들은 고객들에게 강요하지 않으면서 다양한 넛지 효과를 활용해 수익을 극대화하고 있다. 이제부터 소개하는 인텔의 PPR People and Practice Research 그룹은 넛지 효과를 이용한 연환계의 전형적인 예라고 할 수 있다.

세계 최대의 반도체업체인 인텔의 PPR그룹은 심리학자, 인류학자, 마케팅·개발·재무 담당자들로 구성돼 있다. 이 그룹의 목적은 고객 경험과 라이프스타일에 기반을 둔 제품 개발이다. 이들은 세계 각국 사람들의 생활 습관을 분석한다. 즉 다양한 지역과 상황에서 다양한 사람들과 소통하며 소비자가 무엇을 원하는지를 파악하는 것이다.

2005년 인텔이 중국 시장에 진출할 때도 PPR그룹의 역할이 빛을 발했다. 사실 처음 중국에 출사표를 냈을 때 인텔은 고전을 면치 못했다. 구매력이 충분한 중산층 고객들이 좀처럼 PC를 구매하지 않았기 때문이다. PPR그룹이 중국 소비자들의 생활 패턴과 요구 사항을 파악하고 분석한 결과 교육열이 높은 중국에서는 자녀들의 공부에 방해가 될 수 있다는 이유로 PC 구매를 꺼린다는 사실을 밝혀냈다. 그래서 만들어낸 것이 자물쇠 달린 PC다. 평소에는 교육용으로만 사용되며, 인터넷을 이용하기 위해서는 별도의 열쇠를 사용하게 한 것이 이 PC의 특징이다.

단순히 학습용 PC라는 접근만으로 성공을 거둔 것이 아니다.

'자물쇠 달린 PC'는 여러 계책이 동시에 발현된 연환계의 대표적 사례라고 할 수 있다. 일단 인텔은 '학습용'으로만 사용이 가능한 PC라는 콘셉트로 중국 학부모와 청소년의 마음을 사로잡았다. PC를 사용하고 싶은 청소년의 심리와 공부를 등한시할까 염려스러운 학부모의 걱정을 동시에 공략한 것이다. 이와 더불어 중국에서 자물쇠는 권위를 상징한다는 사실을 이용해서 부모들에게 가부장적인 권위를 은근히 부여했다. 즉 10대들에겐 새로운 디지털 기기로서의 PC, 부모들에겐 인터넷 접속 통제가 가능한 학습용 PC, 그리고 부모의 가부장적인 권위를 상징하는 자물쇠 PC라는 연환계적인 접근으로 큰 성공을 거둔 것이다.

이후 인텔의 PPR그룹은 10대, 신세대, 중년, 노인과 같은 다양한 연령층은 물론이고 알래스카 어부, 인디언, 브라질 빈민 같은 다양한 계층과 섞여 지내며 미래의 하이테크시장 개척을 위한 다양한 연구를 진행하기도 했다. 이처럼 인텔은 다양한 고객층의 다양한 상황에 맞는 다양성을 시도해 항상 혁신적인 제품을 내놓으면서 IT업계의 공룡으로 군림하고 있다.

여러 가지 대안을 탐색하는 기술, 윈도 패닝

연환계를 성공시키기 위해서는 하나의 사안을 여러 가지 상황으로 쪼개보고 이에 걸맞은 다양한 대안을 마련할 수 있어야 한다. 이를 위한 효과적인 대안 탐색 기술이 바로 윈도 패닝Window Panning이다.

윈도 패닝은 창의적 교수법으로 널리 알려져 있는데, 학습뿐 아니라 업무에서도 많은 결실을 맺을 수 있는 방법이다. 1930년대 AT&T에서 전화번호를 정하기 위해 조사한 결과 대부분의 사람들은 단기적으로 일곱 단위의 정보를 기억할 수 있다는 사실을 발견했다고 한다. 이에 단기기억을 장기기억으로 전환하는 것을 돕기 위해 개발된 기법이 바로 윈도 패닝이다. 일명 '창틀 채우기'라고도 불리는 이 방법은 문제 상황을 간단한 글과 그림으로 표현한 후 이를 다시 문장으로 서술하는 방식으로 진행된다. 구체적인 절차는 다음과 같다.

1단계 전지 또는 보드에 9개 이내의 박스를 그린다. 박스가 9개 이상이면 너무 많아서 인지하기 어렵다.

2단계 각 칸마다 아이디어 항목을 그림이나 도표 등의 이미지로 묘사한다. 그림을 그리기 어려울 경우 신문이나 잡지 등을 활용해 콜라주 형태로 붙여도 무방하다. 이미지 자료 옆에는 포스트잇으로 부연 설명을 덧붙인다.

3단계 이슈나 학습 내용 등을 위의 두 단계에 따라 개개인이 먼저 작성하고 이후 팀 동료들이 작성한 것과 비교하며 정제해나간다.

이처럼 궁극적으로 해결해야 할 이슈에 대해 팀 구성원들의 다양한 아이디어를 칸마다 이미지로 담아보면 매우 효과적인 대안이 창출될 것이다.

연환계는
준비의 전략이다

앞에서 세런디피티도 평소 의도하고 준비하던 것이 실현된 것이라고 표현했듯이 어떤 일이든 운 좋게 결실을 맺는 경우는 없다. 궁극적으로 이루어야 할 일은 사전에 의도를 가지고 전략적 사고를 해야 한다는 의미다.

연환계는 여러 개의 고리로 이어진 쇠사슬을 이용하듯 여러 계책을 연결해 운용하는 전략이다. 앞의 고사에서 주유는 세 가지 계략을 차례대로 구사해서 승리할 수 있었다. 만약에 한 가지 상황, 한 가지 계책만 고집했다면 그렇게 완벽한 승리를 거둘 수 있었을까?

마찬가지로 인텔은 여러 지역, 문화, 연령 등의 사람을 대상으로 다양한 분야의 전문가들을 투입하여 다양한 니즈를 파악하고 분석했다. 그들은 잠재 고객과 밀착 소통하면서 고객이 원하는 제품을 만들기 위한 노력을 기울였다. 일반적인 고객 조사나 설문 조사에 그쳤다면 마이크로프로세서 시장을 제패하고 있는 오늘날의 인텔이 있었을까?

자신이 속한 조직 내의 여러 상황에서 다양한 상사, 동료, 부하 직원들과 서로 상승효과를 낼 수 있도록 다각적인 방법을 적용한다면 조직(원)의 역량은 극대화된다. 또한 이러한 다양한 대응력은 다른 성향을 지닌 상사나 부하 직원과 조화롭게 지낼 수 있는 새로운 가치를 부여해주기도 한다. 다양한 상황과 채널을 통해 입체적인 연계점을 가지고 문제에 접근한다면 조직의 성과도 증진될 것이다. 따라서 우리가 일터에서 가져야 할 연환계적 사고는 다음과 같다.

1. 꼬리에 꼬리를 무는 연결성을 염두에 두고 대안을 탐색하는 분석력

2. 동시에 여러 발생 가능한 일들을 체크해내는 입체적 사고력

3. 적극적인 분석으로 상대의 의도를 정확히 분별하는 접근방법

Re;Action

인사이트1_
연환계, 열세였던 주유는 어떻게 승리를 일궈냈을까?

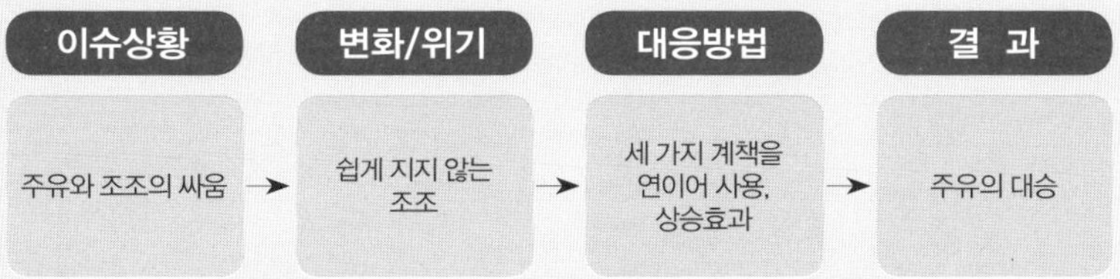

물 음	생각 정리하기
1. 주유가 세 가지 전략을 구사한 이유는 무엇인가?	
2. 조조가 살피지 못한 생각은 무엇인가?	
3. 업무 과정에서 연환계적 사고를 펼 수 있는 사례를 이야기해보자.	

Re;Action

인사이트2_
나 과장은 어떻게 그로기 상태를 벗어났는가?

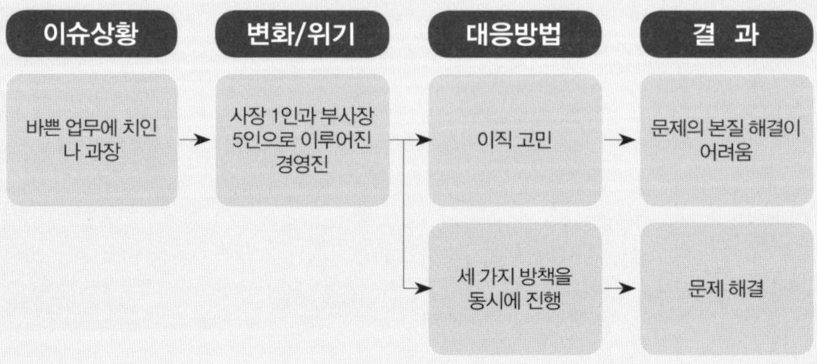

물 음	생각 정리하기
1. 나 과장이 업무에서 어려움을 느낀 진짜 이유는 무엇이었을까?	
2. 나 과장이 퇴사 대신 정면 돌파를 택한 이유는?	
3. 여러 시나리오를 동시에 추진할 때의 주의점을 정리해보자.	

인사이트3_
인텔이 중국 시장에 성공적으로 진입할 수 있었던 비결은?

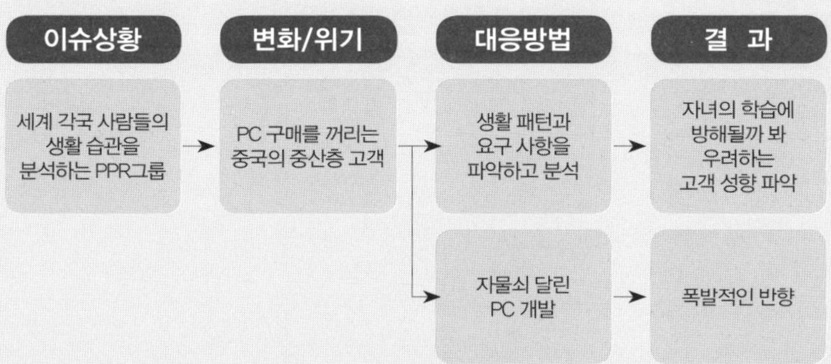

물 음	생각 정리하기
1. 인텔이 중국 시장 진출에서 사용한 전략은 몇 가지인가?	
2. PC에 굳이 자물쇠를 단 이유는 무엇인가?	
3. 목표 달성을 위해 여러 방책을 사용한 적이 있다면 정리해보자.	

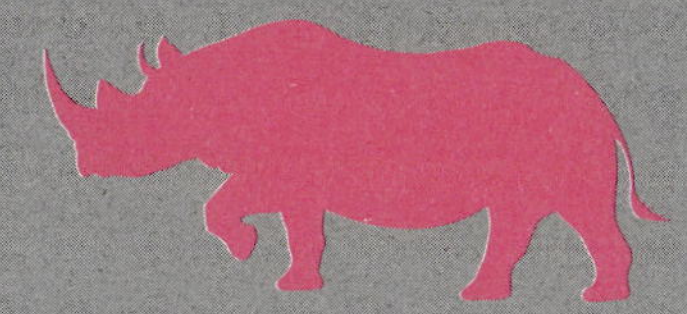

5장

전략적 사고와 행동의 힘

성과스킬

원교근공

가도벌괵

순수견양

Re;
Action

1+1은 2가 아니다.
일에 있어 한 사람의 역량과 다른 한 사람의 역량이
제대로 만나게 되면 그 힘은 무한대가 된다.
성과를 내기 위해서는 나무보다는 숲을 볼 줄 알아야 한다.
넓은 시야 속에서 '열심히' 일하는 것이 아니라
'제대로' 일하는 것이 큰 성과의 지름길이다.

조직에 몸담은 직장인이라면 해마다 성과관리 도구들인 목표에 의한 관리MBO, 핵심성공요인CSF, 핵심성과지표KPI 같은 용어들에 시달리게 된다. 자신이 원하든 원하지 않든 간에 목표가 설정되고 그 목표를 향해 돌진하는 것이다. 한편 리더는 책임의 주체로서 각종 동기 유발책을 동원하거나 솔선수범의 자세를 보이면서 어떻게든 목표를 완수하겠다는 각오로 조직을 이끌게 된다. 조직의 역량을 감안하여 목표 할당을 잘 받아서 무난하게 예측된 결과를 만들어내면 좋겠지만, 예상치 못한 일들이 발생하고 경쟁자의 도전적인 행보 탓에 목표로 가는 일은 가시밭길이 되어버린다.

이런 상황에서 만족스러운 성과를 내기란 여간 어려운 일이 아니다. 특히 성과는 고정적 지표가 아니라 대부분 유동적인 지표다. 어느 팀의 실적이 좋으면 다른 팀의 실적이 부족하고, 그러면 잘나가는 팀에 목표를 더 얹어서 목표 총량을 늘리는 형태로 움직이는 것이 조직의 현실이다. 그러나 이는 부당한 일이 아니라 당연한 일이다. 왜냐하면 조직 전체를 놓고 보면 기회 요인이 특정한 곳에서 더 발생할 수 있고 어느 팀의 실적이 상대적으로 약할 수밖에 없는 환경적 요인이 발생하기 때문이다. 따라서 내 목표가 늘어났다고 푸념하거나 비난하는 것은 바람직하지 못하다.

한 조직에서 어떤 팀은 꼭 필요하지만 성과가 약한 경우도 있고 어떤 팀은 아직 신생이라 좀더 지원이 필요하기도 하며 또 어떤 팀은 제도의 변화 등으로 일시적인 어려움을 겪는 경우도 있기 때문이다. 조직은 늘 유기적이어서 낙수 효과Trickle Down Effect로 잘나가는 몇몇 팀이 이웃 팀과 실적을 나누고 이끌어주어야 하는 경우도 있고, 반대로 분수 효과Trickle Up Effect로 부진한 팀에게 생명 같은 지원책으로 생기를 불어넣어주어야 하는 경우도 있다. 그러나 이것은 이상일 뿐, 조직이 늘 이런 식으로 돌아가지는 않는다.

성과를 내기 위해서는 사고 자체가 전략적이어야 한다. 전략이란 한계 자원을 어디에 집중할 것인가에 대한 선택의 문제이고 이 선택이 적중한다면 반드시 성과로 직결되기 때문에 성과는 전략의 결과물이라고 해도 과언이 아니다. 그렇다면 전략만 잘 짜면 성과가 나오는 것일까? 그렇지 않다. 전략에 따른 수행이 전략적 행동으로 이어져야 한다. 전략적 행동이란 필자가 생각하기에 각종 수행 도구다. 5장에 소개되는 브레인라이팅 기법이나 마인드맵 등 수행의 확률을 높이는 기법을 평소 많이 익히고 사용하여 동료들과 시너지를 내는 훈련을 해두는 것이 좋다.

　필자는 제조업체, 서비스업체, 정보산업회사, 공기업 등 많은 조직의 구성원들을 만나 그들의 문제를 함께 풀어나가면서 방법론적인 무지보다는 인적 자원의 한계가 성과를 방해하는 한계 요인이라는 것을 100퍼센트 실감하게 됐다. 즉 성과를 내기 위한 동기가 약하거나 상하 간의 신뢰가 생성되지 않은 경우가 대부분이었다. 결국 성과를 내기 위해서는 세 가지가 중요했다.

　첫째, 선택과 집중을 정확히 하라. 가치 있는 판단으로 정확하게 선택하고 집중함으로써 성공 확률을 높이는 것은 리더가 당연히 갖춰야 할 역량이다. 가치부전의 계처럼 상대의 긴장을 완화하기 위하여 필요하다면 일시적으로 멍청하고 게으른 모습을 보여도 그 결과가 성과 지향적이라면 올바른 선택이라고 할 수 있다.

　둘째, 전략적으로 협력하라. 이미 앞에서 소개했던 합종연횡은 진나라가 천하통일의 대업을 이룬 외교 술책이었다. 횡축과 종축을 연계하여 서로 연합하지 못하도록 외교술을 발휘함으로써 힘을 분산시킨 것이 주효한 통일의 전략이었다. 조직은 성과를 내며 생존하고 성장해야 한다. 그러기 위해서는 필요하다면 적과의 협력도 불사해야 한다. 조직의 성장에 가장 긴요한 일에 자원을 안배하고 전력을 기울이는 것만이 성과를 내는 지름길이다.

　셋째, 작은 것도 잃지 않아야 한다. 일에 있어서만큼은 아주 치밀하고 꼼꼼해야 한다. 예전 경영자들은 "마지막 1퍼센트가 품질을 좌우한다"는 말로 직원들을 독려했다. 평범한 사람들은 마지막 순간에 집중력을 잃어 다 이긴 게임을 놓치는 경우가 많다. 마지막 완결되는 순간까지 집중력을 놓으면 안 된다. 프로답게 일하는 사람은 일이 마무리되는 순간까지 긴장을 풀지 않고 하나라도 더 챙기고 확보하려고 애를 쓴다. 마지막 순간에 성공의 방점을 찍기 위해서다. 일의 완결 시점에 체크리스트를 가지고 하나씩 충실히 점검하다 보면 당초 기대하지 않았던 세런디피티, 즉 운 좋은 발견이 일어날 확률이 높다.

이처럼 성과란 전략적 사고에 의한 전략적 행동이 일관성 있게 이어졌을 때 그 결과로 얻어지는 것이다. 특히 5장에 소개되는 사례들은 성과를 올리는 도구로서 리액션의 중요성을 보여준다. 왜냐하면 성과를 내기 위한 전략을 탐색하고 방법을 결정하려면 다양한 의견을 모으고 협력하는 것이 매우 중요하기 때문이다.

'열심히'가 아니라 '제대로'가 중요하다

遠交近攻

원교근공

한때 이런 말이 유행했었다.

"일을 했으면 성과를 내라!"

직장인들에게는 다소 강압적인 요구처럼 들렸을 수도 있지만 그 의미는 분명하다. 모든 직장인에게 '성과'는 가장 중요한 목표라는 사실이다. 회사가 우리에게 주는 월급과 각종 복지는 일을 열심히 해서 주는 상이 아니다. 그보다는 일을 열심히 해서 성과를 올리라는 당근에 가깝다. 아무리 성실하고 근면한 자세로 업무에 임하고, 모든 직원들과 좋은 유대관계를 유지하며, 회사 분위기를 화기애애하게 만드는 사람일지라도 자신의 일에서 회사가 요구하는 성과를 내지 못하면 자리를 보전하기 어려운 것이 냉엄한 현실이다.

우리말에 흐지부지란 말이 있다. 원래는 한자어로 휘지비지諱之秘之인데, 표현의 용이성에 따라 순수 우리말처럼 흐지부지라는 표현으로 굳어졌다고 한다. 이는 남을 꺼려서 우물쭈물 얼버무린다는 뜻으로, 어떠한 일을 제대로 완성하지 못하고 슬그머니 마무리 짓는 경우를 일컫는다.

일상생활에서 우리는 작심삼일이니 용두사미니 하며 초기에는 강한 의욕으로 일을 추진하다가 의지의 부족과 현실과의 타협 등으로 흐지부지의 결과를 초래하곤 한다. 특히 회사에서는 적게 일하고 높게 평가받기 원하는 마음으로, 초기에 강한 인상을 심어주기 위해 돌격형으로 추진하다가 후반에 가면 슬그머니 과업을 분산시키는 사람이 있다. 하지만 이런 식의 일처리로는 결코 성과를 낼 수 없으며 당연히 회사에서 인정도 받을 수 없다.

성과를 내기 위해서는 나무보다 숲을 볼 줄 아는 넓은 시야, 일을 시작할 때부터 결과를 그리는 예측력 등이 중요하다. 성과는 노력이 아니라 전략이다. ‘열심히’ 일하는 사람이 아니라 ‘제대로’ 일하는 사람이 성과를 올린다. 그렇다면 제대로 일한다는 것은 과연 무엇인가.

새로운 판로를 개척한
제약 영업 교육 시스템

　　제약회사는 영업사원을 교육시키는 데 어려움이 많다. 그도 그럴 것이 의사나 약사를 상대로 제품을 판매하기 위해서는 그들을 상대할 수준의 전문 지식을 갖춰야 하기 때문이다. 따라서 신입 사원이 입사하면 스파르타식의 교육을 통해 단기간에 많은 제품을 익히도록 총력을 기울인다.

　　10여 년 전 의약 분업이 실시된 이후 제약회사 영업사원의 전문성이 더욱 중요해졌다. 그때 필자에게 제약 영업인을 위한 인증 교육을 만들어보자는 제안이 들어왔다. 고객사를 완전히 새롭게 개척해야 하는 상황인데, 잘 알지도 못하는 분야에 뛰어들어 낭패를 보는 것은 아닐지 걱정이 많았다. 그때 관련 협회의 교육 담당 책임자였던 강 부장이 제약업계의 질적 개선을 위해 인증을 목적으로 하는 교육 시스템을 개발하자며 구체적인 사업을 제안했다.

　　사업성이 확실치 않아 선뜻 결정을 못 내리고 있던 참에 업무차 일본 출장을 가게 됐다. 일정을 마치고 여유 시간에 근처 공원을 찾았는데, 사람들이 소원을 적어 걸어둔 '소원 나무'가 눈에 띄었다. 거기 걸린 소원 중에 하나가 '부디 제약 영업인이 되게 해달라'는 것이었다. 일본에서는 제약 영업이 활성화되어 있는 것 같았다. 그래서 가이드에게 제약 영업 현황을 알고 싶다는 이야기를 했다. 다음 날 관련 전문가를 만나게 되었다. 그는 일본에서는 자격증을 따야만 제약회사에 입사해 영업할 수 있다고 설명했다. 우리나라처럼 제약회사에서 단기간에 교육시키는 것이 아니라 전문적인 시험을 거쳐 사전에 자격을 취득하는 제도가 확립돼 있다는 것이었다.

출장을 다녀온 후 협회의 강 부장을 만나 진행을 협의하고 일사천리로 양해각서를 체결했다. 그리고 일본에서 가져온 각종 교재와 자료를 토대로 콘텐츠 개발에 착수했다. 우리보다 제약산업이 발달한 일본을 벤치마킹하면 기본이 탄탄한 콘텐츠를 만들 수 있다는 확신이 들었다. 그야말로 엄청난 속도로 일을 진행시켰다. 콘텐츠 개발과 동시에 자체 교육 능력이 약한 제약사를 우선 타깃으로 정해 온라인 시스템으로 질병과 치료 등 기초 전문 교육을 대행해준다는 홍보를 펼쳤다. 당시 회사는 새로운 교육시장 발굴이 반드시 필요한 시기였다. 그런데 제약회사를 상대로 영업 교육을 키우면 자사의 주력 상품인 리더십 교육에까지 회원들을 끌어들일 수 있겠다는 판단이 들었다.

결과는 성공적이었다. 초기에는 기대했던 만큼 회원을 유치하지 못했지만 점차 소문이 나면서 제법 많은 교육 수요가 발생했다. 사실 제약회사로서는 영업 교육이 여러 모로 부담스러웠다. 내부에서 주먹구구식으로 진행해 효과도 미비한 데다 준비와 진행에는 많은 인력과 자본이 투입되었다. 하지만 다른 기관에서 체계적이고 전문적인 교육을 대행해준다니, 제약회사로서는 반가운 서비스가 아닐 수 없었다. 이후 수요가 점점 늘어나면서 강남에 교육센터를 추가로 설립할 정도로 규모가 커졌다. 영업 교육을 받은 회사들이 리더십 등 다른 분야의 교육을 신청하면서 수익도 더욱 증대됐다.

일본 출장을 통해 일본 제약 교육의 사례를 접한 것은 우연한 발견이었다. 하지만 이 우연을 필연으로 만들어 성공적인 서비스로 정착시킨 것은 '선택'과 '집중'으로 성과를 이뤄낸 원교근공 전략이라 할 수 있다.

원교근공은 '선택'과 '집중'의 전략이다

원교근공은 《사기》의 〈범저채택전范雎蔡澤傳〉에 등장하는 고사성어로, 먼 나라와 친교를 맺고 가까운 나라를 공격해서 영토를 넓혀가는 전국시대의 대표적인 외교정책을 뜻한다. 뿌리는 외교정책이지만 비즈니스 세계에서도 적용 가능한 전략이다. 특히 무엇을 선택해 집중할 것인가를 결정할 때 중요한 시사점을 주는 전략이다. 우선 고사를 살펴보자.

진秦나라의 재상 범수范雎가 제齊나라를 공격하려는 소양왕昭襄王에게 그 부당함을 설득했다. 왕이 그 이유를 묻자 범수는 일단 제나라는 너무 먼 곳에 있고 그 사이에 한韓나라와 위魏나라가 있기 때문이라고 설명했다. 제나라는 강국이고 한나라와 위나라는 약소국이지만 양국이 힘을 합치면 충분히 진나라를 위협할 수 있었다.

이 상황에서 전쟁을 일으켰다가 제나라에 패하기라도 하면 이웃

약소국들의 비웃음을 사는 것은 물론, 진나라를 얕잡아본 그들이 전쟁이라도 일으킬 경우 국가가 큰 위기에 처할 수 있었다. 또한 운 좋게 제나라를 친다 해도 한나라와 위나라가 연합해서 제나라에 협력한다면 진나라는 곤경에 빠질 것이 자명했다. 범수는 그 예로 과거 위나라가 멀리 떨어져 있는 중산을 정벌했으나 결국은 가까이 있던 조나라가 중산을 집어삼킨 일을 들었다. 조나라가 중산을 차지할 수 있었던 이유는 무엇보다 지리적으로 가까웠기 때문이다.

이에 범수는 일단 멀리 있는 제나라와 우호를 맺고 가까이 있는 화근 덩어리부터 쳐내야 한다고 주장했다. 그렇게 되면 진과 우호 관계에 있는 제나라는 굳이 먼 나라의 전쟁에 간섭하지 않을 것이니, 큰 힘을 들이지 않고 영토를 넓힐 수 있다는 논리였다. 소양왕은 범수의 명쾌한 논리에 무릎을 치지 않을 수 없었다. 이렇게 진나라는 원교근공 계책을 통해 훗날 천하를 통일할 수 있었다.

원교근공 계책이 성공하려면 무엇보다 냉정하게 상황을 통찰하고 이해득실을 따져볼 줄 아는 안목이 필요하다. 일반적으로 전쟁을 치르려고 하면 상대국의 상황에 집중하기 마련이다. 그쪽의 형편이 어떤지, 군사는 몇이나 되는지 등을 따져보고 이에 걸맞은 전략을 세운다. 하지만 범수는 제나라와의 전쟁을 앞둔 상황에서 단순히 제나라의 사정만 고려하지 않았다. 전쟁이 일어났을 때 다른 약소국이 연합하는 상황 등 다양한 경우의 수를 그려봤다. 그랬기 때문에 위험을 최소화하면서 목표를 달성하는 원교근공 계책을 달성할 수 있었던 것이다.

필자가 추진한 제약 영업 교육 서비스 역시 마찬가지였다. 당시 회사의 과제는 새로운 시장 개척이었다. 하지만 무작정 신시장을 발굴하려고 하다 보면 괜히 시간과 자원만 낭비하기 십상이다. 그래서 이미 일본에서 성공을 거둔 제약 영업 교육 서비스를 도입한 것이다. 기존 방식의 문제점부터 일본의 성공 사례까지 빠짐없이 고려한 끝에 나온 결론이었다.

즉 원교근공 계책의 핵심은 '선택'과 '집중'에 있다. 확보할 수 있는 모든 정보와 자료를 면밀히 검토하고 이를 토대로 발생할 수 있는 모든 시나리오를 예상하는 것이 첫 번째 단계다. 그리고 이 중 가장 실현 가능성이 높고 리스크가 적은 시나리오를 택하고 거기에 집중함으로써 성과를 거두는 것이다. 일을 한다고 해서 모두가 성과를 내는 것은 아니다. 성과는 절대 제 발로 찾아오지 않는다. 누구보다 다양한 정보를 습득하는 정보력, 무수한 대안 중 가장 적합한 방법을 찾아내는 판단력, 그리고 이를 빠르게 실행에 옮기는 추진력이 더해졌을 때만 성과라는 달콤한 결실을 맛볼 수 있다.

스타벅스는 어떻게 위기를 극복했을까

오늘날과 같은 글로벌 정보화 시대에 원교근공의 적용 범위는 무궁무진하다. 미국 최대의 커피 전문점 스타벅스의 사례를 보자.

2000년대 초반부터 극심한 경영난에 휩싸여 '곧 망한다더라'는 루머까지 돌았던 스타벅스는 최근 제2의 전성기를 누리고 있다.

2007년 경영 일선에 복귀한 스타벅스의 창업주 하워드 슐츠 Howard Schultz는 대대적인 위기 극복 프로젝트를 전개한다. 이 프로젝트의 핵심은 철저한 내부 혁신과 해외시장 진출 강화였다.

당시 스타벅스는 전체 점포의 80퍼센트가 북미 지역에 집중돼 있었다. 슐츠는 내수시장이 포화된 상태에서 점포 수만 확장해서는 살아남기 어렵다는 판단으로 실적이 부진한 100여 개 매장을 정리했다. 그리고 매출의 절반 이상을 해외시장에서 거둬들인다는 목표 하에 해외사업부 재편을 서둘렀다.

내부 혁신은 직원 교육과 품질 향상을 통해 이루어졌다. 교육 당일 미국 내의 전 매장은 3시간 30분 동안 일제히 휴업을 선포하고 바리스타들을 대상으로 '완벽한 라테 만들기' 교육을 실시했다. 또한 저칼로리 웰빙 음료 등 소비자의 달라진 구미에 맞는 신메뉴를 공격적으로 출시했다.

이게 끝이 아니다. 스타벅스는 공정거래 원두 구매량 확대, 소규모 커피 농가 지원 사업, 종이컵 대신 머그잔 쓰기 운동 등 친환경, 친인권 사업에도 적극 투자하며, 긍정적인 기업 이미지 구축에 힘썼다. 미국의 유명한 PR 전문 기업인 웨버 샌드윅의 CEO 잭 레슬리 Jack Leslie는 "어떤 형태로든 가치를 제공하는 브랜드만이 앞서 나갈 수 있다"고 했고 LG경제연구원은 "품질이 같다면 사회적 책임을 잘 이행하는 기업의 제품을 더 비싼 값으로도 구매할 수 있다"는 소비

심리가 압도적으로 강하게 나타난 설문 조사 결과를 발표한 바 있다. 이전까지 스타벅스는 '노동력 착취 기업'이라는 부정적 이미지 때문에 소비자들의 반감을 샀다. 이에 슐츠는 친환경, 친인권 사업을 통해 브랜드 이미지를 제고한 것이다.

슐츠의 과감한 프로젝트는 2년 만에 확실한 성과로 나타났다. 중국을 비롯한 해외 신흥 시장에서의 성장세를 바탕으로 매출이 활기를 되찾으면서 2010년에는 총매출 11조 원을 달성하는 등 창업 이래 최고의 성과를 올린 것이다.

스타벅스는 위기 극복을 위해 원교근공 전략을 탁월하게 활용했다. 스타벅스에 위기를 몰고 온 모든 요인을 빠짐없이 분석한 다음 그중 가장 큰 두 가지 요인이던 '내수시장 포화'와 '기업의 부정적 이미지'를 선택해 이를 상쇄할 방안에 집중했다. 내부의 양적 팽창을 지양하면서 공격적으로 해외시장을 개척했고 다양한 신상품 개발과 사회적 사업을 통해 기업 이미지를 긍정적으로 탈바꿈시켰다.

우리는 흔히 당면한 과제를 해결하기 위해 정공법으로 승부를 걸곤 한다. 바로 직면한 문제에 집중하며, 나무만 보고 숲을 보지 못하는 우를 범하는 것이다. 하지만 이런 전략은 하나의 나무만 살릴 뿐, 다른 나무들의 생명은 구하지 못할 가능성이 높다. 그렇기에 총체적으로 자료를 모으고 분석해서 가장 효과적인 대안을 강구하는 원교근공 전략은 성과 달성을 위한 최선의 계책이라 할 수 있다.

수평적 사고를 촉진하는
브레인라이팅 기법

창의적 문제 해결을 위한 생각의 도구로 에드워드 드보노Edward De Bono가 개발한 측면 돌파 사고 또는 수평적 사고Lateral Thinking가 있다. 수직적 사고에서 수평적 사고로 생각의 방식을 입체화한다면 해결하기 어려운 문제들의 해법을 찾는 데 용이하다는 것이다. 한계를 돌파해야 할 일이 발생했을 때 다양한 시각을 대입해보고 대안을 여러 각도로 탐색해보는 수평적 사고가 필요하다.

원교근공 전략의 핵심, 즉 문제를 총체적으로 분석하고 가장 효과적인 방법을 선택하기 위한 도구로는 브레인라이팅Brain Writing 기법이 있다. 이 방법은 독일의 홀리거Holiger가 개발한 집단 발상법이다. 원교근공 계책으로 성과를 극대화하기 위해서는 많은 구성원들을 참여시키되, 몇 가지 주의할 부분이 있다.

기존 브레인스토밍 기법의 네 가지 핵심은 '자유분방한 환경을 만들고, 상대방에 대한 비방을 금지하며, 질보다는 양으로 다양한 아이디어를 모으고, 타인의 아이디어에 편승해 더욱 발전시키기'였다. 하지만 이런 원칙을 지키며 회의를 진행하려고 해도 막상 실전에 들어가면 서로 감정이 격해져서 비방하거나 헐뜯는 경우가 비일비재했다. 또한 참여자가 몰입이 어렵거나 절실한 동기부여가 되지 않을 경우 의미 없는 아이디어만 계속되는 한계도 있었다.

브레인라이팅은 이런 단점을 극복할 수 있는 방법이다. 왜냐하

면 결정적으로 아이디어가 취합되기 전까지는 침묵 속에서 진행하
는 것이 이 방법의 포인트이기 때문이다. 오직 글로써 아이디어를
내놓는 방식으로, 이때 사용하는 문서는 아래와 같다.

해결할 이슈:			
1	아이디어 A	아이디어 B	아이디어 C
2			
3			
4			
5			

이렇게 정해진 양식으로 서로의 아이디어를 쓰는 브레인라이팅
은 아래와 같은 방법으로 진행된다.

1. 적절한 팀 구성원은 5~6명이다.

2. 각자 주어진 시트에 5분간 이슈에 대한 아이디어를 3개씩 적는다.

3. 작성을 마치면 문서를 옆 사람에게 전달한다.

4. 문서를 받은 사람은 상대방이 제안한 아이디어에 이어서 유사하거
나 더 발전된 아이디어를 채우고 이를 옆 사람에게 전달한다.

5. 이와 같은 방식으로 자신이 처음 작성한 문서가 돌아올 때까지 작성
을 이어간다.

6. 작성에 개인별로 시간 차이가 발생할 수 있으므로, 시트 지는 구성

원의 수보다 한 장 더 준비해 가운데 둔다. 앞 사람의 시트 지를 기다리
는 동안 이를 가져다가 여분의 아이디어를 작성할 수 있다.

7. 작성이 끝나면 다른 사람들의 아이디어를 평가하고 그중 자신이 생
각하지 못한 유효한 아이디어를 체크한다.

8. 진행자의 지시에 따라 표시된 아이디어를 다시 분류하고 팀원들과
공유한다.

9. 진행자는 유사한 아이디어끼리 묶고 중요도에 따라 아이디어를 다
시 정리한다.

도박하는 자는
불확실한 것을 얻기 위해 확실한 것을 건다

파스칼은 "도박하는 자는 불확실한 것을 얻기 위해 확실한 것을
건다"고 말했다. 비즈니스 현장에서 무엇을 버리고 무엇을 얻느냐
는 매우 중요한 선택이다. 버려야 할 패를 계속 쥐고 있다가는 더 큰
낭패를 불러올 뿐이다. 결국 어떤 일이든 목전의 이익에 연연하지
말고 장기적인 안목으로 추진해야 후회를 남기지 않는 법이다.

원교근공 계책이 성공하려면 좀더 넓은 시야로 정보를 수집하
고 미래를 예측하는 전문가적 소양과 통찰력이 중요한 관건으로 작
용한다. 원교근공은 멀리 더 많은 것을 보는 사고를 통해 올바른 선
택과 집중을 가능하게 하는 전략이다. 스타벅스 사례에서도 우리가

눈여겨볼 대목은 발 빠른 선택과 집중이다. 기업 경영의 원칙은 언제나 시장과 소비자에게 집중하는 것이다. 스타벅스에 제2의 전성기를 불러온 선택과 집중은 가까이 있어 익숙한 것들과의 결별, 그리고 상황을 멀리 내다보고 새로운 시장을 개척하는 안목이었다.

이 같은 스타벅스의 경영 전략은 일반 기업의 불경기 생존 전략으로도 활용 가치가 크다. 여기에 기본적인 원교근공의 원리를 대입하자면 스타벅스가 자국 내에서 매장을 확장하기보다는 해외 신흥 시장을 개척하기 위해 노력한 것은 원교遠交에 해당하고, 여러 가지 비용을 감수하고라도 임시 휴업과 부실 매장 정리라는 특단의 조치를 취한 것은 근공近攻에 해당된다.

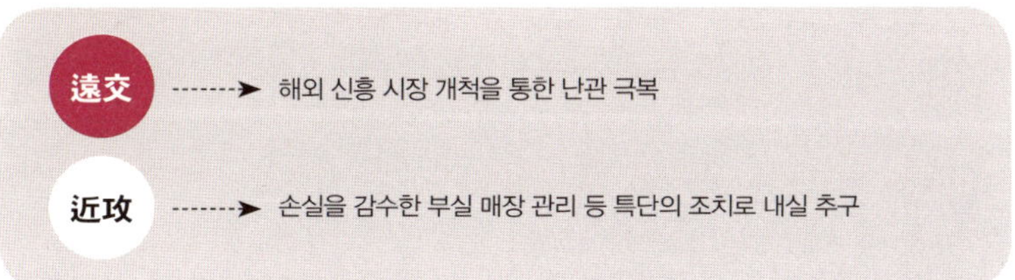

그러므로 우리가 이 계책에서 배울 수 있는 것은 두 가지다.

첫째, 전체적으로 상황이 여의치 않을 때는 내부를 튼튼히 하여 불필요한 손실을 막는다.

둘째, 시간과 공간을 통찰하는 확대된 마인드와 거시적인 안목으로 일을 추진한다.

Re;Action

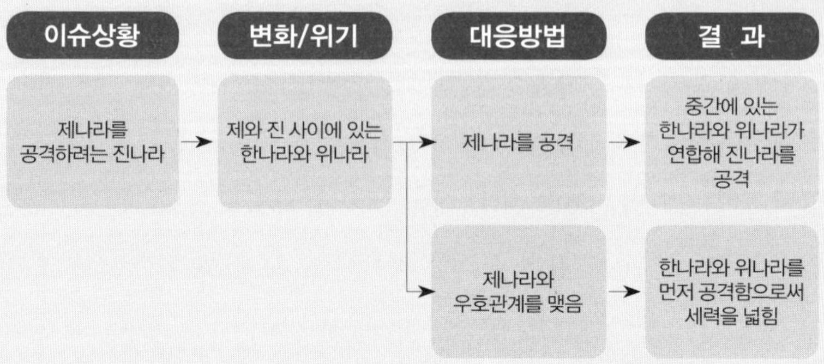

물 음	생각 정리하기
1. 진나라와 제나라 사이에 낀 한나라와 위나라 입장에서 국가 생존 전략은 무엇인가?	
2. 진나라가 전국통일을 하려면 한, 위, 제나라에 어떤 전략을 세워야 하는지를 브레인라이팅 기법으로 표현해보자.	
3. 범수의 리액션과 유사한 기업 성공 사례를 이야기해보자.	

필자의 제약 영업 교육이 성공할 수 있었던 비결은?

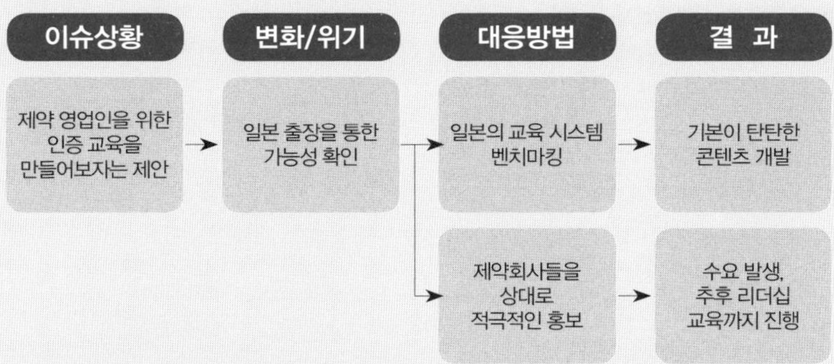

물 음	생각 정리하기
1. 제약 영업 교육 서비스가 승산이 있다고 판단한 근거는?	
2. 일본 출장은 순전히 우연이었다. 우연을 필연으로 만든 힘은?	
3. 신규 사업을 준비할 때 가장 유의할 점은 무엇일까?	

Re;Action

인사이트3_
스타벅스가 제2의 전성기를 누릴 수 있었던 비결은?

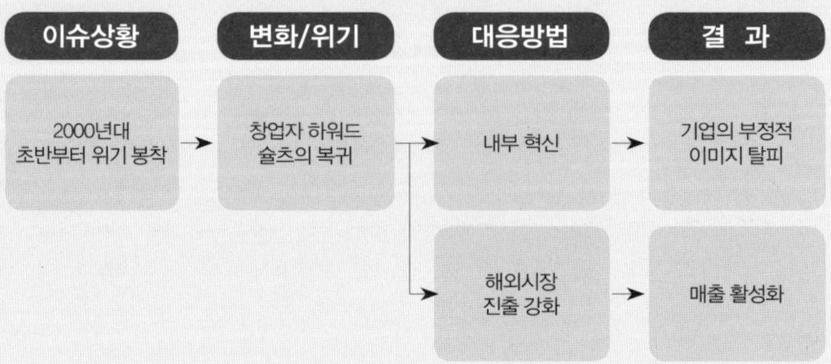

물 음	생각 정리하기
1. 스타벅스가 위기에 처했던 이유는 무엇일까?	
2. 스타벅스의 전략에서 나무는 무엇이고, 숲은 무엇이었는가?	
3. 위기에 처한 경험이 있다면 그 원인을 분석해 보고 총체적인 대안을 구상해보자.	

1 더하기 1이 무한대가 되는 비결은?

假道伐虢

가 도 벌 괵

성과를 내는 가장 좋은 방법은 무엇일까? 많은 직장인이 빠지는 함정은 성과가 개인의 것이라는 인식이다. 그래서 종종 여럿이 협업한 하나의 프로젝트를 두고 각자의 성과라며 싸우는 일이 벌어지기도 한다.

하지만 성과는 한 사람의 소유물이 아니다. 기본적으로 다양한 분야의 사람들이 힘을 모아 일을 진행하는 비즈니스의 특성상 성과는 그 프로젝트에 참여한 모든 사람의 것이다. 물론 기여도에 따라 보상이 달라질 수는 있겠지만 결코 한 사람이 모든 성과를 가져갈 수는 없다.

이를 역으로 생각하면 성과를 올리는 가장 좋은 방법은 여럿이 뜻을 모아 가장 효율적으로 협력하는 것이다. 이때 중요한 것은 협력의 범위다. 단순히 내부의 역량만을 한데 모으는 것으로는 부족하다. 필요하다면 대상이 고객이든 경쟁자든 모든 역량을 동원할 수 있어야 한다. 1+1은 몇일까? 산술적으로는 '2'라는 답이 나오지만 일에 있어서 한 사람의 역량과 또 한 사람의 역량이 제대로 만나면 그 힘은 무한대로 커진다.

다시 말해 큰 성과를 올리기 위해서는 큰 힘이 필요하다. 그렇기에 자신의 힘에 더해 내외부를 가리지 않고 최대한 다양한 힘을 많이 끌어올 수 있는 능력이 필요하다. 인맥을 넓게 쌓으라는 의미가 아니다. 평소의 친분으로 얻을 수 있는 것은 호의에 가까운 작은 도움 정도다. 전략적인 협력을 이끌어내기 위해서는 보다 체계적인 접근이 필요하다. 앞으로 소개할 계책은 어떻게 하면 힘을 더해 성과를 키울 수 있는지를 알려주는 좋은 이정표가 될 것이다.

직원을 믿지 못하는 사장의 신임을 얻은 강 이사

필자는 벤처기업의 김 사장과 오랫동안 친분을 맺고 있다. 그런데 그는 만날 때마다 믿을 만한 인재가 없다며 푸념을 늘어놓곤 했다. 대기업 부장 출신으로 정보기술 관련 아이템을 기반으로 한 사업을 시작한 그는 대기업에 납품하는 덕분에 비교적 안정적으로 회사를 운영하고 있었다. 직원도 50여 명으로 적지 않았다. 사업의 특성상 분기마다 한 번씩 해외 출장을 다녀올 때마다 김 사장은 좌불안석이었다. 팀장들이 업무를 잘못 처리할까 봐, 그래서 지시 사항을 몇 번이고 확인하고 또 확인하는 것이 습관처럼 되어버렸다.

문제는 사장의 이런 태도를 자신들에 대한 불신으로 여긴 팀장들이 회사를 그만두는 경우가 빈번했다는 것이다. 직원들의 퇴사가 줄을 잇자 김 사장 역시 심각성을 깨달았다. 그는 비싼 연봉이 부담스럽긴 했지만 대기업 출신의 강 이사를 관리이사로 채용했다. 아무래도 거래처를 상대하랴, 직원들을 관리하랴, 본인이 모든 역할을 떠안다 보니 무엇 하나 제대로 이루어지지 않는다고 판단했던 것이다.

강 이사가 입사하면서 김 사장은 대기업 영업을 맡았고 내부 관리는 강 이사에게 일임했다. 하지만 막상 강 이사가 입사해보니 상황이 여의치 않았다. 김 사장이 기본적으로 세심하고 꼼꼼한 성격인지라 다른 사람들에게 일을 맡기면 불안을 느꼈던 것이다. 그는 강 이사에게 내부 관리를 일임한다고 해놓고 이제는 팀장들이 아닌 강 이사를 닦달했다. 결국 강 이사는 사장과 면담을 요청했다.

"사장님, 제가 앞으로 외부 영업을 담당하고 싶습니다. 기존 회사에서도 영업을 했었고요. 사장님이 내부 관리를 맡으시는 편이 좀더 효율적일 듯합니다."

강 이사는 여기서 인정받을 방법은 오직 고객의 힘이라고 판단했다. 본인의 역량이 뛰어난 사장은 웬만해서는 다른 사람을 높게 평가하지 않았다. 하지만 외부에서 좋은 평판이 들려온다면 무시할 수 없는 일이었다. 더욱이 내부 관리는 그 성과를 객관적으로 증명하기 어렵지만 외부 영업은 수치를 통해 성과를 입증할 수 있었다.

사장과 극적 타협을 이루어낸 강 이사는 외부 영업에 힘을 쏟았고 괄목할 성과를 이루어냈다. 신규 고객을 적극적으로 유치했고 기존 고객과의 관계도 강화했다. 실적이 향상되는 것은 물론, 고객들을 통해 강 이사에 대한 좋은 평판이 들려오면서 강 이사를 통한 고객과의 관계도 확대되었다. 이제 사장은 안심하고 내부 관리에 집중할 수 있었다. 강 이사가 외부 영업을 맡은 지 1년 만에 회사는 20퍼센트 이상의 성장을 거두었다.

강 이사는 자신이 어떻게 성과를 내야 할지, 어떻게 하면 인정받을 수 있는지를 정확히 알고 있었다. 직원을 쉽게 신뢰하지 못하는 사장의 성격을 간파하고 외부의 고객을 통해 자신의 역량을 입증하기로 한 것이다. 자신의 힘만으로는 부족한 것을 외부의 힘을 빌려 채운 그의 전략은 일종의 가도벌괵이라 할 수 있다.

가도벌괵 전략은 설득이 선행되어야 한다

가도벌괵은 빌릴 가假, 길 도道, 칠 벌伐, 나라 이름 괵虢 자로 이루어진 고사성어다. 자신이 갖지 못한 것을 외부에서 구해 문제를 해결한다는 측면에서 앞서 살펴본 수상개화 계책과도 비슷하다. 하지만 수상개화가 조직의 측면에서 조직원의 상호보완을 통해 협력을 끌어내는 전략이라면 가도벌괵은 그 힘을 내부가 아닌 외부에서 구해 조직의 힘을 키운다는 점에서 다소 차이가 있다. 또한 가도벌괵은 보다 큰 성과를 올려야 하는 경우에 사용되는 계책이기도 하다. 유래된 고사를 살펴보자.

중국 춘추시대 우虞나라와 괵虢나라는 서로 이웃한 나라로 진晉나라와 접경을 이루고 있었다. 천하통일의 야심이 있던 진나라는 틈만 나면 우나라와 괵나라를 정벌하려 했다. 하지만 돈독한 동맹관계를 맺고 있는 두 나라가 서로 연합해서 대항할 것이 자명했기 때문에 진나라도 섣불리 전쟁을 일으키지 못하고 전전긍긍했다. 그러던 중 진나라의 신하 순식荀息이 계책을 내놓았다.

"우선 두 나라를 이간질해서 서로 적국으로 만들어야 합니다. 우나라 왕은 욕심이 많기 때문에 그가 좋아하는 선물을 잔뜩 안겨주어 매수하면 우리에게 쉽게 넘어올 것입니다."

진나라는 우나라 왕에게 엄청난 양의 진귀한 보화를 보내주며 우나라와 괵나라를 이간질하기 시작했다. 처음에는 경계하던 우나라 왕도 계속되는 선물공세와 괵나라에 대한 진나라의 비방에 마음이 흔들리기 시작했다. 그러던 중 진나라는 괵나라가 우나라를 침략할 준비를 하고 있으니 대신 괵나라를 정벌해주겠다고 나서면서 군사가 진격할 길을 터달라고 요청했다.

"이는 진나라의 계략입니다. 절대 길을 내주어서는 안 됩니다."

"괵나라를 정벌하고 나면 그다음에는 필시 우리를 공격할 것이 자명한 일이옵니다."

우나라 신하들은 진나라의 의도를 꿰뚫고 길을 터주면 안 된다고 진언했지만 이미 왕은 진나라의 선물공세와 감언이설에 눈이 먼 상태였다. 판단력이 흐려진 왕은 신하들의 반대에도 불구하고 진나라에 길을 터주었다. 우나라를 통과해서 괵나라를 공격한 진나라는 대승을 거두었다. 양동작전으로 위협을 당할 위험이 제거된 진나라는 그 여세를 몰아 우나라를 공격하기 시작했다.

"이, 이럴 수가! 속았다! 도대체 이를 어찌해야 한단 말인가?"

그제야 우나라 왕은 땅을 치며 후회했지만 이미 늦은 일이었다. 그렇게 진나라는 손쉽게 두 나라를 모두 공략할 수 있었다.

진나라가 괵나라를 공격하기 위해서는 우나라의 도움이 절대적이었다. 우나라를 지나지 않고는 괵나라를 칠 수 없었기 때문이다. 이것이 우나라와 괵나라를 이간질해서 우나라 왕을 포섭한 이유였다. 이처럼 자신에게 필요한 것을 외부로부터 구해 힘을 키우는 전략이 바로 가도벌괵이다.

이 계책을 실행할 때는 한 가지를 유의해야 한다. 만약에 진나라가 꾸준히 뇌물을 제공하고 이간질을 하지 않은 상태에서 대뜸 길을 빌렸다면 우나라는 경계심을 갖고 응하지 않았을 것이다. 그래서 길을 빌리는 가도, 즉 도움을 청할 때는 구실을 잘 만드는 것이 중요하다. 이는 비즈니스 상황에서도 그대로 적용된다. 평소의 유대관계나 사전작업 없이 무턱대고 자신의 목적을 위해 도움을 청하거나 상대를 자신의 편으로 만들려고 하면 실패할 확률이 높다. 가도벌괴의 계로 문제를 해결할 때는 도움을 청하는 그럴듯한 명분과 상대의 승낙을 이끌어낼 설득 전략이 선행되어야 하는 것이다.

해커를 해커로 막아 성공한 레고

과거 레고는 CPU가 내장된 조립식 전자 완구 '마인드 스톰'을 출시했다. 기존의 어린이 고객뿐 아니라 성인 고객까지 사로잡겠다는 전략에서 탄생한 제품이었다. 전략은 성공을 거두었고 성인 고객들의 열광적인 지지를 받았다. 그런데 출시 한 달 만에 심각한 문제가 발생했다. 컴퓨터에 능한 일부 사용자들이 마인드 스톰의 프로그램을 해킹하고 센서와 모터, 제어장치를 분해해 다시 프로그래밍해버린 것이다.

레고 경영진은 이 문제를 해결하기 위해 처음에는 제품을 모두 폐기하고 해킹에 대한 소송까지 생각했다. 하지만 네티즌의 의견을 수용하고 오히려 파워유저를 적극적으로 활용하는 전략으로 방향을 바꿨다. 게다가 아예 마인드 스톰의 프로그램 소스까지 홈페이지에 공개해버렸다.

그러자 생각지도 않았던 놀라운 일이 발생했다. 지금껏 단순한 동작밖에 못하던 마인드 스톰의 기능이 물건을 집거나 계단을 올라가는 등 크게 진화했던 것이다. 파워유저가 더 나은 기능을 만든 후에 이를 인터넷에 공개하면 다른 유저가 그것을 응용해 더욱 업그레이드된 기능을 개발한 것이다. 이런 일이 반복되면서 일반 소비자들은 파워유저의 실력에 열광했고 나날이 발전해가는 자신의 레고 장난감에 큰 만족감을 나타냈다.

이후 레고는 인터넷을 통해 '레고 디지털 디자이너'라는 3차원 디자인 소프트웨어를 무상으로 제공하고 소비자들이 직접 신상품 아이디어를 제안하게 하고 있다. 이를 통해 소비자의 수요를 잘 반영한 우수한 제안은 바로 상품화하고 있다.

레고는 '파워유저의 문제'를 또 다른 파워유저들의 힘을 빌려서 해결했다. 즉 일부 파워유저들이 일으키는 역기능을 선의의 파워유저들을 활용해 순기능으로 승화시킴으로써 문제를 해결한 것이다. 비즈니스 환경에서는 끊임없이 문제가 발생하고 이를 100퍼센트 방지할 수는 없다. 중요한 것은 문제 해결 능력과 그 방법이다. 개인이나 조직의 역량은 한계가 있기 때문에 자력으로 모든 문제를 해결하려다 보면 과부하로 인한 부작용으로 더 큰 문제를 야기할 수 있다. 그래서 적절하게 외부의 역량을 활용해 문제를 해결하는 전략이 필요하다. 바로 외부 역량을 적절하게 활용해서 효율적으로 문제를 해결하는 가도벌괵의 전략인 것이다.

큰 성과를 창조하는
역브레인스토밍 기법

앞에서 브레인라이팅 기법으로 여러 구성원들의 의견을 모아서 더 나은 대안을 찾는 방법을 소개했다. 가도벌끽 계책을 성공적으로 착안하기 위해서도 많은 사람들의 아이디어가 중요하다. 그래서 효과적인 도구로 역逆브레인스토밍 기법을 소개하고자 한다. 브레인스토밍과 유사하지만 문제를 해결할 아이디어가 아닌 문제를 일으키는 원인과 방법을 생각해본다는 측면에서 차이가 있다. 진행 과정은 이렇다.

1단계 일단 아래처럼 문제를 일으키는 원인과 방법에 초점을 두고 아이디어를 만들어나간다.

이슈 : 위임을 못하고 직접적으로 팀장과 팀원을 관리하는 사장에게 임원으로서 인정받기		
아이디어	어떻게 문제를 일으킬 수 있나?	어떻게 하면 역효과를 가져올 수 있나?
1		
2		
3		

2단계 표에는 칸을 한정 지었으나 브레인스토밍의 원래 원칙처럼 많은 아이디어를 내는 것이 중요하다.

역브레인스토밍은 다른 식으로도 활용 가능하다. 문제의 해결을 위한 아이디어를 쏟아낸 뒤 각각의 아이디어를 비판하고 비판에 따라 아이디어를 수정하는 방식이다. 그리고 비판이 가장 적거나 적절하다고 판단되는 아이디어를 채택하는 것이다.

어느 경우든 아이디어가 부족하거나 잘 떠오르지 않을 때 활용하면 좋은 방식이다. 문제를 해결할 대안을 찾자고 하면 어떻게든 유익한 아이디어를 내놓아야 한다는 부담감 때문에 발상이 쉽지 않다. 하지만 문제를 일으킬 원인과 방법은 손쉽게 나열할 수 있다. 이를 역으로 전환해서 해결책을 찾는 방식은 창조적 대안을 만드는 색다른 발상법인 것이다. 특히 가도벌괵처럼 창조적 사고가 필요할 때 직원들과 협력하여 활용하면 매우 좋은 대안을 얻을 수 있다.

가도벌괵은 모든 역량을 효율적으로 활용하는 전략이다

"자신보다 더 뛰어난 사람들의 협조를 받는 방법을 알았던 사람이 여기 잠들다."

가난한 집에서 태어났지만 자신보다 능력 있고 현명한 사람들의 역량을 잘 활용해서 어려운 문제를 해결하고 성공의 목표를 달성한 어떤 사람의 묘비명이다. 미국 철강업계의 전설이자 자선사업가였던 앤드루 카네기Andrew Carnegie가 그 주인공이다. 카네기의 묘비명은 가도벌괵 계책의 핵심을 보여준다.

가도벌괵은 제약을 극복하고 큰 성과를 내야 하는 상황에 어울리는 계책이다. 앞의 고사에서 진나라는 우나라와 괵나라의 동맹을 허무는 것이 천하통일의 관건임을 직시하고는 금은보화를 아낌없이 우나라 왕에게 제공하고 길을 빌려 괵나라를 정벌했다. 그러고는 우나라마저 공격해서 지불한 비용에 비할 수 없는 큰 성과를 거두었다.

마찬가지로 레고는 해킹이라는 문제에 직면했을 때 당장의 손실이나 제품 이미지 실추에 연연하지 않았다. 미래를 내다보고 오히려 파워유저를 활용하는 전략을 구사했다. 그 결과 수많은 선의의 파워유저들로부터 획기적인 아이디어를 수용하면서 더 큰 성공을 거둘 수 있었다.

기업과 그 구성원은 숱한 문제를 겪으며 발전해나간다. 이때 기업의 내부 역량만으로 문제를 해결하는 것에는 한계가 있다. 마찬가지로 개인도 슈퍼맨이 아니기 때문에 혼자의 힘은 부족하기 마련이다. 성공하는 조직(원)은 내부(자신)의 역량뿐만 아니라 가용한 모든 역량을 효율적으로 활용해서 성과를 배가시켜나간다. 가도벌괵 계책의 핵심을 정리하면 다음과 같다.

1. 문제 해결에 장애가 되는 요소와 필수적인 요소를 구분하는 능력 배양

2. 모든 역량을 활용해서 문제를 해결하는 종합적인 접근 방법 숙지

Re;Action

인사이트1_
가도벌괵, 진나라가 우나라와 괵나라를 정복한 노하우

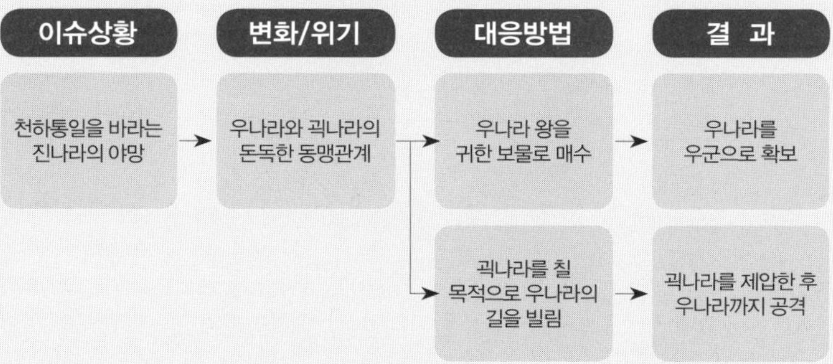

물 음	생각 정리하기
1. 우나라와 괵나라가 멸망한 결정적인 패착을 각각 이야기해보자.	
2. 진나라의 전략을 역브레인스토밍을 통해 만들어보자.	
3. 가도벌괵의 전략을 기업 사례에서 찾아보자.	

Re;Action

인사이트2_
강 이사가 사장의 신임을 얻게 된 이유는?

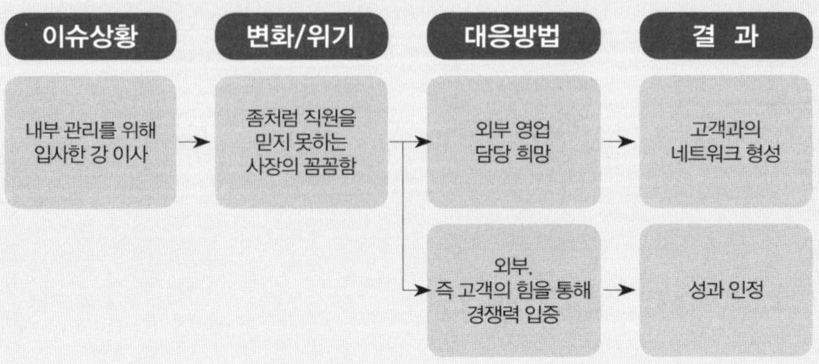

물 음	생각 정리하기
1. 강 이사는 어떤 스타일의 인물인가?	
2. 강 이사가 취한 행동은 전략적인 행보였다. 어떤 점이 그런가?	
3. 사람을 잘 믿지 못하는 김 사장이 강 이사를 신뢰할 수 있었던 이유는?	

레고가 마인드 스톰의 소스를 공개한 이유는?

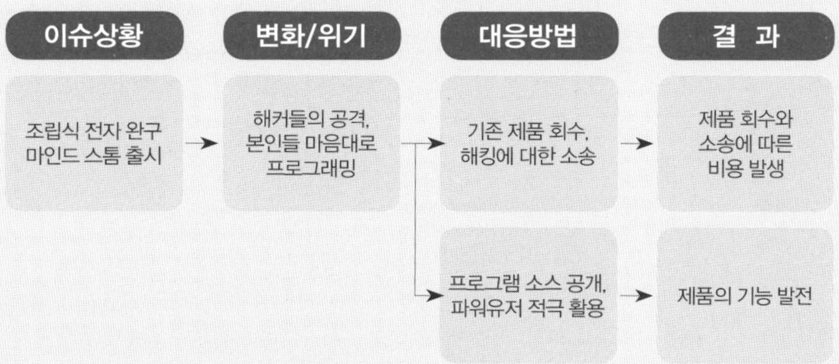

물 음	생각 정리하기
1. 레고는 왜 프로그램 소스를 모두 오픈했을까?	
2. 레고의 사례를 역브레인스토밍으로 표현해보자.	
3. 외부 역량의 결합으로 성공한 사례를 이야기해보자.	

작은 것을 잃지 않는 능력

順手牽羊
순 수 견 양

성과란 무엇인가. 성과의 사전적 의미는 이루어낸 결실을 뜻한다. 즉 일을 통해 맺은 결실은 모두 성과란 의미다. 하지만 대부분의 직장인은 성과라는 단어에 거창한 의미를 부여한다. 회사의 매출에 크게 기여한 프로젝트를 성공시켰다든지, 회사의 이름을 드높일 만한 권위 있는 상을 수상해야 성과라고 생각하는 사람이 많다.

하지만 이처럼 큰 성과를 향해 정진하다 보면 간혹 작은 성과는 무시하는 상황이 벌어진다. 소소한 성과로는 인정받지 못한다는 생각 때문이다. 하지만 '티끌 모아 태산'이라는 속담이 성과관리에도 적용된다는 사실을 명심하자.

협상의 마지막 단계에 활용되는 니블링Nibbling 기법이라는 것이 있다. 이는 이미 협상이 완료된 후에 추가 옵션으로 좀더 얻어내는 방법이다. 이미 협상이 완료된 후에 작은 것을 하나 요구함으로써 상대가 마지못해 승낙하게 하는 방법이다. 비싼 등산복을 사러 갔다가 등산용 양말을 하나 더 얻어내는 것과 같은 행위를 말한다. 필자는 일터에서도 니블링 기법이 필요하다고 생각한다. 작은 것 하나라도 더 취하려는 의지가 결국 큰 성과로 이어지기 때문이다. 앞으로 소개할 계책은 어떻게 하면 작은 것이 모여서 큰 것이 될 수 있는지를 명확히 보여줄 것이다.

성공적인 프로젝트 수주가 결국 손실을 안긴 사연

대부분 한정된 예산으로 일해야 하는 지방 소재 공공 기관은 살림살이가 빠듯한 편이다. 기관장은 빡빡한 예산으로 최대의 효과를 내야 하는 입장이다. 보통 임기제인지라 재신임을 받아야 하는 경우에는 상급 기관으로부터 인정을 받는 것이 중요하기 때문에 어떻게든 저비용 고효율을 추구하게 된다.

김 실장은 그런 기관에서 10억 원 규모의 웹사이트 운영 아웃소싱 사업을 수주하고 매우 신이 났다. 까다롭기로 유명한 기관의 수행업체가 된다는 것은 다른 영업에도 영향력을 발휘하기 때문이다. 부장 승진을 앞둔 상황에서 호재를 맞은 것이다. 하지만 기쁨도 잠시, 수주 후 수행 계획을 추가 협상하는 자리에서 여러 문제가 드러났다.

사실 해당 공공 기관은 이전까지 김 실장 회사보다 훨씬 큰 회사들에 운영 대행을 맡겼다. 그 회사들은 첫해에는 손해를 보더라도 다음 해부터는 이익이 나리라는 생각에 일을 맡았지만 막상 일을 진행해보니 현실은 달랐다. 계속 추가되는 요구들을 감당하기 어려워서 결국 손해만 보다가 손을 떼고 말았던 것이다.

그래도 김 실장은 자신했다. 이전 회사들의 역량이 부족했던 것일 뿐, 자신은 해낼 수 있다고. 회의를 마치고 나온 김 실장은 기관에서 요구한 사항을 다시 한 번 정리해보았다. 원래 계약에는 없던 항목들이 두세 가지 추가됐지만 그다지 어려운 일은 아니라는 판단이 들었다. 더욱이 실적과 성과 평가를 앞둔 시점이었기 때문에 해당 프로젝트의 수익률을 10퍼센트 이상 책정해 상사에게 보고했다.

문제는 그다음부터 시작됐다. 추가된 항목들의 업무량이 예상보다 많아 파견 인력을 1명 늘리면서 비용이 늘어났다. 또한 기관에서는 원래 제시한 사양보다 고급 사양을 요구하며, 김 실장을 곤란에 빠뜨렸다. 총 1년의 운영 기간 중에 6개월이 지난 시점에 투자 대비 이익을 산정해보니 마이너스였다. 김 실장은 기관장을 직접 만나 그간의 정황을 이야기하며 불요불급한 일들은 다음 해로 넘기자고 제안했다. 하지만 기관장은 그의 사정을 이해하는 듯이 그의 의견에 동의하면서도 절대 양보하지 않았다.

결국 사태는 최악으로 치달았다. 이미 계약한 이상 프로젝트를 계속 진행할 수밖에 없었지만 갈수록 손해를 입어야 했다. 결국 수행을 통한 이익률은 당초 목표와 달리 마이너스가 됐다. 반면 기관장은 적은 예산에도 일을 효율적으로 진행했다며 연말에 우수기관장 포상을 받았다.

김 실장과 기관장의 운명을 가른 것은 순수견양의 계책이었다. 순수견양은 손에 잡히는 대로 양을 끌고 간다는 뜻으로, 작은 틈과 작은 이익도 놓치지 않고 이용하는 책략을 뜻한다. 저비용 고효율을 추구해야 했던 기관장은 김 실장의 회사에서 얻을 만한 이익은 아주 사소한 것도 빠뜨리지 않고 취했다. 반면 김 실장은 기관의 요구가 작은 것들이라는 생각에 하나씩 수락하다가 결국 큰 낭패를 보고 말았다. 기관장은 순수견양의 중요성을 알았고 김 실장은 알지 못했다. 바로 그것이 두 사람의 운명을 가른 결정적 요인이었다.

순수견양은 작은 것을 모아 큰 것으로 만드는 전략이다

순수견양과 관련된 고사는 매우 다양하다. 그중 상대방의 허점을 이용해 생존한 사례로 후한의 헌제獻帝에 대한 이야기가 《삼국지》에 실려 있다. 후한의 마지막 황제 헌제는 동탁董卓에게 붙잡혀 장안에 억류되어 있었다. 그런데 동탁이 죽고 반란군이 창궐하자 사회가 극도로 혼란스럽고 어지러워졌다. 이윽고 반란군이 헌제를 잡으려고 했다. 이런 위기 상황에서 벗어나기 위해 헌제는 낙양으로 탈출을 시도했다. 그러나 도중에 반군의 기마 부대에게 추격당해 수레가 적에게 붙잡힐 위기의 순간이 다가왔다.

본시 반란군은 도적의 무리였다. 이들의 속성을 간파한 동승董承이라는 장군이 부하들에게 가지고 있는 보물과 돈을 모두 길가에 버리게 했다. 기병들이 보석을 줍기 위해 말에서 내려 정신이 팔린 사이 헌제는 무사히 반군을 따돌릴 수 있었다. 반군은 헌제를 잡는 것이 목적이었겠지만 버려진 보물을 방치할 정도는 아니었는가 보다. 그리하여 진짜 보물인 헌제를 잡지 못한 반군들은 명분을 잃어버리고 곧 진압되었다.

이 고사는 순수견양 계책의 명암을 모두 드러낸다. 먼저 동승의 전략을 보면 순수견양이 어떤 힘을 지녔는지 알 수 있다. 수적으로 열세인 상황에서 동승은 상대가 지닌 아주 작은 허점을 놓치지 않았다. 그들이 기본적으로 재물에 약하다는 허점을 파고들어 돈과 보석으로 시선을 분산시킨 다음 헌제를 무사히 탈출시킨 것이다.

반면 반란군은 순수견양 계책에서 주의할 점을 환기시킨다. 그들은 작은 이익에 눈이 멀어 큰 보물인 헌제를 놓치고 말았다.

순수견양 계책의 핵심은 적의 미세한 틈이라도 반드시 장악해서 작은 이익이라도 적극적으로 챙기는 것이다. 다만 사소한 이익에 치중하다 보면 본래의 큰 뜻을 잊을 수 있다는 단점이 있다. 즉 작은 것들을 취해 큰 것으로 만들되, 작은 것에 눈이 멀어 큰 것을 잃어버리는 참사를 주의해야 한다.

초코파이는 어떻게
중국 진출에 성공했을까

　1995년 동양제과는 중국 진출을 시도했다. 당시 세계적인 브랜드로 성장하던 초코파이를 중국 현지 법인을 통해 판매함으로써 해외 거점의 최우선 전략 지역으로 삼는다는 것이 진출의 핵심이었다. 그러나 철저한 현지화를 염두에 두고 중국산 재료를 사용하면서 품질은 국내 수준에 맞추려다 보니 문제가 발생했다. 중국산 밀가루의 품질이 좋지 않아 제품 수준이 현격히 떨어졌던 것이다.

　고심 끝에 연구진은 여러 종류의 중국산 밀가루를 혼합하는 방안을 내놓았고 결과적으로 한국 제품과 유사한 품질의 파이를 만들어낼 수 있었다. 이렇게 중국에 출시된 초코파이는 대성공을 거두었다. 중국 도시 지역의 소득수준이 높아짐에 따라 초코파이의 시장도 확대된 것이다.

　동양제과는 지리적 이점이 많은 중국 허베이 성 랑방경제기술개발구를 생산 기지로 선정했다. 베이징 중심지와 30분 거리에 위치한 지역으로 베이징과 텐진을 잇는 고속도로변에 자리하고 있어 교통도 편리했다. 실질 구매력을 갖춘 대형 소비시장이 지척에 있다는 사실은 상당히 매력적인 조건이었다. 베이징 시가 제공하는 다양한 정책적 우대 혜택을 받을 수 있는 것도 장점이었고 현지의 값싼 노동력을 공급받을 수 있다는 것도 생산 기지로서 이점이었다. 동양제과로서는 이곳을 생산 기지로 정함으로써 얻을 수 있는 이익을 빠짐없이 취한 것이다.

사실 중국은 워낙 다양한 식음료가 만들어지는 데다 히트작이 나오면 금방 유사품이 나오기 때문에 성공이 어려운 시장이다. 하지만 초코파이는 차별화된 제품력으로 시장 진입에 별다른 문제를 겪지 않았다. 다만 판매에 고비가 있긴 했다. 중국은 술과 담배를 제외하고는 현금 거래를 하는 상품이 없다. 그만큼 외상 거래에 의한 채권 채무가 많다 보니, 수금을 위해 따로 수금원을 관리해야 하는 복잡한 환경이다. 이에 동양제과는 묘안을 강구해냈다. 초코파이의 인기를 이용해 영향력 있는 주요 거점의 대리점과 독점권을 체결한 것이다. 독점권을 주되, 무조건 현금으로 거래해야 한다는 조건이었다. 대리점 입장에서는 인지도 있는 초코파이를 우선 선점할 수 있다는 이점이 외상 거래의 관행을 깨뜨릴 만큼 컸다. 이렇게 동양제과는 외상 거래가 만연한 시장에서 대리점과의 독점 거래에 의한 현금 거래를 성사시킴으로써 중국 시장 진출의 가장 큰 걸림돌이었던 수금 문제를 해결할 수 있었다.

동양제과는 순수견양 계책을 굉장히 세밀하게 이용한 사례였다. 가장 많은 이점을 취할 수 있는 생산 기지를 선정한 것만 봐도 그렇다. 하지만 거기서 그치지 않고 외상 거래가 관행인 시장에서 현금 거래를 관철시켰다는 점이 고무적이다. 단 하나의 작은 손실조차 보지 않겠다는 집념으로, 업계의 관행까지 바꾸며 이익을 취했던 것이다. 그야말로 순수견양의 달인이라 칭할 만하다.

작은 것도 놓치지 않는
6W 2H와 마인드맵

순수견양 계책은 동양제과의 사례처럼 매우 세밀하게 사고해야만 가능하다. 얼마나 그리고 어떻게 세밀하게 생각해야 하나. 그러기 위해서는 어떻게 접근하는 것이 좋을까. 필자가 생각한 도구는 6W 2H와 마인드맵이다.

6W 2H는 우리가 흔히 사용하는 5W 1H를 6W 2H로 확장한 것이다. 여기에 마인드맵을 결합해 사고를 물 샐 틈 없이 꼼꼼히 한다면 좋은 실행 대안을 찾을 확률이 높아진다. 순서는 아래와 같이 진행한다.

1. 아래의 박스처럼 생각을 구체적인 아이디어별로 구조화한다.

What	무엇을	아이템, 이슈, 내용
Why	왜	목적, 이유, 원인, 동기
Who	누가	대상, 주체, 조직
Whom	누구와	상대방, 관계
When	언제	납품 기한, 일정, 시기, 시간
Where	어디에서	장소, 위치, 지역
How	어떻게	적용 기술, 진행 방법, 수단
How much	얼마나	비용, 수량, 가격

2. 구조화된 아이디어를 마인드맵을 활용해 시각적으로 정리한다. 아래 그림처럼 가운데 해당 이슈를 적고 이슈에 대한 해결 방안을 선으로 연결하여 정리한다. 하위 요소는 다시 6W 2H의 틀을 활용해 아이디어를 정제해나간다.

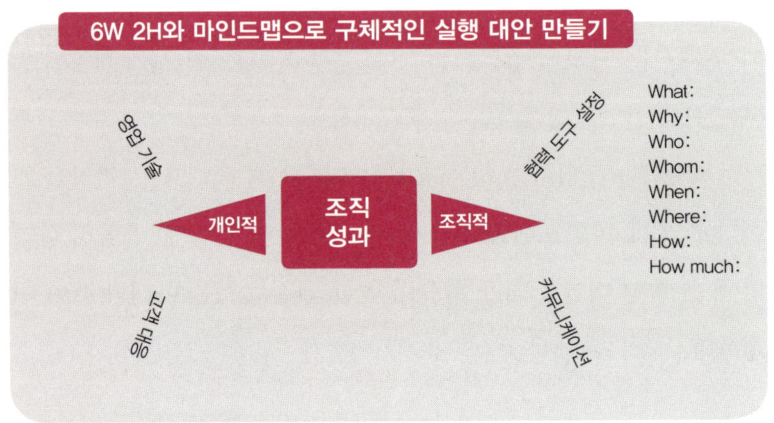

이처럼 6W 2H와 마인드맵은 가능한 모든 경우의 수를 고려할 수 있는 방법으로, 가능한 모든 이익을 취하는 순수견양 계책에 가장 어울리는 도구다.

순수견양은 프로페셔널의 전략이다

원래의 36계에서 순수견양은 적전계의 책략이다. 즉 적과 전력이 대등하여 우세를 확신하지 못하는 긴장된 상황에서 활용하는 전략으로 소개되어 있다. 하지만 필자는 36계의 본뜻보다 오늘날 비즈니스 현장에서 이를 어떻게 활용할지에 중점을 두고 전략을 풀이했다. 따라서 자그마한 것이라도 놓치지 말고 챙길 것은 챙겨야 성과를 올릴 수 있다는 의미에서 순수견양 전략을 설명했다.

어찌 보면 순수견양은 프로페셔널의 개념과도 유사하다. 고수들은 아주 사소한 것도 눈여겨보고 품질을 떨어뜨리지 않도록 매사에 신중을 기한다. 설익은 전문가들은 '대세에 지장 없다'는 표현으로 사소한 요소를 놓치다가 낭패를 보고 만다. 결국에는 작은 것이 커다란 암 덩어리가 될 수 있음에도 그냥 방치하거나 다른 이슈에 휘말려서 놓치는 경우가 많음을 경계해야 한다.

순수견양의 원래 의미처럼 예전의 전쟁터에서는 병력이 이동하려면 식량 확보가 매우 중요했다. 그 시절에는 식량을 상하지 않게 보급할 방법이 없었기 때문에 양과 같은 동물이 병사들과 함께 움직였다고 한다. 사실 양 한 마리는 그야말로 사소한 것이다. 하지만 전장에서는 한 마리의 양이라도 더 보유한 편이 유리하기 때문에 양 한 마리가 결코 사소하지 않았다.

오리온 초코파이가 중국에서 성공하면서 우리가 대단한 자부심을 느끼고 있지만 실상 중국에서는 오리온 현지 법인을 한국 회사가 아닌 중국 회사로 인식한다고 한다. 그 정도로 현지화가 잘되어 있다. 외상 거래라는 상거래 환경을 극복하고 이익을 창출하기 위한 대안으로 대리점 독점 계약에 의한 공급권 제공과 현금 거래라는 방안을 적용한 것은 기가 막힌 순수견양의 책략이 아닐 수 없다. 우리가 여기서 얻을 시사점은 두 가지다.

1. 작은 이익이라도 챙길 수 있도록 대단히 세밀한 사고를 해야 한다.

2. 성과를 내는 데는 반드시 거창한 것이 필요하지 않다. 작은 승리를 거듭해나가는 방식도 적극 활용해야 큰 성공을 거둘 수 있다.

Re;Action

인사이트1_
순수견양, 헌제는 어떻게 탈출할 수 있었는가?

이슈상황	변화/위기	대응방법	결 과
탈출을 시도한 헌제 →	헌제를 잡으려는 반란군의 추격 →	가지고 있던 보물과 돈을 모두 길바닥에 뿌림 →	반란군의 시선을 피해 탈출 성공

물 음	생각 정리하기
1. 반란군이 헌제를 놓친 이유에 대해 전략적으로 설명해보자.	
2. 순수견양을 6W 2H를 통해 설명해보자.	
3. 작은 것들을 챙기면서 성공한 사례를 이야기 해보자.	

Re;Action

인사이트2_

김 실장은 왜 손실을 떠안아야만 했는가?

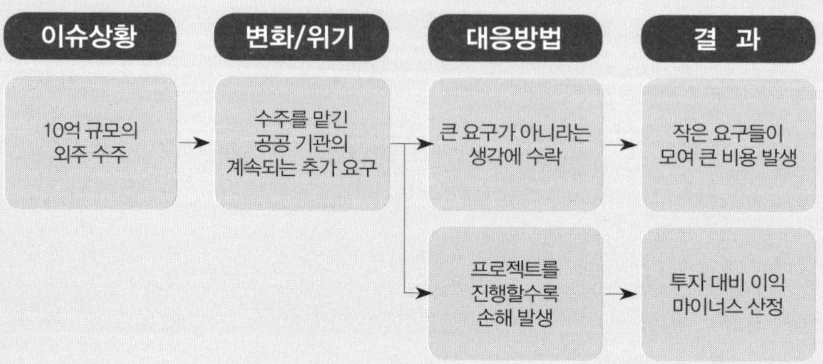

물 음	생각 정리하기
1. 김 실장은 왜 기관의 요구에 별 이견 없이 응했을까?	
2. 기관장과 김 실장의 결정적 차이는 무엇이었는가?	
3. 작은 것을 잃으면서 실패한 사례를 기업 사례를 들어 설명해보자.	

인사이트3_
초코파이의 성공적인 중국 진출 노하우

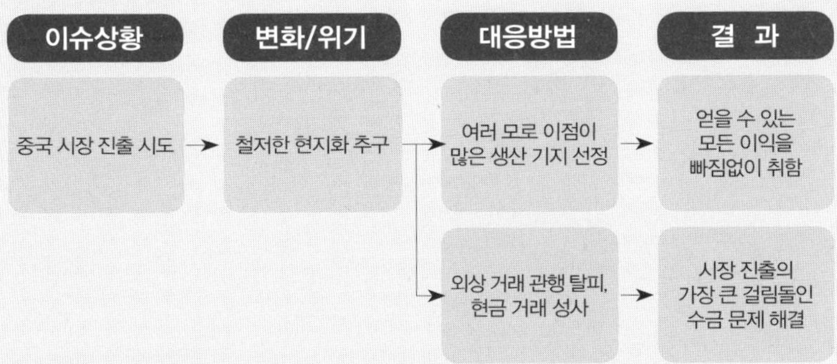

물 음	생각 정리하기
1. 초코파이가 현지화를 위해 집중한 부분은 무엇이었을까?	
2. 초코파이를 순수견양의 달인이라 칭할 만한 이유는 무엇인가?	
3. 작은 이익도 놓치지 않고 모두 취할 수 있는 방안을 탐색해보자.	

6장

상황을 장악하는 힘

소통스킬

소리장도

성동격서

상옥추제

Re;
Action

비즈니스는 소통의 연속이다.

마케팅을 드러내지 않으면서 상대의 마음을 얻어야 한다.

원하는 것을 어떻게 얻을 수 있을 것인가?

답은 상대의 내면에 있다.

상대와 '말'뿐 아니라 '마음'을 주고받는 것,

원하는 것을 얻는 사람들의 공통점이다.

소통을 잘하기 위해서는 남에게 메시지를 전달하는 기술만큼이나 남의 말을 경청하는 연습이 필요하다. 듣는 연습이 우선되어야 자신이 이해한 내용을 정확히 전달할 수 있기 때문이다. 어떻게 듣는 것이 올바른 자세일까? 경청傾聽이라는 한자어에서 그 힌트를 찾아보자. 경청의 경 자는 기울 경傾 자로 두 사람의 머리가 서로 비슷하게 기울어 있는 상태를 의미한다. 귓속말로 소곤대는 연인을 연상시키는 글자다. 한편 청聽 자는 귀를 크게 열고 눈과 마음을 하나로 합치는 것과 같은 자세로 상대방의 이야기를 들어야 한다는 의미다. 즉 남의 이야기는 적극적인 태도로 들어야 한다는 것이다.

경청법에는 세 가지가 있다. 첫째, 페이싱Pacing은 상대방이 말을 이어서 잘하도록 호응해주는 것이다. 마치 마라톤의 페이스메이커 같이 다양한 추임새, 표정, 제스처로 상대방의 생각을 촉진해주는

것이다. 둘째, 미러링Mirroring은 상대방의 말이나 행동 등을 따라 함
으로써 상대방에게 지속적인 관심을 보이고 있다는 느낌을 주는 것
이다. 가령 중요한 대목에서 상대방의 말을 그대로 따라 하면 상대
방은 더욱 신나서 말을 하게 된다. 셋째, 백트래킹Back Tracking은 상대
방이 말한 내용을 요약해서 언급한다든지, 의미를 확인하는 형태로
경청을 이어가는 것이다. 이 세 가지를 지키면 상대방과의 상호작
용은 충분한 공감과 이해와 신뢰가 쌓인 상황에서 마무리된다. 이
러한 기초적인 경청의 스킬이 형성되어야 일방이 아닌 쌍방의 소통
이 이루어진다.

그렇다면 조직에서 소통은 어떤 의미를 지닐까? 조직에서 소통
은 성과를 향한 방향성을 지닌다. 조직에서는 출근을 하고 회의를
하고 업무를 수행하면서 보고를 하고 지시를 듣고 결과를 공유하는
것이 일상이다. 이런 프로세스에서 소통이 잘 안 된다는 것은 위에
이야기한 경청의 기초가 없어서이기도 하고 소통을 원활하게 하는
기술이 없어서이기도 하다. 소통은 성과를 내기 위한 연결자라는
사실을 망각하고 감정으로 소통하다 보면 아군과 적군으로 편을 가
름으로써 편견을 갖게 되고 자신이 듣고 싶은 것만 듣는 경향이 심
해진다. 그렇기 때문에 마지못해 같은 공간에 단절된 상태로 머무
는 경우가 비일비재해진다.

소통을 촉진하는 몇 가지 요령이 있다. 우선 중요한 회의를 하
거나 메시지를 전달할 경우 상대방이 들을 자세를 갖도록 워밍업을
시켜야 한다. 이슈와 연관된 소재로 재미있는 농담을 함으로써 상

대방이 관심을 갖게 하는 것이다. 이른바 아이스브레이킹Icebreaking이다. 그리고 메시지를 전달하기 위해서는 반드시 사전에 어젠다, 즉 전달하고자 하는 내용을 정리해두어야 한다. 전달하고자 하는 메시지의 핵심을 두세 가지로 압축해서 제기하고 세세히 이야기를 풀어나가면 매우 효과적이다. 그 외 효과적인 소통의 주요 요소를 보자.

첫째, 상대방의 내면을 읽어라. 조직에 헌신하고 몰입된 사람이라면 자신의 내면을 투명하게 밝히며 상사와 좋은 관계를 유지할 확률이 높다. 반면에 그렇지 않다면 내면을 읽기가 아주 어렵다. '소리장도' 편에서 소개되는 것처럼 여포는 남의 호의에 감사할 줄 모르고 자신의 안위만 생각하는 속내를 가지고 있었다. 그의 무예와 능력을 사기 위해 그를 품었던 사람들은 모두 그에게 배신당하고 말았다. 여포를 아꼈던 사람들과 같은 운명을 맞지 않으려면 열린 마음으로 상대의 이야기에 귀 기울이며 상대의 내면을 읽는 능력을 길러야 한다.

둘째, 상대의 마음을 얻는 협상을 하라. 성동격서는 일종의 기만술이다. 동쪽에서 전투를 벌일 듯이 요란을 떨다가 배후를 쳐서 승리를 쟁취하는 것은 신사답지 못한 일이다. 하지만 전쟁은 승리를 위한 것이니, 크게 싸우지 않고 이기는 전략으로는 합당하다고 생각한다. 하지만 협상의 기술은 다르다. 만일 거래 회사나 직원과의 크고 작은 협상이 단 한 번으로 끝난다면 기만술을 써도 무방하다. 하지만 협상이 단 한 번으로 끝나지 않는다면 진정성을 보이고 상대의 마음을 얻는 방법을 쓰는 것이 장기적으로 유리하다.

셋째, 상황에 대한 분별력을 가져야 한다. 프레젠테이션을 할 때 마치 공식처럼 설명되는 3P라는 것이 있다. 바로 퍼포즈Purpose, 플레이스Place, 피플People이다. 퍼포즈는 무슨 목적으로 발표하는지를 이야기하라는 의미다. 그다음 플레이스는 발표가 이뤄지는 장소를 고려해서 발표하라는 것이다. 마지막으로 피플은 참석한 사람들을 염두에 두고 발표하라는 것이다. 소통에서도 3P가 매우 중요하다. 이야기의 목적을 정하지 않고 장소에 신경 쓰지도 않으며 상대의 수준도 고려하지 않고 소통한다면 최악의 결과가 나올 것은 뻔하다. 즉 대화의 요점, 장소, 상대의 특성을 간파해야 소통이 원활해진다는 뜻이다.

우리는 경쟁이 치열한 일터에서 이해의 촉각을 세우며 살아간다. 이런 상황에서 도태되지 않고 살아남으려면 상대방의 내면을 잘 읽고 복안을 지닌 필살기를 드러내지 않으면서 상황을 잘 분별하고 주위와 원활하게 소통해야 한다. 소통은 성과를 이루기 위한 수단인 동시에 상대방의 감성을 자극하는 무기이자 동기를 유발하는 도구다. 어떻게 사용하건 소통이 성과 향상에 도움이 되는 형태로 리액션되어야 한다. 그러면 승리의 주역으로 오랫동안 자신을 지킬 수 있을 것이다.

보이지 않는 것을 보고 들리지 않는 것을 듣는 것

笑裏藏刀
소 리 장 도

●

직장 생활을 하다 보면 달콤하고 따뜻한 말로 상대의 기분을 좋게 하는 사람들을 만나게 된다. 그들 가운데는 타고난 친화력과 배려심을 지닌 사람이 있는가 하면, 그저 상대를 현혹해 자신의 이익을 챙기고자 하는 사람도 있다. 후자는 구밀복검口蜜腹劍, 즉 꿀과 같이 달콤한 말로 상대를 마음 놓게 하면서 속에는 그를 이용하거나 제거할 칼을 품고 있는 경우라고 할 수 있다.

무릇 사람이란 칭찬에 기뻐하고 비판에 분노하는 경향을 지니고 있다. 빈말이라도 치켜세워주는 말은 반가워하는 반면 비판은 그것이 아무리 옳고 정당해도 일단은 거부감이 들기 마련이다. 하지만 몸에 좋은 약은 입에 쓴 법이다. 비판을 피하고 칭찬만 들으려는 사람은 구밀복검의 피해자가 되기 쉽다.

의외로 구밀복검의 피해자가 되기 쉬운 사람은 리더다. 리더의 환심을 사고자 하는 사람들이 들끓다 보니 칭찬과 아첨에 익숙해지고, 그래서 상대의 본의를 간파하지 못하는 경우가 많다. 하지만 1인자의 곁에는 동지보다 적이 많은 것이 피할 수 없는 현실이다. 우리는 늘 1인자를 꿈꾸고 1인자가 되기 위해 목표를 세우도록 훈련받아왔다. 그러기에 조직에서는 늘 1인자를 음해하고 끌어내리고자 안달인 세력이 존재한다. 구밀복검의 자세로 속내를 감춘 채로 언제든 1인자를 밀어낼 음흉한 계략을 가지고 암약하는 사람들이 있는 것이다.

결국 그 지위와 자리에는 상관없이 비즈니스를 하는 사람이라면 누구나 상대의 내면을 읽는 기술이 필요하다. 상대가 지금 어떤 생각을 하고 있는지, 상대의 말에 어떤 의미가 담겨 있는지를 고민하는 것은 소통의 첫걸음인 동시에 상대의 계략에 휘말리지 않는 전략이다.

의표를 읽지 못해
내쳐진 김 차장

직원 수백 명을 거느린 중견 벤처기업의 김 차장은 명문대를 졸업하고 외국계 기업에 입사해서 남부럽지 않은 행보를 이어갔다.

하지만 보다 빨리 성공하고 싶은 욕심에 회사를 뛰쳐나와 스톡옵션의 대박을 꿈꾸며 벤처기업에 입사했다.

그렇게 3년여의 시간이 흐르고 최근 김 차장은 매우 곤혹스러운 상황에 처했다. 그가 자신 있게 추진한 프로젝트에 경영진이 의문을 표했기 때문이다. 설상가상으로 사장과의 의견 대립도 잦아졌다. 사장은 김 차장이 초기에 보여준 의욕과 대기업에서의 경험을 높이 사서 그에게 많은 기대를 표했지만 김 차장이 팀장을 맡은 이후 그의 조직관리 능력을 의심하고 있었다. 그러던 중 김 차장의 팀에서 핵심 인재로 꼽히던 고 대리가 이직을 하겠다며 사표를 던졌다. 고 대리를 총애하던 사장은 그를 따로 불러 면담을 진행했다. 그 자리에서 고 대리는 김 차장의 우유부단함 때문에 일이 제대로 진척되지 않는다는 불만을 토로했다. 사장은 사실 확인도 하지 않고 역시 김 차장의 리더십이 문제라고 단정지어버렸고 이후 색안경을 끼고 그를 바라보았다.

사실 김 차장은 고 대리가 역량이 뛰어나긴 하지만 지나치게 사장을 의식하며 인정받으려 하는 태도가 문제라고 여기고 있었다. 고 대리가 팀의 결속을 와해하는 일이 많았기 때문에 김 차장은 내심 그의 이직을 반기고 있었다. 그래서 그는 이 기회에 팀의 질서를 확립하자는 다짐으로 정보력을 동원해 고 대리의 후임자를 물색했다. 그런데 사장은 김 차장이 추천하는 후보자들은 거들떠보지도 않고 계속 팀장의 잘못이라는 질타만 던질 뿐이었다. 이미 사장에게 미운털이 박힌 상황에서 김 차장은 어떤 의견을 개진해도 핀잔만 들을 수밖에 없었다.

그러다 결국 사건이 터졌다. 조직 개편이 진행되면서 김 차장이 팀장에서 보직 해임된 것이다. 뿐만 아니라 김 차장 팀의 인원도 5명에서 3명으로 축소됐고, 팀이 아닌 파트 형태로 운영하라는 지시가 떨어졌다. 분개한 김 차장은 사장에게 면담을 신청해 "나가라는 뜻이냐"고 따져 물었지만 사장은 정색하며 발뺌했다. 회사의 경영이 좋지 않아 불가피한 선택이라는 해명이었다. 하지만 주변에서는 김 차장이 누구보다 열심히 일하는데도 사장의 신임을 받지 못한다며 동정론이 들끓었고 이 소문을 전해 들은 김 차장은 사장의 본심을 고민하기 시작했다.

'내가 나갔으면 하지만 본인이 직접 내보내기는 싫다는 것인가. 알아서 사표를 쓰라는 뜻인가.'

생각이 여기에 미치자 상황이 명확하게 보였다. 회사는 김 차장의 퇴사를 바라면서도 내쫓는 모양새는 피하고 싶어서 스스로 사표를 쓰고 떠나야 할 분위기를 조성했던 것이다. 결국 김 차장은 자의 반 타의 반으로 사표를 던지고 회사 문을 나섰다.

안타깝게도 직장에서 이런 일은 비일비재하다. 나도 모르는 사이에 나를 향해 있는 칼을 피하기 위해서는 의표를 정확히 읽는 능력이 필요하다. 지금 상대의 말이 담고 있는 진짜 의미가 무엇인지, 상대의 행동에 어떤 의도가 담겨 있는지를 파악할 수 있어야 한다. 그렇지 않으면 상대의 소리장도 계책에 당하기 십상이다.

소리장도는 '공격'이 아닌
'방어'의 계책이다

소리장도는 웃음 속에 칼을 감춘다는 뜻으로, 겉으로는 상대에게 호의적으로 굴면서 속으로는 그를 공격할 마음을 품고 있는 상황을 일컫는다. 소리장도와 관련된 고사는 여러 가지가 있지만 여포의 이야기가 유명하다.

"사람 중에는 여포가 으뜸이요, 말 중에는 적토마가 으뜸이다."

여포의 무예가 뛰어나다는 사실을 보여주는 말이다. 얼마나 출중했으면 전설적인 명마 적토마에 비유했을까. 여포는 탁월한 무사를 필요로 했던 삼국시대 제후들의 스카우트 대상 1호였다고 한다.

맨 처음 그 재주에 현혹된 인물은 병주자사 정원丁原이었다. 정원은 여포를 수양아들로 삼고 아낌없는 총애를 베풀었다. 그러나 여포는 낙양의 정복자인 동탁이 적토마를 선물하며 엄청난 재물과 높은 관직을 주겠다고 유혹하자 정원을 죽이고 동탁의 양아들이 되었다. 하지만 동탁 역시 믿었던 여포의 손에 삼족이 죽는 대재앙의 주인공이 된다.

이후 동탁의 잔당들에게 쫓기는 신세가 된 여포의 신출귀몰한 도피 행각이 펼쳐진다. 처자식까지 버리고 달아난 여포가 몸을 의탁하기 위해 찾은 곳은 반동탁 연합군의 맹주인 원술袁術의 진영이었다. 하지만 의심 많은 원술이 선뜻 자신을 받아들이지 않자 여포는 원술의 이복동생이면서 그와 라이벌인 원소와 손을 잡았다.

우여곡절 끝에 원소의 진영에 합류한 여포는 드디어 정착한 것일까. 제 버릇 개 못 준다고, 여기서도 여포는 기고만장하여 원소의 수하 장수들을 우습게 여기고 노략질을 일삼는 등 못된 짓만 골라서 했다. 참다못한 원소가 자신을 암살하려고 하자 다시 도망친 여포는 이리저리 쫓기다 숙적 조조와 맞닥뜨려 필사의 사투를 벌이게 됐다. 피차 죽기 아니면 살기의 각오로 치열한 싸움을 벌이는 동안 전국적인 물난리가 나면서 전투는 잠시 소강 상태에 접어들었다. 이 와중에 여포가 재기의 발판을 마련한 곳은 관대하기로 소문난 서주목사 유비의 진영이었다.

조조는 황명을 사칭해 여포를 죽이라는 밀서를 유비에게 보냈으나 유비는 은혜를 베풀어 여포를 살려주었다. 하지만 여포는 유비의 뒤통수도 쳤다. 유비가 원술과 싸우는 틈에 서주를 점거해버린 것이다. 과거 여포를 문전박대했던 원술은 이참에 유비와 조조를 제거할 요량으로 일시적으로 여포와 손을 잡았다. 그러나 여포는 백문루에서 조조군에게 대패하고 스스로 항복함으로써 신출귀몰한 행각에도 종지부를 찍게 됐다.

이때도 기사회생의 기회가 한 번 있긴 했다. 만약 자신을 살려주기만 한다면 천하평정의 대업을 완성할 수 있도록 돕겠다는 여포의 농간에 조조가 잠시 흔들린 것이다. 그때 유비가 여포의 그간 행적들을 상기시키며 조조의 정신을 번쩍 들게 했다. 결국 조조는 여포를 처형하고 그 머리를 저잣거리에 내걸었다.

자신의 재주 하나만 믿고 간에 붙었다 쓸개에 붙었다 하며 세상을 어지럽혔던 당대의 풍운아 여포. 그는 고비마다 소리장도의 계책으로 위기를 모면했으나 결국 비참한 최후를 맞이하고 말았다. 상대를 향해 겨눴던 웃음 뒤의 칼날이 결국 스스로의 목을 향하게 된 것이다.

이 고사에서 우리가 배울 부분은 소리장도로 뜻한 바를 이뤄온 여포의 전략이 아니다. 여포가 뒤에 숨긴 칼을 보지 못하고 그의 능력에 홀려 결국 목숨을 잃었던 사람들의 사례를 반면교사 삼아 소리장도 계책으로부터 스스로를 보호해야 한다는 것이 시사점이다. 그런 의미에서 소리장도는 공격이 아닌 방어의 계책이다. 우리가 뜻한 바를 이루기 위해 적극적으로 실행에 옮겨야 할 전략이라기보다 상대의 계책에 당하지 않기 위해 그 패를 제대로 읽어야 하는 전략인 것이다.

수백 명의 사상자를 낸 폭발 사고를 일으키고도 비난받지 않은 회사

영국의 한 화학제품 가공회사에서 있었던 일이다. 무노동 무임금의 원칙이 철저하게 지켜지던 시절 이 회사는 영국 최초로 근로자들에게 1년에 일주일의 유급휴가를 주었다. 파격적인 제도를 시행하면서 사장은 한 가지 조건을 내걸었다. 누구든 자기가 맡은 작업량을 다 채운 경우에만 휴가를 준다는 조건이었다. 그 결과 전체

근로자의 42퍼센트 정도만 실제로 유급휴가를 사용할 수 있었다. 그만큼 작업이 까다로웠기 때문이다. 얼마 후 사장은 근로자의 작업 시간을 하루 8시간으로 줄이는 또 다른 개혁에 착수했다. 이 시기에 영국은 하루 12시간 작업이 일반적이었다. 그런데 이 회사는 무려 4시간이나 작업 시간을 단축시켜버린 것이다. 당시 사람들은 이것을 "인류사에 기록될 만한 충격적인 개혁"이라고 표현했다. 더욱 놀라운 사실은 근로자들이 8시간 내에 완수한 작업량이 원래의 12시간 동안 작업한 것과 똑같았다는 사실이다. 작업 시간이 짧아진 만큼 일에 대한 집중력이 높아졌기 때문이다.

더불어 이 회사 부근에 살던 주민들의 태도가 달라진 것도 이때쯤이었다. 소음과 환경 파괴를 우려하며 공장 설립을 반대하던 사람들이 이 회사에 취직하겠다며 앞다퉈 몰려왔다. 사장은 공장에서 일하면 평생직장을 보장해줄 뿐만 아니라 부친이 퇴직할 경우 아들에게 일자리를 물려주겠다고 약속했다.

회사는 날로 번창했고 사장은 엄청난 부와 명예를 거머쥐었다. 그는 영국화학공업협회 단체장을 역임하며 영국 왕실학회 회원으로 추대되었다. 세계 유수의 대학으로부터 명예박사 학위와 훈장을 받기도 했다. 그러나 이 모든 영예도 훗날 공장에 폭발 사고가 일어났을 때 영국인들이 보여준 너그러운 태도에는 비할 수 없었다.

이 회사의 창업주는 1909년에 세상을 떠났다. 이후 그의 둘째 아들이 아버지를 대신해서 경영을 맡았다. 석탄가스와 니켈 등 많은 공업 제품을 생산하며 전 세계에서 가장 큰 화학회사 가운데 하나로 성장했을 무렵이었다. 제1차 세계대전이 발발한 후에 회사는 영국 정부의 명령에 따라 폭약을 생산하게 되었다. 공장은 인구가 밀집한 런던 동쪽에 위치해 있었고 사고의 위험이 다분했다. 지리상, 여건상 위험 요소가 다분하다는 이유를 들어 난색을 표했지만 정부는 전시라는 특수 상황을 내세워 막무가내로 폭약 제조를 지시했다. 결국 1917년 공장에서 일어난 폭발 사고로 수백 명의 사상자가 발생했다. 사망자만 해도 40여 명에 이르렀고 약 2000명의 이재민이 집을 잃었다. 그런데 이런 엄청난 사건에도 불구하고 영국 정부와 여론은 회사에 거의 책임을 묻지 않았다.

영국인들이 이처럼 관대한 태도를 보인 것은 이 회사가 창업주의 휴머니즘에 입각한 경영 방식으로 오랫동안 긍정적인 이미지를 구축해왔기 때문이었다. 공장에 폭발이 일어난 것은 불의의 사고였을 뿐, 회사 측에 과실이 있다고 보는 사람은 극소수에 불과했다. 오히려 회사 측의 경고에도 불구하고 무리하게 작업을 강요했던 정부 관계자들의 책임이 크다는 견해가 지배적이었다.

이 회사는 소리장도를 바르고 현명하게 사용한 사례다. 이 회사는 달콤한 말과 행동 뒤에 다른 의도를 숨긴 것이 아니라 보여주는 모습이 그대로 진실이었다. 처음에는 뭔가 꿍꿍이가 있지 않을까 의심하며, 회사의 호의와 복지를 곧이곧대로 받아들이지 않았던 사람들도 이내 감탄하고 인정할 수밖에 없었다. 의심이 믿음으로 바뀌는 순간 신뢰는 견고하게 다져지는 법이다.

소리장도의 계책으로부터 스스로를 방어하기 위해서는 겉으로 보이는 것과 들리는 것이 아니라 상대의 진짜 의도를 파악해야 한다. 상대의 말이 진심인지, 아니면 다른 의도가 숨어 있는지, 마치 책을 읽듯 상대의 내면을 읽을 수만 있다면 그의 농간에 휘말리는 일은 없을 것이다. 물론 누군가의 내면을 들여다보는 일은 결코 쉽지 않다.

타인의 내면을 읽으려면 일단 나의 내면을 들여다보는 작업이 선행되어야 한다. 내가 어떤 사람인지, 어떤 생각을 하고 이를 어떤 식으로 상대에게 표현하는지 등을 알고 나면 다른 사람에 대한 이해의 폭도 넓어진다. 실제로 우리는 스스로를 잘 안다고 생각하지만 정작 스스로에 대해 관심을 기울이는 경우는 드물다. 소리장도의 계책에 당하는 이유도 상대에 대해 어렴풋이 알면서 그 정도의 정보만으로 그를 믿어버리기 때문이다. 즉 나에 대해 철두철미하게 분석하고 나를 제대로 알아가는 과정은 다른 사람들의 내면을 분석하고 그가 어떤 사람인지를 알기 위한 연습이라고 할 수 있다.

나를 분석하고 파악하는 도구가 바로 'WHO AM I' 기법이다. 방법은 이렇다.

1. 먼저 나를 설명하는 10개의 문장을 작성한다. 솔직담백하게 나는 어

떤 사람인지를 정확하게 규명하는 문장을 간결하게 적는다.

2. 이 열 가지를 장점과 개선점으로 구분해 재배열한다.

3. 개선점 중에 우선적으로 고쳐나갈 사항을 차례대로 정리한다.

4. 개선점마다 어떻게 개선할지, 누구에게 도움을 청할지 적는다.

5. 마지막으로 이 같은 개선점을 고치게 된다면 자신이 어떻게 될지를 명시한다. 개선된 이후의 자기 이미지를 그려보는 것이다.

이렇게 작성된 결과물을 벽이나 책상에 펼쳐놓고 실행하다 보면 자신이 어떤 사람이고 어떻게 바뀌고 있는지를 눈으로 확인할 수 있다. 나의 내면을 읽고 나를 원하는 방향으로 변화시키는 훈련을 반복하다 보면 나뿐만 아니라 다른 사람의 내면을 읽는 기술까지 발전시킬 수 있다.

소리장도는 '보이는' 것이 아니라 '보이지 않는' 것을 보는 계책이다

비즈니스 세계에서 소리장도의 계책을 지혜롭게 극복하는 비결을 정리해보자.

1. 우선 웃음 뒤에 숨겨진 칼날을 포착한다.

여포는 재주만 뛰어났지 인성은 믿을 수 없는 사람이었다. 정원, 동탁,

원술의 말로가 비참했던 것은 겉모습만 보고 화를 자초했기 때문이다. 만일 그 세 사람이 웃음 뒤에 감춰진 여포의 진짜 모습을 알아볼 수만 있었다면 후삼국의 판도는 달라졌을지도 모른다.

영국 화학공장의 사업가가 영국인들을 감동시킨 웃음 속의 칼날은 명분과 실리였다. 사장은 근로시간을 12시간에서 8시간으로 줄임으로써 노동자들에게 휴식을 제공하고 삶의 질을 개선시키며 휴머니즘 기업이라는 명분을 얻었다. 그리고 그 부수적인 결과로서 회사의 어려움을 극복하는 실리를 얻게 되었다.

2. 항상 돌다리도 두들겨보고 건너는 신중함을 잃지 말아야 한다.

사업과 외교는 기본적으로 같은 속성을 갖고 있다. 둘 다 밀고 당기기 게임에 능한 사람이 유리한 고지를 점령한다. 형식적인 찬사나 호의를 그대로 받아들였다가는 낭패를 보기 십상이다. 눈에 보이는 현상만 믿고 달려들었다가 실패한 기업의 예는 수없이 많다.

3. 사람을 쓸 때는 겉보다 속을 봐야 한다.

어떤 사람은 재능이 뛰어난 반면 언변이 약하고 어떤 사람은 말은 청산유수이지만 도무지 실속이 없다. 또 어떤 사람은 얼핏 보기에 그럴듯한 스펙을 지녔지만 막상 업무에 투입해보면 몸값도 제대로 못하는 경우가 비일비재하다. 유능한 관리자는 한 사람을 보면서 그의 장단점과 명암을 모두 통찰할 수 있어야 한다.

병법에 따르면 전쟁에 참여한 사람은 절대로 상대방의 감언이설에 마음이 흔들려서는 안 되고, 그 이면에 숨겨진 불순한 의도에

대비해야 한다고 충고한다. 이것은 매일매일 생존의 기로에 서 있
는 비즈니스 세계에서도 여전히 유효한 전술이다. 소리장도의 계략
을 극복하는 비결은 다음과 같이 세 가지로 정리할 수 있다.

1. 내면에 감춰진 의도를 찾아낸다.
2. 사소한 것도 간과하지 않는 신중함을 유지한다.
3. 사람의 겉보다 내면을 적극적으로 탐색한다.

Re;Action

인사이트1_
소리장도, 여포는 왜 처형당할 수밖에 없었는가?

이슈상황	변화/위기	대응방법	결 과
무예가 출중한 여포 →	그의 재주에 현혹된 리더들 →	리더들을 바꿔가며 의탁하면서 그들을 배신하는 여포 →	그의 농간에 넘어가지 않은 조조에 의해 처형

물 음	생각 정리하기
1. 무수히 많은 리더들이 왜 여포의 농간에 당했는가?	
2. 여포가 가지지 못한 역량은 무엇인가?	
3. WHO AM I 기법으로 자신을 표현해보자.	

인사이트2_
김 차장은 왜 사표를 내야만 했을까?

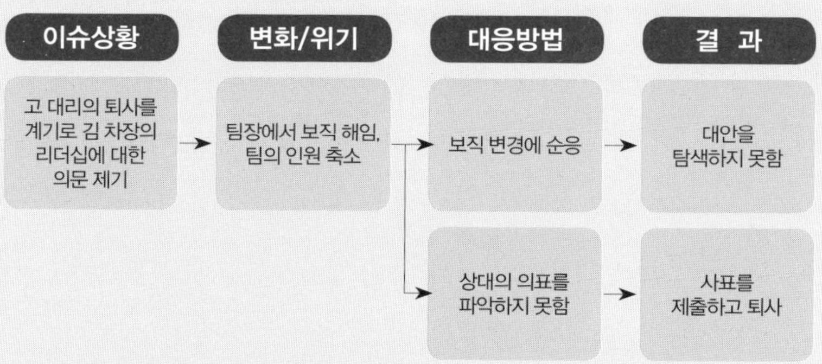

물 음	생각 정리하기
1. 고 대리의 퇴사 과정에서 김 차장이 실수한 부분은 무엇인가?	
2. 사장의 의중을 알았다면 김 차장은 어떤 리액션을 취했어야 하는가?	
3. 김 차장의 유형을 WHO AM I 기법으로 이야기해보자.	

Re;Action

인사이트3_
영국 화학회사가 최대의 위기를 모면한 비결은?

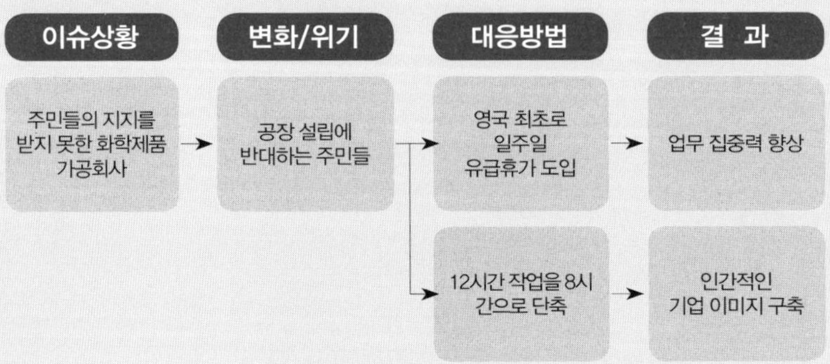

물 음	생각 정리하기
1. 이 회사가 직원 복지에 힘쓴 까닭은 무엇일까?	
2. 이 회사의 소리장도, 즉 달콤한 말 뒤에 감춘 칼은 무엇이었을까?	
3. 의심이 믿음으로 바뀐 경험이 있다면 정리해 보자.	

나를 드러내지 않고 상대의 마음을 얻어라

성 동 격 서

비즈니스는 소통의 연속이라고 해도 과언이 아닐 정도로, 일을 하다 보면 굉장히 다양한 소통을 하게 된다. 단순히 보고나 대화 같은 일반적인 소통부터 아이디어 회의 같은 전문적인 소통 그리고 협상과 거래 같은 전략적 소통도 있다. 다시 말해 소통스킬은 곧 업무스킬이라고 봐도 무방하다.

프레임워크라는 소프트웨어 용어는 복잡한 문제를 해결하기 위한 기본적인 개념 구조를 지칭한다. 이는 뼈대나 골격, 얼개와 같은 의미로 해석할 수 있다. 소통할 때도 프레임워크가 필요하다. 단순히 친분을 쌓기 위한 소통이라면 그의 말을 잘 들어주고 공감하는 자세만으로도 충분하다. 하지만 비즈니스에서의 소통은 대부분 명확한 목적을 갖고 있다. 아이디어 창출, 프로젝트 진행에 대한 컨펌, 원하는 목표를 달성하고 이익을 극대화하기 위한 조율 등이 그것이다. 그렇기에 프레임워크를 통해 소통에서 오갈 이야기를 미리 설계하는 전략이 요구된다.

넓게 보면 상품의 홍보나 마케팅도 소통에 속한다. 불특정 다수인 고객과의 소통은 더욱 까다롭고 정교한 전략으로 접근해야 한다. 무조건 우리 제품이 좋다는 광고로는 그들의 마음을 사로잡을 수 없다. 아무런 감동도, 의미도, 재미도 없는 홍보에 고객은 콧방귀를 뀔 뿐이다. 궁극의 마케팅은 의도를 드러내지 않고 고객의 마음을 얻는 것이다. 즉 제품이나 서비스를 팔기 위한 마케팅이지만 상술이라는 인식을 주면 오히려 고객을 잃을 수 있다. 마케팅이나 홍보 역시 고객을 위한 서비스라는 느낌을 주어야 한다.

이처럼 넓고 다양한 소통을 훌륭하게 소화해내려면 과연 어떤 전략이 필요할까. 여기서는 상대에게 원하는 것이 분명한 협상과 마케팅에 효과적인 비책을 소개해보고자 한다.

대표를 내치고
안위를 지킨 강 부장

강 부장은 한때 제법 알려진 중견 기업의 간부였다. 그러나 줄을 잘못 서는 바람에 회사에서 내쳐졌고 지금은 후배인 천 대표가 운영하는 조그만 벤처기업에서 일하고 있다. 천 대표는 자신보다 능력도 뛰어나고 경험도 많은 강 부장과 함께 사업을 성장시키겠다는 포부를 품고 있었다. 강 부장의 연봉이 부담스럽긴 했지만 무리해서 그를 영입한 이유였다. 그는 강 부장과 의기투합해 열심히 일했지만 브랜드 로열티 비용도 지불하기 어려운 형편에 처하자 고민에 빠졌다. 강 부장 역시 또다시 회사를 잃고 싶지 않았기에 열과 성을 다했지만 일이 제대로 돌아가지 않자 불안감에 휩싸였다.

그러다 강 부장은 거래처의 임원인 마 이사가 퇴사하고 새로운 사업 아이템을 찾고 있다는 소식을 듣는다. 마 이사를 대표로 영입한다면 투자금을 유치할 수 있을 뿐만 아니라 그의 넓은 인맥으로 영업력도 키울 수 있었다. 천 대표 역시 강 부장의 의견에 동의했다. 비록 자신의 지분이 줄어드는 상황은 우려스러웠지만 절대주주 위치만 지켜낼 수 있다면 나쁘지 않겠다는 판단이 들었다. 몇 번의 협상 끝에 마 이사가 대표직을 받아들였고 천 대표는 부대표를 맡게 됐다.

마 대표는 취임 직후 브랜드 가치에 비해 상품 등 여러 조건이 미약하다는 사실을 파악하고는 강 부장을 주축으로 사업 전략을 강구하고 여러 대안을 탐색했다. 그가 일에 열을 올릴수록 강 부장의 심경은 복잡해졌다. 업무의 강도가 상상 이상으로 높아졌기 때문이다. 게다가 마 대표는 강 부장에게 연봉 대비 성과가 약하다는 질책도 서슴지 않았다. 강 부장 입장에서는 자존심이 상하는 일이었지만 사실 마 대표가 제시한 전략들을 수행하기에는 자신의 능력이 부족한 것도 인정하지 않을 수 없었다. 워낙 순발력이 좋아 순간순간의 고비를 간신히 넘기긴 했지만 이대로 가다가는 마 대표에 의해 또다시 내쳐질지 모른다는 두려움이 강 부장을 괴롭혔다.

강 부장은 자신의 자리를 지키기 위해 묘안을 강구했다. 고민 끝에 나온 방안이 마 대표와 천 부대표를 이간질하는 것이었다. 두 사람의 관계를 악화시켜서 마 대표 스스로 떠나게 하려는 계략이었다. 이미 마 대표의 투자금으로 위기는 벗어났기 때문에 그를 내보낸다고 해도 회사에 큰 타격은 아니었다. 그는 천 부대표에게는 마 대표가 절대주주 자리를 노리는 것 같다며 모함하고, 마 대표에게는 천 부대표가 마 대표의 돈에만 관심이 있다고 험담했다. 강 부장의 계획대로 두 대표의 사이는 갈수록 악화됐고 이제 결론을 내릴 때가 됐다고 생각한 그는 마 대표에게 동반 퇴사를 제안한다. 하지만 이는 철저히 계산된 행동이었다. 혼자서는 일을 진행하기 버거운 천 부대표가 자신을 다시 부르리라는 사실을 알고 있었던 것이다. 결국 강 부장의 계획대로 마 대표는 떠났고, 얼마 후 그는 다시 회사에 돌아왔다.

강 부장은 아주 영악한 사람이었다. 대표와 부대표 모두에게 자신의 수를 내보이지 않으면서 의도대로 두 사람 모두를 자기편으로 만들었다. 정직한 행동은 아니었지만 자신이 원하는 바를 이끌어내는 데는 탁월했다. 이처럼 일터에서는 성동격서의 계책이 비일비재하다.

성동격서의 백미는
감추는 데 있다

성동격서는 소리는 동쪽에서 내고 실제로는 서쪽을 공격한다는 뜻이다. 《통전通典》의 〈병전兵典〉에 나오는 이야기로, 한신이 위나라를 점령한 고사에서 유래됐다고 한다. 한나라 유방과 초나라 항우가 치열한 패권 다툼을 벌이던 무렵 위나라 왕이 항우에게 항복했다. 유방은 위나라 군대와 힘을 합친 항우 측의 공격에 대비해 한신에게 먼저 위나라를 치라고 지시했다.

위나라 군대는 황하 동쪽에 진을 치고 철통같은 방어막을 구축했다. 한신의 고민은 깊어갔다. 그 지역은 지형이 매우 험준해 공격은 어렵지만 수비는 쉬운 곳이었다. 정면 돌파로는 패배가 자명했다. 방법은 기습 공격뿐이었다. 하지만 이미 적이 만반의 준비를 마치고 밤낮없이 눈을 부라리는 상황에서 어떻게 그들의 허를 찌를 수 있을까. 방법을 강구하던 한신의 머릿속에 한 가지 묘안이 떠올랐다. 그는 적진 앞에서 바로 내일이라도 공격할 것처럼 깃발을 세우고 북과 징을 울리게 했다. 그리고 적이 이를 경계하느라 촉각을 곤두세운 사이 주력 부대를 이끌고 강을 건너 뒤를 공격하는 전술을 펼쳤다. 동쪽 진영에서 전투를 벌일 것처럼 요란을 떨다가 서쪽 진영으로 쳐들어간 것이다.

이처럼 성동격서는 상대방의 주의를 한쪽에 집중시킨 다음 다른 대안을 가지고 목적을 달성하는 고도의 전략이라 할 수 있다. 이를 소통스킬로 분류한 이유는 소통할 때도 여러 가지 대비책이 필요하기 때문이다. 특히 협상이나 영업 같은 신경전이 필요한 소통에서는 나의 의도를 읽히지 않으면서 어떻게 상대의 허를 찌르느냐가 성공의 핵심 포인트다.

벤츠 싱가포르 지사가
재고를 처리한 전략은?

성동격서는 인간의 심리를 이용한 고도의 계책이다. 상대방에게 내가 왜, 어떤 목적을 가지고 움직이는지 진짜 의도를 숨기는 것이 핵심이다. 대표적인 사례가 기업의 세일즈 전략이다.

기업들이 바겐세일을 실시하는 이유는 고객을 끌어들여 판매를 신장시키기 위해서다. 고객들은 평소 비싸서 구매하기 어려웠던 물건을 보다 저렴하게 살 수 있다는 점 때문에 세일을 애용한다. 언뜻 보면 고객을 위한 할인처럼 보이지만 실상은 다르다. 값싼 물건이 있으면 하나 살 것을 여러 개 사게 되는 것이 일반적인 소비 심리다. 기업들은 이런 심리를 이용해서 급히 처리해야 할 재고품들을 세일 때 대량 방출한다. '가격'에 현혹된 고객들이 평상시라면 구매하지 않을 물건들까지 사는 상황이 빚어지는 것이다. 이처럼 고객의 주의력을 분산시켜서 소기의 목적을 달성하는 전략은 흔히 사용되는 마케팅 기법이다.

과거 싱가포르의 벤츠 판매점에서 있었던 일이다. 1995년 출시된 벤츠E는 디자인과 설계 면에서 기존의 벤츠E와 차이가 있었다. 신모델이 출시되면 구모델은 골동품 취급을 받으며 소비자들에게 외면당할 것이 뻔했다.

이때 싱가포르 지사가 벤츠E 신모델 출시로 구모델 판매가 타격을 입지 않도록 선택한 전략이 바로 성동격서였다. 싱가포르 지사는 신모델 대신 구모델 홍보에 주력했다. 구형 E시리즈의 뛰어난 성능을 대대적으로 홍보하면서 가격은 대폭 인하한다고 알렸다. 단순히 가격 할인으로 소비자를 사로잡으려는 전략이 아니었다. 비장의 무기는 지금부터다. 그들은 구모델에 '명품'이라는 수식어를 붙여 광고를 진행했다. 바로 이것이 싱가포르 지사가 펼친 성동격서 전략의 백미였다.

명품이라는 단어 하나 붙인 것이 뭐 그리 대단한 전략일까. 미국의 경제학자 하비 라이벤스타인Harvey Leibenstein이 1950년에 발표한 경제학 이론으로 스놉 효과Snob Effect라는 것이 있다. 여기서 '스놉'은 속물을 뜻한다. 즉 스놉 효과란 소득이 늘면서 자아실현 욕구가 강해진 사람들이 자신은 남들과 다른 특별한 존재로 부각되기를 바라는 현상을 뜻한다. 까마귀들이 노는 곳에 백로가 가지 않으려는 상황에 빗대어 '백로 효과'라고도 한다.

이 스놉 효과를 가장 잘 활용하는 것이 이른바 명품 브랜드들이다. 이 브랜드들은 최고급 호텔 등 제한된 유통망을 두고 물건을 판매하거나 한정판을 만들어 제품의 희소성을 높인다. 벤츠 싱가포르

지사 역시 값비싼 신모델을 선뜻 구매하기 어렵지만 벤츠라는 명차
는 타고 싶은 소비자들을 대상으로 스놉 효과를 활용했던 것이다.
'명품'이라는 수식어를 붙인 것이 대단한 전략인 이유는 이 단어 하
나로 구닥다리 신세가 될 뻔한 구모델의 가치가 급상승했기 때문이
다. 단지 대폭적인 할인 전략만 펼쳤다면 가뜩이나 신모델보다 기
능이 떨어지는 구모델이 더욱 평가절하됐을 것이다.

결과적으로 그들의 작전은 대성공이었다. 벤츠E 구모델의 명품
이미지에 혹한 고객들에게 가격 할인은 지갑을 열 수밖에 없게 만
드는 유혹이었다. 싱가포르 지사는 재고 처리 문제로 골머리를 썩
을 필요도 없이 손쉽게 구모델을 처분할 수 있었다.

싱가포르 지사는 두 가지 측면에서 성동격서를 훌륭하게 사용
했다. 하나는 명품이라는 이미지를 내세워 고객을 현혹한 뒤 구매
로 이끈 것이다. 또한 여기에서 그치지 않고 가격 할인이라는 혜택
까지 더함으로써 고객이 구매하지 않을 수 없는 상황을 연출했다.
즉 성동격서는 적을 교란시키는 전략이라기보다는 여러 가지 방안
을 혼합해 사용함으로써 성공의 가능성을 높이는 전략이라 할 수
있다. 이른바 복안 구사의 전략인 셈이다.

복안 창출을 도와주는 SCAMPER 기법

성동격서 전략을 잘 활용하기 위해서는 여러 대안들을 다양하게 보유하는 것이 첫째다. 그리고 이 대안들을 여러 가지 경우의 수로 조합하고 활용해서 창조적인 전략을 만들어내는 것이 포인트다. 이 과정에서 창의적 대안을 창출하는 방법으로 많이 활용되는 SCAMPER 기법은 성동격서의 대안을 만드는 좋은 도구다.

SCAMPER는 로버트 에벌리Robert Eberle라는 사람이 브레인스토밍이라는 집단토의법으로 유명한 오즈번Alex Faickney Osborn의 체크리스트를 변형해 만든 기법이다. 발명을 위한 아이디어 발상에 유용하도록 고안된 사고법으로, 7개 단어의 이니셜을 조합해 SCAMPER라는 이름을 붙였다. 단어들을 하나씩 살펴보면서 무지향성의 아이디어를 지향성의 대안으로 만드는 방법을 터득해보자.

1. Substitute : 대체

기존의 사물이나 방식을 다른 것으로 대체해보는 방법이다. 주로 먹던 쌀밥을 현미밥으로 바꾸어본다든가, 컵 대신 냄비 뚜껑에 물을 따라 마셔본다든가 하는 상황을 예로 들 수 있다. 이처럼 기존과 다른 방식으로 생각하면 의외의 답을 구할 수 있다.

2. Combine : 결합

홀로 기능하는 사물을 두 가지 이상 결합해서 새로운 것을 탄생시키는 방법이다. 대표적인 사례가 휴대전화와 카메라의 결합이다. 이제는 완전히 일체화된 상품으로 인식되고 있지만 이전까지는 전혀 별도의 제품이었다. 사람들은 휴대전화를 통화의 수단으로만 생각할 뿐, 이 기기로 사진을 촬영할 생각까지는 하지 못했다. 하지만 이제는 카메라의 화질에 따라 스마트폰 구매 여부를 결정하는 사람이 있을 정도로, 휴대전화에서 카메라가 차지하는 비중이 엄청나게 커졌다.

3. Adapt : 응용

기존에 쓰던 사물의 용도를 바꿔보는 것이다. 제약회사의 비타민통을 껌통으로 활용하면서 폭발적으로 매출을 증진시킨 경우가 응용의 가장 대표적인 사례다. 조금 다른 사례이긴 하지만 저가 일본 시계의 공략으로 오랫동안 쌓아온 명성을 잃을 위기에 처했던 스위스 시계산업이 재기할 수 있었던 배경에도 용도 변경이 있다. 스위스 시계산업의 구원투수로 등장한 스와치의 니컬러스 하이예크Nicolas Hayek는 시계의 용도를 '시간을 확인하는 도구'에서 '패션 소품'으로 탈바꿈시켰다. 이로써 이전과는 다르게 알록달록한 색상과 감각적인 디자인을 자랑하는 시계들이 출시됐고 스위스 시계산업은 다시 예전의 아성을 회복할 수 있었다.

4. Modify, Magnify, Minify : 수정, 크게, 작게

기존 사물의 모양, 크기, 의미 등을 개선해 새로운 형태로 만들어보는 것이다. 가령 붙이는 파스를 바르는 파스로, 바르는 파스를 뿌리는 파스로 변형시킨 사례를 들 수 있다. 단지 파스를 사용하는 방식을 바꿨을 뿐이지만 그 편리함에 의해 엄청난 매출을 불러일으키며 시장을 재편했다.

5. Put to Another Use : 용도 전환

앞의 '응용'과 비슷하나 그보다는 큰 개념이다. 어떤 상품이나 사물을 완전히 다른 용도로 사용하는 것이기 때문이다. 예를 들어 노인들이 자주 사용하는 나무지팡이를 짧게 만들어 어깨 지압용으로 활용한 도구가 있다. 응용이 기존 상품을 다르게 쓰는 방법을 고민하는 것이라면 용도 전환은 기존 상품에 다른 용도를 부여해 아예 새로운 상품으로 재탄생시키는 방법이다.

6. Eliminate : 제거

사람들의 기호가 바뀌는 등의 여러 이유로 필요가 없어진 것들을 과감히 제거하는 것으로, 최근 유행하는 믹스커피가 대표적인 사례다. 과거 믹스커피는 커피, 프림, 설탕이 혼합된 상품이 대부분이었으나 프림의 유해성이 도마에 오르면서 커피와 설탕만 혼합된 상품이 출시됐다. 웰빙을 추구하는 사람들의 새로운 기호에 부합하기 위해 프림을 제거한 것이다. 다양한 기능으로 크기가 커지고 사용이 복잡했던 세탁기에서 다른 기능을 모두 제거하고 세탁 기능만 살린 제품은 제거를 통한 새로운 가치의 탄생이라고 할 수 있다.

7. Reverse, Rearrange : 반전, 재배열

반전은 상하, 좌우, 순서, 방법 등을 바꾸어 새로운 형태로 재탄생시키는 것으로, 김과 밥의 위치를 바꾼 누드김밥이 대표적인 사례다. 여름철 여성들이 자주 드는 투명한 가방은 발상의 반전이 만들어낸 제품이다. 안에 들어 있는 물건을 감춰야 한다는 선입견에서 벗어남으로써 새로운 형태의 가방이 탄생했다.

이처럼 SCAMPER는 다른 발상을 통해 기존의 가치를 다른 형태로 재탄생시키는 마력을 가진 창의적 대안 창출 방법이다. 제품 개발에 주로 사용되는 방법이지만 이를 성동격서의 계책과 접목하면 다양한 전략을 구사하는 데 도움이 된다. 특히 협상이나 거래 시에 다양한 시나리오를 만드는 데 효과적이다.

성동격서는 목적 달성을 위한 극약 처방이다

성동격서는 고대 병법서에 자주 등장하는 계책이지만 완벽한 승리의 전략은 아니다. 잘못 사용하면 오히려 적에게 치명타를 입을 수도 있다.

성동격서가 실패한 대표적인 예로 한나라 장군 주아부周亞夫가 오나라 군대의 교묘한 책략에도 넘어가지 않은 일화를 들 수 있다. 주아부는 오나라 군대가 쳐들어오자 성을 높이 쌓아 그들이 북쪽으로 올라오는 길을 막고 식량 공급선을 끊어놓았다. 그러자 오나라 군대는 성의 동남쪽을 공격하기 시작했다. 주아부는 전혀 당황하지 않고 성의 서쪽을 철통같이 지키도록 군사들을 독려했다. 오나라 군대가 교란작전으로 동남쪽을 친 것을 꿰뚫었기 때문이다. 작전이 실패한 오나라 군대는 결국 후퇴했고 주아부는 그들의 뒤를 쫓아 크게 무찔렀다. 오나라 입장에선 섣부른 성동격서 계책이 패전의 원인이 됐던 것이다. 성동격서는 신중에 신중을 기하고 여러 복안을 마련한 뒤에야 성공이 가능한 전략이다.

성동격서는 기업의 인수나 합병 시에도 자주 사용된다. 가령 기업을 인수·합병하려는 당사자는 상대방이 높은 가격을 제시하지 못하도록 협상에 소극적인 태도로 일관하거나 본론과 관계없는 이야기들로 상대의 주의를 흐트러뜨린다. 상대의 집중력이 분산됐을 때 본론으로 들어가 유리한 고지를 점령하는 것이다. 우리가 성동격서를 통해 배울 수 있는 점은 세 가지로 요약된다.

1. 상대방의 관심을 다른 곳으로 유도하고 경계가 허술한 틈에 공략한다. 그러자면 상대방이 중요하게 여기거나 관심을 보일 만한 일이 무엇인지 확실한 정보를 사전에 입수해야 한다.

2. 상대방이 나의 진짜 의도를 알아차리지 못하게 하려면 누가 보더라도 현혹될 만한 이벤트를 준비해야 한다. 여기서 중요한 것은 '하는 척' 흉내만 내서는 상대에게 들키기 십상이라는 사실이다. 크건 작건 그 이벤트 자체가 실제 상황처럼 벌어져야 한다.

3. 역으로 상대의 성동격서 계책에 대비해 늘 냉철하게 상황을 파악해야 한다. 일반적으로 성동격서 계책을 쓰는 경우에는 자신의 거짓 속내를 드러내기 마련이다. 자칫 주의를 기울이지 않았다가 잘못된 정보를 믿고 엉뚱한 곳에 에너지를 쏟을 수 있다. 상대방은 이때 진짜 계획을 실행에 옮기게 되고, 그렇게 되면 뒤늦게 사실을 알아도 돌이키기가 어렵다.

성동격서는 일반적인 계책이라기보다 목적 달성을 위한 극약 처방에 가깝다. 진정성과 정공법으로 승부하는 비즈니스 전략이 궁극적인 승리를 가져온다는 생각을 기반으로, 필요할 때만 하위 계책으로 사용하면 좋을 듯하다.

Re;Action

성동격서, 한나라는 어떻게 위나라를 점령했을까?

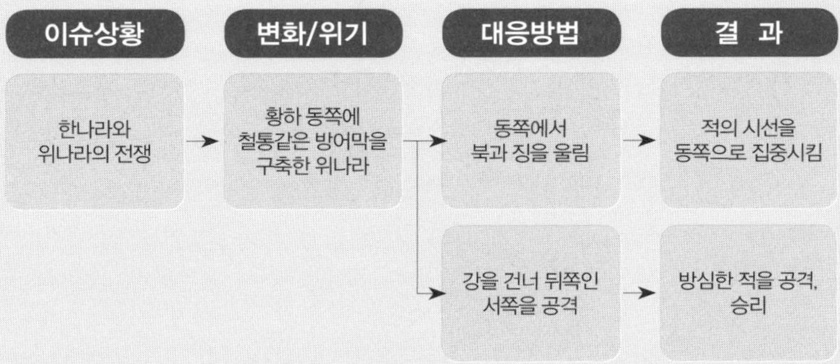

물 음	생각 정리하기
1. 만일 위나라가 한나라의 의도를 파악했다면, 어떤 일이 벌어졌을까?	
2. 한신이 성동격서 외에 취할 수 있는 다양한 복안을 SCAMPER 기법으로 설명해보자.	
3. 한신의 리액션을 실제 협상에 적용해서 성공한 기업 사례를 이야기해보자.	

Re;Action

인사이트2_
강 부장은 어떻게 경영난을 해결했을까?

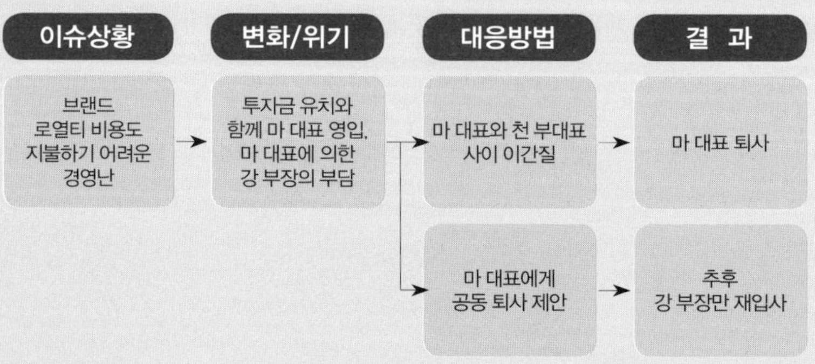

물 음	생각 정리하기
1. 강 부장은 어떤 유형의 인물인가?	
2. 강 부장은 어떻게 자신이 원하는 것을 얻어냈는가?	
3. 주변에 강 부장 같은 사람이 있다면 어떻게 대응해야 할까?	

인사이트3_
벤츠 싱가포르 지사의 성공 비결은?

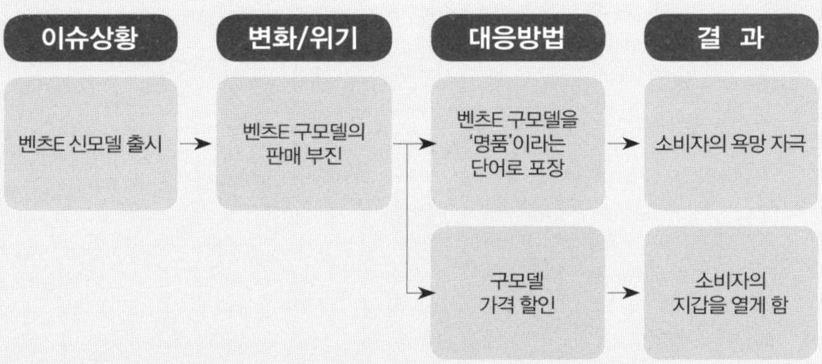

물 음	생각 정리하기
1. 싱가포르 지사는 왜 구모델을 '명품'이라 칭했을까?	
2. 싱가포르 지사가 신모델보다 구모델 판매에 집중한 이유는?	
3. 스놉 효과를 당신의 업무에 적용해본다면 어떤 전략을 펼칠 수 있을까?	

상황을 공유하고 진솔하게 대화하라

上屋抽梯

상옥추제

직장 생활을 하다 보면 서로가 '동상이몽'을 하고 있다고 느낄 때가 있다. 분명 한자리에 모여 회의를 하고 결론을 도출해놓고도 각자 자리로 돌아가서 다른 식으로 일을 처리하는 경우가 대표적이다. 부하 직원은 상사에게 보고를 했는데, 상사는 보고를 받은 적이 없다고 주장하는 때도 있다.

이처럼 소통이 잘되지 않는 이유는 '말'만 주고받을 뿐, '생각'과 '마음'을 주고받지 못했기 때문이다. 많은 사람들이 대화를 자주 많이 나누는 것으로 소통을 했다고 생각하지만 대화와 소통은 다르다. 대화는 소통을 하기 위한 과정이자 수단일 뿐이다. 진정한 소통은 말이 아니라 뜻을 주고받는 행위다. 그리고 그 뜻이 서로 통할 때야 비로소 소통이 이루어졌다고 할 수 있다.

그렇다면 진정한 소통을 위해서는 무엇이 필요할까. 주로 의류 업계에서 사용하는 마케팅 전략 중에 시간Time, 장소Place, 상황Occasion 의 머리글자를 딴 TPO전략이란 것이 있다. 재미있는 사실은 TPO 전략이 소통에도 적용 가능하다는 것이다.

첫째, 내가 이야기할 타이밍인가? 상대가 한창 이야기하고 있는데 중간에 흐름을 끊거나 주제와 어긋난 이야기를 꺼내면 당연히 대화의 질은 떨어지기 마련이다. 둘째, 이야기를 나누기에 적당한 장소인가? 가령 시끄러운 카페에서 복잡한 업무 이야기를 한다든지, 화장실처럼 대중적인 장소에서 비밀스러운 이야기를 던진다면 대화가 제대로 이루어질 리 없다. 셋째, 적합한 상황인가? 업무를 논의해야 하는 자리에서 갑자기 개인적인 고민을 털어놓는다면 상황 파악을 못하고 있는 경우라고 할 것이다.

TPO전략의 핵심은 바로 내가 아닌 상대방의 입장에서 접근하는 것이다. 이런 배려는 공감을 낳고, 공감은 교감으로 이어지며, 그것이 진정한 소통의 과정이다.

시도 때도 없이 직원들에게 연락하는 부사장의 사연

대표와 함께 회사를 공동 창업한 김 부사장은 40대 초반의 비교적 젊은 나이에 100여 명의 직원을 거느리며 영업을 총괄하고 있다. 일도 재미있지만 자신의 사업이다 보니 회사를 더 크게 성장시키고 싶다는 욕심으로 늘 몸과 마음이 바쁘다. 회사 외부에서 거래처를 만나는 일이 잦은 관계로 직원들에게 문자나 이메일을 통해 업무를 지시하곤 했다. 그런데 문제는 그가 퇴근 시간 이후나 주말에도 개의치 않고 직원들에게 연락을 한다는 것이다.

사실 김 부사장은 직원들과의 관계가 불만이었다. 자신은 문자와 이메일까지 동원해서 열심히 소통하는데 직원들의 반응은 영 시원치 않았기 때문이다. 사실 그는 창업 후 10여 년간 무수히 많은 직원을 채용하고 관리하면서 한 가지 철학을 갖고 있었다. '누구도 믿을 수 없다.' 그래서 그는 철저한 통제와 관리 그리고 구체적인 과업 제시로 직원들의 업무를 수시로 확인해야 한다고 여기고 있었다.

그러던 어느 날, 김 부사장은 영업팀장인 박 차장과 언쟁을 벌였다. 부사장실에 들어선 박 차장은 어제저녁에 김 부사장이 문자로 지시한 업무가 내용 파악이 어려워서 곤란을 겪었다고 항의했다.

"부사장님, 중요한 업무는 직접 내려주셨으면 좋겠습니다. 내부에 안 계실 경우에는 적어도 전화로라도 말씀해주십시오. 그리고 퇴근 후나 주말에 문자를 보내시는 일은 삼가주시면 좋겠습니다."

김 부사장은 박 차장의 발언이 정당하다고 여기면서도 불쾌했다. 알아서 잘한다면 굳이 외근을 나가서까지 하나하나 챙기겠는가. 본인이 나서야만 일이 진행되니까, 직원들도 도울 겸 일일이 체크하는 것인데 그 마음도 모르고 문제를 제기하다니, 한편으로는 서운하고 한편으로는 화가 났다. 더욱이 그날은 중요한 거래처와의 협상이 있는 날이었다. 오후 협상을 준비하던 김 부사장에게 박 차장은 당장 큰일이라도 날 것처럼 쳐들어와 전날의 일을 따져 물었던 것이다. 가뜩이나 중요한 업무를 앞두고 긴장돼 있던 상황에서 예상치 못한 일격을 맞았으니, 김 부사장으로서는 아무리 좋게 생각하려고 해도 좋게 생각할 수 없는 일이었다.

박 차장과 김 부사장은 서로 TPO가 맞지 않는 상황에서 소통을 하다가 갈등을 겪은 경우다. 김 부사장은 직원들이 일을 마치고 휴식을 취하는 시점에 연락을 해서 업무를 지시함으로써 직원들의 반감을 샀다. 박 차장은 중요한 거래를 앞둔 김 부사장의 상황을 고려하지 않고 이야기를 꺼냈다가 그의 화만 돋우고 말았다. 만약 두 사람이 상옥추제의 계를 알았다면 상황은 달라졌을 것이다.

상옥추제는 TPO전략의 일종이다

후한 말기 형주의 유표劉表에게는 두 아들이 있었다. 큰 아들 유기劉琦는 전처의 소생이고 작은 아들 유종劉琮은 후처의 소생이었다. 계모는 유기가 득세할 경우 자신과 유종의 신변이 근심스러워 유기를 미워했다. 그녀는 문안을 온 유기가 밝은 표정을 지으면 자신을 비웃는다고 트집을 잡고 반대로 진지한 표정을 지으면 성을 낸다고 시비를 걸었다. 남편을 붙잡고 유기에 대한 온갖 험담을 늘어놓는 일도 잦았다. 천성이 유약했던 유표는 부인의 말만 듣고 장자인 유기를 멀리하고 어린 아들 유종만 편애했다.

유기는 자신의 처지가 매우 위태롭다는 사실을 느꼈다. 자신을 눈엣가시처럼 여기는 계모가 자신을 제거하려들지도 모른다는 불안감에 휩싸였다. 그래서 당시 유비를 따라 유표에게 의지하고 있던 제갈량에게 조언을 구했다. 어떻게 하면 궁지에서 벗어날 수 있는가를 몇 번이나 물었지만 그때마다 제갈량은 침묵으로 일관했다.

어느 날 유기는 높은 누각 위에 술상을 차리고 제갈량을 모셨다. 술이 몇 잔 돌고 난 뒤에 유기는 누각의 사다리를 몰래 치워버리고 제갈량에게 말했다.

"이제는 올라가도 하늘에 닿을 수 없고 내려가도 땅에 닿을 수 없습니다. 선생님의 말씀은 저 말고 아무도 들을 수 없습니다. 그러니 이제 제가 살아남을 비책을 알려주십시오."

상황이 이리되자 더 이상 청을 외면할 수 없었던 제갈량은 유기에게 계책을 일러주었다.

"바깥으로 나가면 안전할 것이외다."

"예? 그게 무슨 말씀이신지?"

"춘추시대 진나라 헌공獻公의 장자인 신생申生은 후계자 계승 문제가 불거졌을 때 나라 안에서 끝까지 버티다 결국 자결하는 운명을 맞았습니다. 그러나 동생인 중이重耳는 나라 밖에 있었기에 안전할 수 있었습니다."

그제야 제갈량의 말뜻을 이해한 유기는 이후 아버지인 유표에게 자신을 지방의 태수로 보내달라고 요청했다. 덕분에 그는 계모의 손아귀에서 벗어나 목숨을 부지할 수 있었다.

이 고사에서 유래한 사자성어가 바로 '지붕을 오르게 한 후 사다리를 치워버린다'는 뜻의 상옥추제다. 본래 적을 유인하여 사지에 빠뜨리거나 상대방을 곤란한 상황에 처하게 함으로써 주도권을 잡는다는 의미지만 소통스킬의 측면에서는 다르게 해석할 수 있다.

유기는 제갈량에게 고민에 대한 답을 얻고자 했으나 늘 실패했다. TPO가 맞지 않았기 때문이다. 제갈량 입장에서는 자신이 유기에게 조언해주는 것을 누가 듣기라도 한다면 어떤 피해를 입을지 장담할 수 없는 일이었다. 뒤늦게 이를 깨달은 유기는 상옥추제의 계로 제갈량이 말문을 열 수 있는 환경을 조성한 것이다. 유기는 물리적 공간과 적절한 시점을 확보해 정확한 소통의 장을 만들었다. 누가 엿들을 수도 엿볼 수도 없는 상황이 만들어지니, 제갈량으로서는 구태여 침묵을 지킬 필요가 없었다.

그런 의미에서 상옥추제는 TPO와 일맥상통하는 전략이라 할 수 있다. 시간, 장소, 상황만 잘 조성한다면 상대와 원활한 소통을 진행할 수 있다.

사물인터넷의 최강 기업으로 성장한
시스코의 비결은?

인터넷 장비 생산업체 시스코Cisco의 존 챔버스John Chambers가 CEO 자리에 올랐을 때 시스코는 웹 트래픽 분류 장비인 라우터와 스위치를 생산하는 12억 달러 규모의 회사였다. 그런데 불과 15년 후 시스코는 361억 달러 규모의 세계적인 종합 네트워킹 기업으로 성장했다. 그것도 IT거품 붕괴와 금융위기 등 숱한 악재 속에서 거둔 성과다. 무엇이 이토록 놀라운 발전을 가능하게 했을까?

비결은 차별 없는 소통과 권력 분산형 리더십에 있었다. 존 챔버스는 "덩치가 크다고 해서 항상 작은 기업을 이기는 것은 아니다. 하지만 빠른 기업은 언제나 느린 기업을 이긴다"는 철학으로 속도 경영을 강조했다. 시스코는 신기술이 필요하면 이를 보유한 회사를 인수 합병함으로써 빠르게 기술을 확보했다. 남들보다 앞서 시장을 개척할 수 있었던 이유다.

그런데 이 전략에는 한 가지 문제가 있었다. 인수 합병이 진행되면 피인수 기업의 구성원들은 새로운 경영 시스템 등에 대한 불안감으로 의욕이 저하되기 마련이다. 그래서 챔버스는 피인수 기업의 구성원들을 인수 합병 작업에 적극적으로 개입시킨 것은 물론, 그들이 기존에 일하던 환경을 그대로 유지시켜줬다. 기존 직원이건 피인수 기업의 직원이건 상관없이 업무에 몰입할 수 있도록 독려하는 차별 없는 소통이 회사의 경쟁력을 끌어올린 일등공신이다.

실제로 챔버스는 기업이 곤경에 처하는 이유는 관리자들이 직원들과 멀리 떨어져 있고, 또 직원들이 고객들과 멀리 떨어져 있기 때문이라고 생각했다. 즉 소통의 부재야말로 기업을 망치는 가장 무서운 적이라 여긴 것이다. 그래서 모든 경영진이 일반 직원과 같은 사무실에서 근무하도록 함으로써 일체감을 높였다. 경영진과 관리자 그리고 직원이 서로 마음의 문을 열고 자연스럽게 소통할 공간을 조성한 것이다.

한편으로 그는 지금도 자기 시간의 절반 이상을 직원과 고객에게 할애하며, 직접 그들의 이야기를 듣고 있다. 사장이 솔선수범하니 직원들도 따르는 것은 당연지사. 시스코의 직원들 역시 같이 일하는 동료와 고객의 소리를 듣고 그들과의 소통에 많은 노력을 기울이고 있다.

챔버스는 또한 권력 분산형 리더십을 추구했다. 상품 수가 적거나 업계가 상대적으로 천천히 성장할 때는 지휘명령 체계만으로 충분하다. 하지만 시장의 선도 기업이 되거나 사업에 여러 역량이 복합적으로 필요해지면 상명하달식 리더십은 더 이상 통하지 않는다. 이에 챔버스는 위원회와 협의회 형태로 경영권을 분산시켰다. 5만 명이 넘는 직원들에게 자율권과 권한을 대폭 위임함으로써 조직 전체가 의사결정권을 가질 수 있는 체제를 만들었다. 이에 따라 불필요하게 긴 의사결정 단계로 인한 시간 낭비와 소통 단절을 사전에 방지할 수 있었다. 분산된 조직 스스로 긴밀한 협조와 소통을 통해 업무 효율성을 높이는 경영 시스템이었던 것이다.

이처럼 존 챔버스는 차별 없는 인재 등용, 지위 고하의 벽을 허무는 근무 환경, 고객과의 거리 좁히기, 권한 이양과 협의에 의한 업무 효율성 증대 등 소통의 리더십을 발휘했다. 그 결과 시스코는 전 세계 네트워크 솔루션 시장에서 타의 추종을 불허하는 강자의 위치를 이어가고 있다.

정확하게 의사를 표현하는 법, PREP

조직이 비대해질수록 조직 구성원 간에 소통이 제대로 이루어지지 않아 많은 문제가 발생한다. 상황이 심각해지면 '소통의 동맥경화' 현상이 벌어지기도 한다. 이를 해결하기 위해서는 '포스트모템Postmortem' 같은 프로그램으로 소통의 단절을 끊어내는 결단이 필요하다.

포스트모템은 원래 검시, 부검을 뜻하는 의학 용어다. IT업계 등에서 어떤 개발 프로젝트가 끝난 후에 개발 과정을 문서나 토의 등의 방법으로 하나하나 되짚어보는 (일종의 복기) 과정을 뜻하는 용어로도 쓰인다. 프로젝트의 성공 요소나 다양한 문제점을 분석 도출해서 관련자들의 역량을 강화하고 사내의 지식 데이터베이스로 활용하게 해주는 요긴한 소통의 도구다.

포스트모템이 조직을 위한 소통 도구라면 개인을 위한 소통 도구로는 PREP을 꼽을 수 있다. 영국의 처칠이 구사한 화법으로 알려진 PREP은 자신의 의도를 상대방에게 매우 간단하고 정확하게 전달해주는 강력한 화법이다. 4단계로 전개되는 PREP을 정리하면 다음과 같다.

1단계 요점Point을 먼저 말한다. 말하고자 하는 의도나 원하는 것에 대해 정확하게 이야기하는 것이다. 결론을 먼저 말하는 전략으로 상대방의 주의 집중을 끌어낼 수 있다.

2단계 예Reason를 든다. '왜냐하면'으로 시작해 '~때문이다'로 귀결되는 대화의 방식을 사용하는 것이다. 이렇게 하면 상대방이 대화의 초반부에 요점과 이유를 금세 파악함으로 사고의 흐름이 화자 중심으로 흐르게 된다.

3단계 앞서 제시한 이유에 대한 예시Example를 들어 설명을 이어간다. '가령', '이를테면', '예를 들면' 등의 표현으로 대화가 이어지는데, 상대방은 점점 화자가 제시하는 사례에 집중하게 된다.

4단계 또다시 요점을 정리한다. 여기서 중요한 것은 앞에서 제시한 요점을 그대로 옮기는 것이 아니라 제한된 요점Restricted Point으로 귀결시키는 것이다. 즉 '이러이러한 조건이라면 더욱 ~하다', '이러한 상황이라면 더욱 ~하다'는 식의 표현으로 결론을 내린다면 상대방에게 더욱 설득력 있게 다가갈 수 있다.

상옥추제는
배려의 전략이다

앞의 고사에서 유기는 제갈량을 누각으로 유인한 후 사다리를 치워버림으로써 그가 빠져나갈 수 없는 상황을 만들었다. 제갈량을 곤경에 빠뜨려 원하는 바를 얻어낸 계략 같지만 역설적이게도 상옥추제는 배려의 전략이다. 유기는 섣불리 조언하기 어려운 제갈량의 상황을 이해하고 그에 대한 배려로 남의 시선을 피할 수 있는 환경을 조성한 것이다. 유기는 남에게 방해받지 않고 둘만의 진솔한 소통이 가능한 상황을 만든 후에야 제갈량으로부터 화를 모면할 방도를 들을 수 있었다.

마찬가지로 시스코의 존 챔버스는 형식적인 소통의 문제점을 간파하고는 열린 소통과 상호작용으로 조직 구성원이 서로 진정성을 교감할 수 있게 유도했다. 소통이 필요한 당사자들을 지붕에 오르게上屋 하듯이 자유롭게 소통할 수 있는 환경을 조성하고 사다리를 치워抽梯 무원의 상황에서 진솔한 소통을 하게 하면 좋은 성과를 기대할 수 있다. 반면 조직에 문제가 발생하거나 역량을 결집해야 할 때 소통의 중요성을 파악하지 못한다면 앞서 제시한 김 부사장의 사례처럼 문제를 더욱 악화시킬 수 있다. 결국 소통의 양과 질이 조직의 분위기와 성과까지 결정할 수 있다는 사실을 명심하자.

Re;Action

인사이트1_

상옥추제, 유기가 제갈량에게 조언을 들을 수 있었던 이유는?

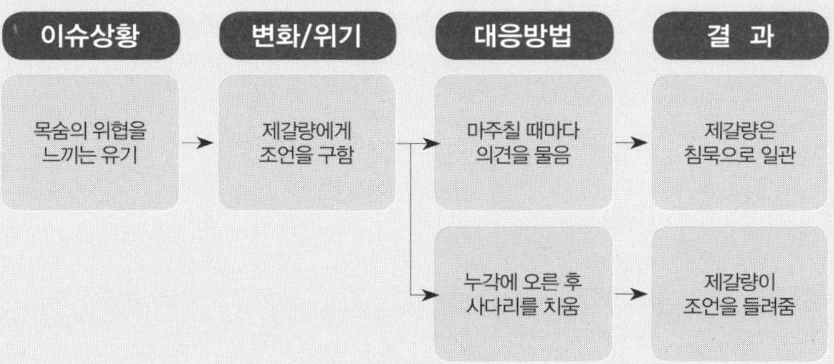

물 음	생각 정리하기
1. 제갈량이 들려준 리액션의 핵심은 무엇인가?	
2. 유기가 만일 유표의 후계자를 목표로 한다면 취해야 할 전략은 무엇인가?	
3. 기업이 위기에 처해 있을 때 TPO를 잘 적용해서 극복한 사례들을 이야기해보자.	

Re;Action

인사이트2_
왜 김 부사장은 직원들에게 불만을 사야만 했는가?

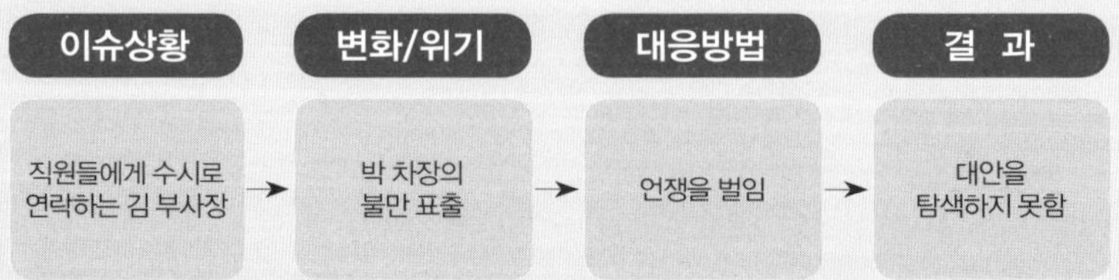

물 음	생각 정리하기
1. 김 부사장과 박 차장의 소통에서 문제점을 각각의 입장에서 이야기해보자.	
2. 소통에서 가장 중요한 요소는 무엇인가?	
3. 상옥추제의 전략으로 성공한 기업 사례를 이야기해보자.	

인사이트3_

시스코가 네트워크 솔루션에서 세계적인 기업이 된 이유는?

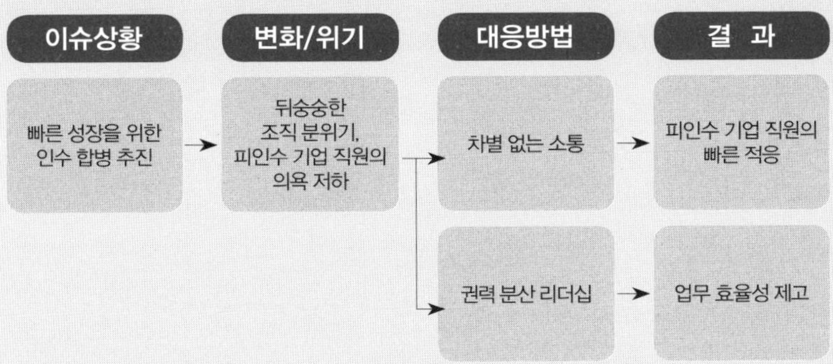

물 음	생각 정리하기
1. 챔버스가 인수 합병을 추진한 이유는 무엇이었을까?	
2. 챔버스가 권력 분산을 통해 구축하고자 한 것은 무엇인가?	
3. TPO를 적용해서 챔버스의 리액션을 이야기해보자.	

리액션

지은이 | 유일한

초판 1쇄 인쇄일 2014년 10월 31일
초판 1쇄 발행일 2014년 11월 7일

발행인 | 박재호
편집 | 민신태 이둘숙
종이 | 세종페이퍼
인쇄·제본 | 한영문화사
출력 | ㈜상지피앤아이

발행처 | 생각정원 Thinking Garden
출판신고 | 제 25100-2011-320호(2011년 12월 16일)
주소 | 서울시 마포구 동교동 165-8 LG팰리스 1207호
전화 | 02-334-7932 팩스 | 02-334-7933
전자우편 | pjh7936@hanmail.net

ⓒ 유일한 2014 (저작권자와 맺은 특약에 따라 검인은 생략합니다)
ISBN 979-11-85035-14-7 13320

만든 사람들
기획 | 박재호
편집 | 윤정숙
디자인 | 김경년

인사이트3_

시스코가 네트워크 솔루션에서 세계적인 기업이 된 이유는?

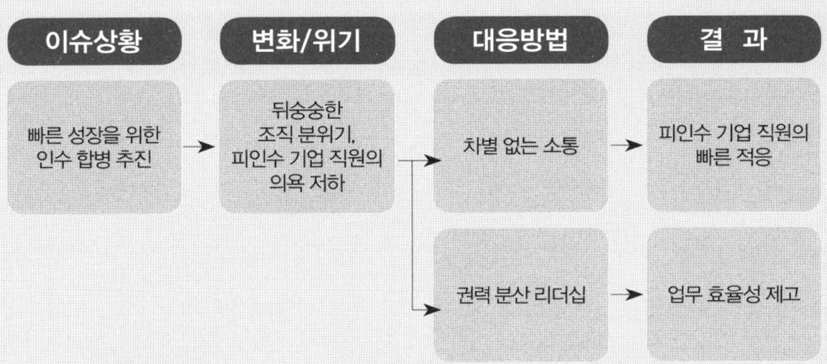

물 음	생각 정리하기
1. 챔버스가 인수 합병을 추진한 이유는 무엇이었을까?	
2. 챔버스가 권력 분산을 통해 구축하고자 한 것은 무엇인가?	
3. TPO를 적용해서 챔버스의 리액션을 이야기해보자.	

리액션

지은이 | 유일한

초판 1쇄 인쇄일 2014년 10월 31일
초판 1쇄 발행일 2014년 11월 7일

발행인 | 박재호
편집 | 민신태 이둘숙
종이 | 세종페이퍼
인쇄·제본 | 한영문화사
출력 | ㈜상지피앤아이

발행처 | 생각정원 Thinking Garden
출판신고 | 제 25100-2011-320호(2011년 12월 16일)
주소 | 서울시 마포구 동교동 165-8 LG팰리스 1207호
전화 | 02-334-7932 팩스 | 02-334-7933
전자우편 | pjh7936@hanmail.net

만든 사람들
기획 | 박재호
편집 | 윤정숙
디자인 | 김경년